동양윤리사상의
이해

동양윤리사상의 이해

김상래 지음

서문

동양의 주요 철학자들은 인간의 윤리도덕문제에 지대한 관심을 기울이면서 도덕적 사회를 실현하기 위한 다양한 논의를 제시해왔다. 특히 유학사상은 다른 학문 체계 보다 더 개인과 사회적 차원의 윤리도덕적 완성을 지향하는 다양하고 깊이 있는 이론을 정립해 왔다. 이 책에서 저자는 공자를 위시하여 맹자, 순자, 주자 등의 대표적 중국 유가사상가들과 조선시대의 유학자 구암 이정과 다산 정약용의 윤리학설을 조명하고 있다. 그리고 해체주의적 학문방법론에 의거하여 노자와 장자의 윤리학설의 성격과 특징을 고찰하였다. 책의 맨 앞부분에는 인간의 언어와 사유와의 관계에 주목하여 사유 언어로서의 한자의 특징을 서술하여 동양사상에 처음 입문하는 사람들을 위해 원문 해독의 언어적 기초와 해석, 방법의 중요성을 설명하였다. 각 장의 핵심적 내용을 요약하면 다음과 같다.

제1장은 한자가 인간과 세계에 대한 문제를 표현하는 사유언어(철학언어)로서 제 기능을 할 수 있는가? 하는 물음에 충분히 그렇다고 대답하는 논의를 제시하고 있다. 오래 동안 많은 사람들은 개념적이고 분석적인 의미에 대한 표현에 있어서 한자는 서양언어에 비해 인간의 사유를 제대로 반영하지 못하는 언어체계로 이해해 왔다. 이 장에서는 한자가 상형문자(pictogram), 표의문자체(ideographic script)의 특성을 지닌 동시에 다의성多義性에 기반한 비결정성(indecidability)을 겨냥한다는 점에 의거할 때 철학 언어로서의 충실한 기능을 하고 있음을 고찰하였다. 프로이트 이래 심리학적 연구성과에 의하면, 인간의 사유는 체계적이고 엄밀한 논리로 설명하기 어려운 다양하고 복잡한 특성을 보이고 있음이 증명되었다. 본질적으로 인간의 사고는 하나의 의미로 수렴되지 않는 특성을 지닌다는 것이다. 『논어論語』 등 동양고전을 해독할 때 우리는 언제나 한자의 의미의 다양성과 기능의 복잡성에 곤혹스러움을 느낀다. 그러나 문자학적으로 다양한 의미와 복잡한 기능이 바로 한자 고유의 언어적 특성임을 인식할 필요가 있다. 이러한 한자의 언어체계에 대한 이해를 통해 인간의 다양한 삶의 모습을 제대로 이해하는 것이 고전 해독의 중요한 목표라고 할 수 있다. 이 장에서 설명하는 한자의 언어적 특성에 대한 지식은 동양고전의 사유를 보다 잘 이해할 수 있게 하는 주요한 방법론이 될 것이다.

　제2장은 유가사상의 윤리적 의미에는 종교적 성격이 내포되어 있음을 『논어』를 중심으로 분석하고 밝히는 일을 시도하였다. 저자는 이를 위해 하늘天, 명命, 귀신鬼神, 효孝, 사생死生, 예禮 등의 주요 개념을 대상으로 이들 용어의 종교적 성격을 고찰하였다. 유교 경전에서의 하늘天은 유교의 정통 이론 체계에서 인간의 성품性의 근거로 규정되지만, 하늘과 인간의 본질적 관계를 해명하는 입장에 서면 인간과 세계를 주재하는 인격신을 지시하는 것으로도 이해될 수 있다. 즉, 유교 이론체계에서 하늘天에는 현실세계의 윤리도덕의 명령자와 초현실세계의 종교적 대상으로서의 절대자 모습이 공존하고 있다. 또한 명命은 봉건시대 상하간의 명령으로 이해되지만, 개인의

목숨과 국가의 운명 등의 의미로 이해될 수 있으며, 하늘天의 주재성과 인격신적 특성이 포함된 인간의 능력으로는 대응할 수 없는 숙명과 운명으로서의 종교적인 성격을 지닌 개념으로도 이해될 수 있다.

이어서 이 장에서는 귀신, 삶과 죽음에 대한 유교의 이해방식을 고찰하였다. 『논어』에 등장하는 귀신 개념은 인간의 정신과 육체에 대한 이분법적 설명방식에 의거하여 설정된 혼백魂魄이라는 표현과의 관계를 토대로 하면서도 인간의 삶과 죽음을 반복과 재생의 구조로 설명하는 유교적 사생관과 연계되어 이해되어야 한다. 이런 점에서 유교적 의미에서 인간의 기본적 행위규범으로 정립된 효孝와 예禮는 현실에서의 윤리 도덕적 행위의 핵심인 동시에 초현실세계에서의 종교적 행위인 조상숭배 의식과 밀접한 관련을 지닌다. 우리는 『논어』에 언표된 공자의 사상이 윤리와 도덕을 추구하는 문제에 대해 집중적인 관심을 경주하고 있는 것처럼 이해하지만, 윤리 도덕의 그림자와 저변에는 종교적 특성이 깊게 자리하고 있음을 확인할 수 있으며, 이것이 공자사상의 내포와 외연을 확대시키는 작업이기도 하다.

제3장은 공자에 의해 인간의 윤리적 행위의 집합으로 등록된 인仁과 구체적 윤리 행위방식으로서의 예禮의 의미에 대해 설명하고, 나아가 인과 예의 관계를 분석하고 있다. 공자가 제시하는 인仁과 예禮를 비롯한 모든 도덕적 덕목들은 이성적이고 논리적인 이해보다는 심리적이고 정서적인 실천과 연계되어 있다. 인仁이 유학의 기본적인 도덕의 모든 내용을 담고 있는 것이라면, 예禮는 인仁의 도덕을 실천하기 위한 구체적 행위 내지 다양한 형식과 관계되는 도덕 개념이다. 즉 공자 윤리학설의 체계에서 인仁이 원리, 내용이라면, 예禮는 방법이고 형식이라고 할 수 있는데, 그는 내면화된 인간의

도덕성으로서의 인仁은 언제나 외면화된 형식으로서의 예禮를 통해 발현되어야 하며, 구체적 규범과 질서로서의 예禮는 인간이 추구해야 할 윤리도덕의 집합체라고 규정될 수 있는 인仁에 근거하여야 한다고 주장하였다. 윤리 도덕적 사회를 꿈꾼 공자의 사유 속에서 인仁과 예禮는 서로 유기체적인 관계망을 형성하고 있으며, 이 둘의 공존 내지 공생 관계는 공자 이후 오래 동안 유가의 정통이론으로 인정받고 있으며, 유가 윤리이론의 가장 중요한 개념으로 자리매김하게 된다.

제4장은 맹자孟子의 인간이해에 대한 본격적인 논의의 시작이다. 그는 윤리 도덕적 행위가 발생하는 인간의 내면에 대해 심리학적이고 철학적인 근거를 제시함으로써 공자 이래 윤리적 행위의 집합으로서의 인仁 중심의 유가사상의 학설에 학문적 깊이를 제공한 사상가라 할 수 있다. 그는 성품性과 마음心 등의 개념에 대한 심리적 해명을 기반으로 인간의 도덕적 문제를 해결하고, 윤리적인 사회를 실현하는 방법에 이르기 까지 깊이 있는 논의를 전개하였다. 이른바 성선性善과 양심良心의 이론을 주창하여 인간의 내면적 도덕성과 외면적 왕도王道의 연계를 주장한 학설들이 이에 속한다. 맹자가 인간의 윤리 도덕적 문제들을 설명하기 위해 사용한 인성론의 구조에는 마음과 성품의 관계에 대한 문제가 중심을 이루고 있다. 특히 이 장에서는 맹자 성선설의 근거에는 마음에 대한 다양한 분석, 특히 '양심良心'이라는 개념이 적용되어 인간의 윤리 도덕적 행위를 설명하는 방식의 토대를 이루고 있음을 고찰하였다.

제5장은 맹자와 순자의 인간 이해의 차이를 순자적 관점에서 서

술하였다. 맹자는 심성心性의 분석을 통해 인간의 윤리적 행위가 성립되는 심리적이고 철학적인 근거를 규명하는 노력을 통해 성선설性善說을 확립하였으며, 주자등을 경유하면서, 맹자의 이 학설은 인간의 윤리적 문제를 해결하는 출발점이요, 유학사상에서 부정되어서는 안되는 대전제요, 정통으로 인정받아 왔다. 한편 성악설性惡說을 주창한 순자는 유학사상의 별자別子로 취급되어 이단시되면서 역사 속에서 그의 그 철학적 의미와 공헌에 대해 오랫동안 정당한 평가를 받지 못해 왔다. 그 주된 이유는 순자가 이른바 유가적儒家的 도통道統의 중심적 지위를 확보한 것으로 인정받는 맹자를 비판하고 있다는 점과 유학사상의 대전제 역할을 하는 것으로 여겨지는 학설인 성선설에 대해 공격하고 있다는 점에서 찾을 수 있다. 순자는 맹자를 비롯한 유가, 묵가를 포함해 이전에 활약한 대부분의 사상가들을 비판하면서 자신의 철학을 확립하였다.

이 두 사상가는 유가사상사에서 인간과 윤리에 관한 이해방식에 있어서 대조적 사유를 보여주고 있는데, 맹자와 순자의 윤리학설은 각각 동기주의/결과주의, 도덕에 근거한 논의/규칙에 의거한 논의, 계발주의/교정주의라고 하는 철학적 변별성을 보여주고 있음을 설명하였다.

제6장은 인간은 다른 생물과 달리, 사회를 구성하여 삶을 영위해 간다. 사회 속에서 인간은 윤리 도덕적으로 올바른 행위를 추구하고자 한다. 동양의 유가사상은 다른 어떤 철학체계보다 이런 문제들에 대해 오래 동안 깊이 있고 수준 높은 논의를 전개 해 온 학문적 전통을 지니고 있다. 유학사의 관점에서 볼 때, 맹자와 순자는 둘 다 자신이 윤리도덕에 관한 학설에 있어서 공자 학문의 정통을 계승했

다고 자임하고 있다. 하지만 맹자의 성선설과 순자의 성악설로 대표
되는 이들의 철학적 사유방법론, 특히 인간에 대한 이해방식은 공자
와 유학의 정통을 이어받은 사상가라고 하기에는 너무나 극명한 차
이를 보이고 있다. 이처럼 이들이 서로 다른 철학체계를 보여주는
근본적 이유는 인간에 대한 이해방식의 차이에 있다고 할 수 있다.
인간이해의 이러한 차이는 인간의 윤리적 행위에 대한 그들의 견해
차이와 연계되어 있다. 이 장은 인간의 본성이 본질적으로 착한 것
인가 악한 것인가에 대한 맹자와 순자의 견해 차이를 해명한 것이
다. 맹자는 기본적으로 덕윤리의 입장에서 도덕성의 근거로서의 인
간 본성의 문제를 해명하며, 순자는 규칙윤리의 입장에서의 도덕성
개념에 주목하여 성악설을 전개하고 있다. 이를 다른 말로 맹자-순
자의 학문적 경향성을 각각 덕윤리-법윤리, 향내적-향외적 경향의
윤리설로 대별할 수 있다. 이러한 도덕성의 개념에 대한 이해방식의
차이와 학문적 경향성이 그들의 인간에 대한 시각을 달리하는 중요
한 요소인 것이다.

제7장은 주자의 윤리학설의 핵심적 내용들을 다루고 있다. '수사
학洙泗學' 즉, 공자 학문의 근본정신을 현실에 실현하는 것이 다산
의 학문적 목표였다고 할 수 있다. 그의 경전에 대한 다양한 주석과
해석, 그리고 경세학적인 저술도 이러한 정신의 표출이다. 유학의
핵심개념은 인仁이라고 할 수 있는데, 이 윤리도덕적 개념에 대해서
주자와 다산은 다른 학문적 경향성을 보인다. 주자는 인仁을 인간의
윤리도덕을 해명하는 개념으로 사용함은 물론 만물의 존재원리를
설명하는 논의에도 이 용어를 사용하고 있다. 인仁에 대해 '마음의
덕', '사랑의 이치', '마음에 있는 이치', '생성의 도리', '천지를 생성

하는 마음' 등으로 정의하는 주자의 사유에는 인간의 윤리적 행위의 본질적 근거와 천지자연의 물질적 원리를 동시에 설명해내려는 그의 학문적 경향성이 자리하고 있다.

반면에 다산은 인仁을 인간의 윤리적 문제를 해명하는데 집중하여 논의를 전개해야 한다고 생각하였다. 따라서 그는 인仁을 사용하여 사물의 존재에 대한 원리를 설명하는 것을 비판한다. 그렇다고 다산이 주자의 학설을 전면적으로 부정한다고 생각하는 것이 무리이다. 그는 여러 차례 주자의 학문적 공적에 대해 긍정적 평가를 내리고 있다. 바로 다산은 유학의 이론에 대해 원리, 근거, 본질의 차원에서의 접근과 해명이 공리공론으로 흐를 가능성을 매우 경계하고 있었다. 이런 점에서 그는 인仁에 대한 논의를 전개하면서, 인간의 기본적 윤리 행위의 근거보다도 실제 행위가 이루어지는 방법과 장소, 목적에 관심을 둔다. 이 때 다산이 주로 사용하는 용어가 바로 '윤리도덕적 일(work)과 사건(event)을 실행하고 실천하는' 의미를 지닌 '행사行事'이다. 다산은 주자와 달리, 유교 경전학에 대한 다양한 고증학적 근거를 토대로 현실사회에서의 윤리도덕의 실천의 문제와 관련하여 '인仁' 개념을 설명하는 학문적 경향성을 보여준다.

제8장은 조선시대 유학자 구암 이정의 윤리도덕 이론에 대해 고찰하였다. 조선시대 성리학이 확고한 자리를 잡아가는 시대를 경험한 구암龜巖 이정李楨(1512-1571) 선생의 교육사상에 관한 사유의 조각들을 모아 구암의 교육사상의 특징과 의미를 정리하였다.

우리는 흔히 '사상'과 '철학'이라는 용어를 거의 같은 의미로 혼용하기도 하지만, 엄밀한 의미에서 이 두 개념은 차이가 있다. 사상이란 사유의 능력을 타고난 인간이 '정신의 자각적인 행위로부터 만들어낸 모든 것을 포괄한다'. 이런 의미에서 사상에는 문학작품과 예술작품을 포함한 인간의 아이디어가 표현된 모든 문화적 장르가 포함된다. 다시 말하면 사상이란 인간의 문화 전반에 대한 생각들의 집합이라 할 수 있다.

그리고 철학은 사상 중에서도 특히 '원리적인 문제에 관한 사상'을 뜻하며, '일관된 논리적 정합성을 갖춘 체계적인 것'을 지시하는 개념이라 할 수 있다. 그 의미의 외연을 생각하면 사상은 철학보다 훨씬 넓은 범위와 내용을 지니게 된다. 이런 의미 구분에 근거하면 '교육사상'과 '교육철학'이라는 개념정의도 달라 질 수 있다. 간단히 말해서 교육철학이란 교육에 관한 원리적, 논리적, 체계적인 이해방식을 뜻하며, 교육사상이란 교육에 관한 인간의 다양한 사유와 이해 방식을 지시한다고 할 수 있다.

학문분야가 세분화, 전문화된 현대 교육학적 관점에서 볼 때 동시대의 유학자들처럼 구암도 교육문제에 관한 독창적이고 철학적인 논의를 제시하고 있지는 않다. 그리고 교육에 관한 구암의 독립적인 형태의 저술과 논문이 전해지지 않고 있어서, 그의 교육사상을 그려 내는데 어려움이 있다. 더구나 구암의 교육사상에 관한 학자들의 연구도 전무한 형편이어서 연구의 어려움을 배가시키고 있는 것이 엄연한 현실이다.

다행인 것은 그의 문집 중에 '교육사상'이라는 제목하에 연구를 시도할 수 있는 사서四書의 교육적 의미와 서원의 설립, 그리고 유학저서의 간행 등에 관한 자료가 산견되고 있다는 점이다. 이 장에서는 구암이 강조하는 『대학大學』 중시의 교육론의 의미를 고찰하고, 교육 기반 시설의 구축에 대한 구암의 노력과 관심을 중심으로 그의 교육사상의 특징을 정리하였다.

제9장은 노자의 윤리학설의 특징을 다루었다. 중국고대 사회라는 토양에서 생겨난 『노자老子』는 치열했던 춘추전국시대를 살아가는 처세에 관해서 여타 사상가와 다른 사유의 변별성을 제시하고 있다. 나아가 이 텍스트는 세계와 인간에 대한 독특하면서도 깊은 통찰력을 제공함으로써 오랫동안 동양인의 정신세계에 영양분을 공급해 왔으며, 세계인의 많은 관심을 불러일으키고 있다. 산업이 급속도로 발달하며 물질적이며 과학적인 문명이 최고조에 도달한 오늘날의 사회에도 적지 않은 사람들이 『노자』를 통해 공자 맹자와는 다른 의미에서 삶의 지남을 획득하고자 한다.

그러나 『노자』는 그 체계와 구성이 단편적인 언어의 조합으로 이루어졌기 때문에 오히려 정확하게 노자의 본지를 이해하기 어렵게 만든다. 이 장에서는 이런 점에서 최근 현대 철학연구 방법론의 주요 이론 중 하나로 대두되었던 데리다의 해체주의적 관점에 의거하여 『노자』를 검토하고 노자의 윤리학설의 철학적 함의를 구명하였다. 저자는 기존의 문헌학적이고 형이상학적인 관점과 달리 인간과 세계를 읽어내는 방법론으로 해체주의적 관점에 근거하여 『노자』에 담겨있는 노자 사유를 정리하였다. 이러한 시도를 통해 노자 사유에 대한 해독법이 다양해지기를 기대한다.

제10장은 장자사상에서의 윤리적인 의미와 그 특징을 정리한 것인데, 9장과 마찬가지로 데리다의 해체주의적 철학방법론에 입각하여 논의를 전개한 것이다. 장자와 데리다는 2000년의 시대를 뛰어넘어 기존의 이분법적 사고의 폐해를 직시하고 어떤 중심과 기준을 설정하는 인식론과 가치론을 배격한다는 점에서 유사한 철학하기를 시도하였다. 장자는 존재에 대한 인식방법에 대한 문제를 <제물론齊

物論>을 통해 설명하고 있는데, 그는 이곳에서 주로 존재의 자기 동일성을 해체하고 타자와의 공존의 가능성의 문제들을 언급하고 있다. 특히, 진리道<=>도적盜의 아나그램에 의한 '말 바꾸기' 전략을 통해 그는 존재원리로서 도道의 성격을 해체하는 동시에 인간중심의 윤리 도덕에 대한 비판과 회의를 보여주고 있다. 그리고 <소요유逍遙遊>를 통해 장자는 이 우주는 의미와 목적의 장소가 아니라 자유와 놀이의 공간임을 알려주고 있다. 따라서 그는 다른 존재(만물, 타자)와의 공존의 세계인 우주 속에서 인간중심주의의 윤리도덕만을 추구하는 것은 시/비, 선/악의 한쪽만을 선택하게 만드는 결과를 초래한다고 주장하였으며, 장자의 이러한 사유는 우리들에게 인간중심주의 윤리학이 초래해 온 문제점들에 대해 비판의 기회를 마련하고, 인류의 문명 발달에 대한 반성적 고찰을 위한 철학적 인식과 성찰의 기회를 제공해준다.

이 책은 일차적으로 대학과 대학원의 전공 학생들을 대상으로 동양사상가들의 다양한 윤리학설에 대한 그들의 학문적 이해를 증진하는 것을 목표로 서술하였다. 또한 동양학 내지 인문학에 관심이 있는 교양인에게도 도움이 되기를 기대한다. 이 책의 출판을 흔쾌히 허락해 주신 한국학술정보(주)의 대표님, 출판사업부 이아연 선생, 그리고 교정과 편집 작업에 참여한 관계자 여러분에게 깊은 감사를 드린다.

2017년 가을 연구실에서
김 상 래

차 례

* 일러두기

1) 원문자료의 경우 책명은 『 』, 편명은 < >로 표기하였다.
2) 동양언어로 저술된 자료의 경우도 같은 방식을 따랐다.
3) 서양언어로 저술된 자료의 경우 책과 학술지는 Italic, 논문은 " "로 표기하였다.
4) 이 책은 저자가 그동안 발표한 아래의 동양윤리 관련 논문들의 연구결과를 토대로 독자들이 이해하기 쉽도록 내용을 수정, 보완하여 다시 쓴 것이다. 이 책의 저술에 근거가 된 논문 목록은 <참고문헌>에 적시하였다.

제1장

철학 언어와 한자

1. 한자와 중국문화

중국에서 유래된 문자 체계인 한자가 인간과 세계에 대한 문제를 표현하는 사유의 언어(다른 말로 철학언어)로서 제 기능을 할 수 있는가? 하는 물음에 대한 본격적인 논의는 16세기 들어서 본격적으로 논의되었다.[1] 이탈리아 선교사 마테오 리치(Matteo Ricci, 1552-1610)의 『천주실의天主實義』 저술을 계기로 서양 학자들의 관심이 고조되면서 부터였다. 그는 기본적으로 가톨릭 교리의 전파를 위한 수단으로서 라틴어 등 서양언어에 대응하는 한자 표현방법에 지대한 관심을 보였는데, 중국 문자가 지니고 있는 '표의문자체(ideographic script)'의 특성을 기반으로 하면서 중국인의 천주교 이해에 도움이 되는 올바른 번역어를 결정하기 위해 상당한 노력을 기울였다. 다시 말하여, 서양 종교의 현지화를 목적으로 저술된 『천주실의』는 역설적으로 철학언어로서의 한자의 의미를 최초로 인정한 연구결과물이라 할 수 있다. 결국 이 저작은 그 후 서양에 전해져서 많은 학자들에게 깊은 영향을 끼친다.

반면, 헤겔과 하이데거 등의 철학자들은 한자의 사유 언어적 의미와 기능에 대해 부정적인 견해를 피력하였다. 그들에 의하면 한자는 몇 가지 점에서 인간의 사유를 제대로 반영, 표현하기 어려운 문자체계라는 것이다. 한자는 첫째, 전치사와 관사가 없는 언어체계이며, 둘째, 이중의미, 반대의미를 표시하는 단어가 없으며, 셋째, 어형변화 없이 어순에 의해서만 의미를 표현, 전달한다는 것이다. 따라서 그들은 이 문자체계가 복잡한 인간의 사유와 엄밀한 논리를 표현하

---

1) 사유언어와 한자의 관계에 대해서는 2절에서 자세히 설명한다.

는 철학 언어로서 부적합하다고 결론내렸다.

헤겔과 하이데거가 지적한 것처럼 한자에는 품사(part of speech), 법(mood), 태(voice), 시제(tense)에 대한 정형된 문형체계가 존재하지 않는다. 한자는 글자의 어형 변화가 없고, 문장 속에서의 특정 위치(어순)와 문맥의 전후관계에 의하여 의미와 관계가 결정되는 특성을 지니고 있다. 이러한 언어적 특성은 헤겔 등에 의해 인간의 사유를 반영하고 논리를 제시하는 기능을 하는 이른바 '철학언어'로서 역할을 할 수 없는 문자체계로 취급을 받은 것이다.

그러나 근현대의 언어철학자들인 카시러와 울만, 소쉬르, 그리고 데리다 등의 언어관을 경유하면서, 우리는 헤겔과는 다른 입장에서 한자의 사유언어로서의 가능성을 확인하게 된다. 이들에 의하면 비록 한자가 전치사, 관사, 어형변화, 품사 등을 결여하고 있는 문자체계일지라도 이 언어 체계의 언어적 특성은 인간의 복잡한 사유를 나름의 방식으로 표현하는 철학언어로서 충분한 기능을 할 수 있다는 것이다. 그러나 서양의 언어체계는 그리스 철학과 독일 관념론을 경유하면서 '끊임없는 명료화'를 시도하는 기능을 해 왔다면, 한자는 세계 속에서의 존재자들 간의 '관계'를 '복합적으로 표시'하는 기능을 중시하는 문자라 할 수 있다. 동서양의 주요 철학의 사유방식의 차이는 두 언어의 본질적 특성에서 기인한다고 볼 수 있다. 인간이 사유와 언어는 본질적으로 긴밀한 관계를 형성한다. 언어의 특성이 그대로 사상가의 사유에 반영되는 것이다. 주지하듯이 한자는 언제나 개별적이고 독립적인 의미 보다는 문맥에서의 기능과 역할이 중요하다. 한자는 고유의 품사를 감추고, 다른 문자들과의 관계망 속에서 어떤 사건과 사물의 의미를 표현하면서 자신의 본색을 드러낸다. 이런 점에서 데리다에 의하면, 한자는 하나의 의미로 수렴되고 결정 될 수 없는 이른바 '불가결정성(undecidability)'의 언어라는 특성을 지닌 문자이다. 한자의 다의성과 품사의 부재는 바로 이 '불가결정성'의 상징이라 할 수 있다.

한편 헤겔은 위에서 열거한 이유들 외에도 다양한 음운적 아나그램(Anagram)과 이중의미 또는 반대의미(bisemy)로서의 기능을 하는 문자가 철학언어로서 제 기능을 할 수 있다고 주장한다. 그에 의하면 독일어가 바로 그런 언어체계라는 것이다. 그런데 데리다를 위시한 근현대 언어학자들의 연구에 비추어보면 오히려 중국 한자야 말로 이러한 특성을 제대로 소유한 문자 체계라 할 수 있다.[2] 그럼에도 여전히 『논어』와 중국고전을 이해하는 데 있어서 한자의 다의성과 품사의 비결정성 문제는 우리에게 곤혹감과 어려움을 안겨주기도 한다.

『논어』처럼 한자 즉, 비결정의 언어로 기록된 텍스트(text)의 세계에서는 저자의 의도(vouloir-dire)보다 저자의 생각과 다른 어떤 것을 읽어내는 독자들이 중요하다. 현대 프랑스 철학자 데리다의 표현을 빌면, 텍스트는 언제나 '저자의 죽음(the death of author)'을 겨냥하고 '독자의 출생(the birth of reader)'을 기다린다. 『논어』의 경우 수천 년의 역사를 거치면서 동서양을 막론하고 수많은 주석과 해석, 그리고 다양한 번역을 양산해 왔다. 자신이 이해하는 범위 내에서 공자와 『논어』는 얼마든지 다른 모습으로 그려질 수 있는 것이다. 저자로서의 공자는 사라지고, 독자로서의 우리가 남기 때문이다. 공자의 언표에 대한 다양한 측면에의 이해가 가능한 것은 무엇보다 한

---

2) 하나의 문자가 여러 가지 의미, 심지어 반대의 의미를 지니고 있는 경우, 우리는 한자에서 쉽게 발견할 수 있다. '之'가 다섯 가지 이상의 의미를 지니고 있는 것이 대표적 예이다. 3절에서 자세히 설명한다.

자의 언어적 특성과 깊은 관련이 있다.

한자에 대한 이러한 언어학적 특징에 대한 이해는 『논어』속에 포함된 공자의 사유에 대한 우리의 생각의 깊이와 넓이를 지향하는 중요한 방법론이 될 것이다. 『논어』의 해독에 있어서 우리는 그동안 이런 측면에서의 접근을 소홀히 하였다. 이 장에서는 한자의 언어적 특성에 입각하여 동양윤리사상의 대표적 인물인 공자의 사상과 『논어』의 내용을 해독해내는 방법론을 정립하여 여타 동양고전 읽기의 지남을 제시, 이를 공유하고자 한다.

본래 한자는 중국민족의 언어를 기록하는 문자로서 본래 '자字'란 한 글자로 표기되었는데, 고대 중국 왕조인 한漢 나라의 영광된 문화를 반영하는 의미로 '한자'라고 하였다. '자字'는 '새끼 친다' '많아지다'는 뜻을 지닌 것에서도 알 수 있듯이, 기본적으로 한자는 언어의 풍부성을 특성으로 하는 문자체계라고 볼 수 있다. 이 문자는 지역적으로 중국의 범위를 넘어서서 우리나라와 일본, 베트남 등 광범위한 아시아지역의 언어표기법으로 오늘날에도 사용되고 있다. 우리나라의 경우 기원전 3세기 무렵에 이 문자 체계를 수용한 뒤[3] 기원후 6, 7세기의 삼국시대에는 널리 사용하였으며, 현재의 우리말 표현법에도 사용되고 있는 실정이다.

한자는 대략 8-13만 정도의 글자로 알려지고 있으며, 청나라 중기에 발간된 『강희자전康熙字典』에는 약 4만 9천여 자가 실려 있으며, 『설문해자說文解字』에는 9천여 글자에 대해 설명하고 있다. 그리고 중국을 포함한 한국과 일본 등 한자문화권의 국가에서 자주 쓰이는

---

3) 漢字가 언제 한반도에 수용되었는가를 결정하는 문제는 문자와 언어의 속성상 그 전래시기를 특정 시점으로 정하기는 어려운 점이 있다. 여기서는 조동일의 견해를 수용한다. 조동일, 『한국문화통사』 1, 91쪽 참조.

한자는 4-5천 자이다. 이런 점에서 흔히 상용한자의 3천자를 꼽기도 하는데, 실제로 고전 문헌에 사용되는 글자는 3천 자 이내로 볼 수 있다.[4]

　주지하듯이『논어』는 중국민족의 언어체계인 한자로 기록되어 있다. 우리의 경우 한국어로 옮겨서 이 텍스트의 내용과 공자의 사상을 이해한다. 세계인들은 각자 자신들의 언어로 이를 해석하고 번역하여 인간의 삶의 문제에 대한 공자의 중요한 윤리도덕적인 가르침을 기리고 있다.『논어』처럼 한자로 이루어진 고전에 대한 해석과 번역은 문화와 언어의 결합과 관련된 문제이다.『논어』는 오랜 기간 우리의 생활전반에 지대한 영향을 끼쳐 왔다. 선조들의 삶을 좌우하는 기본적 이념은 유교에서 유래되었으며 글쓰기로서의 언어소통을 위한 매개체는 한자였다. 이러한 전통은 오늘날에도 크게 다르지 않다. 다양한 이념이 공존하는 현대사회에서 유교는 여전히 우리 삶과 의식의 주요 부분으로 자리 잡고 있기 때문이다. 그런데 유교의 이념과『논어』의 사상은 해석과 번역[5])의 과정을 거쳐 우리의 사유와 행동에 영향을 끼치게 된다.

　'해석'은 문자의 의미에 대한 명확한 이해가 필수적이고, '번역'은 이러한 해석을 토대로 다른 언어체계로 말 바꾸기를 하는 것이다. 정확한 해석이 전제될 때 좋은 번역으로 연결되는 것은 당연한 일이다. 이런 점에서 해석과 번역은 본질적으로 서로 연계되어 있다고 말 할 수 있으며, 해석과 번역의 전단계로서 언어, 문자에 대한 이해

---

4) 한자에 관한 기본적 설명은 심경호의 연구를 참조. 심경호, 『한학연구입문』, 2005.

5) 해석(解釋)은 사전적 의미로는 '여러 가지 현상이나 사실 혹은 언어들에 의한 표현들이 지니는 의미를 명확히 풀이하고 설명함을 말한다.' 그리고 번역(飜譯)은 '어떤 언어 내지 문자체계로 쓰인 글을 다른 언어(문자)로 변환하여 원래의 글과 상응하는 의미의 글로 전달하는 일이다' 이 때 전자의 언어를 '원어 또는 출발어(source language)'라 하고, 후자의 언어를 번역어 또는 '도착어(target language)'라고 한다. 이희재, 『번역의 탄생』, 2009 15쪽 참조.

가 전제되어야 한다.

우리의 경우 『논어』 번역에 대해서는 다양한 연구 성과물들이 존재하지만,[6] 『논어』의 언어학적 특성과 해석의 문제에 집중하여 논의를 전개한 것은 많지 않다. 최근 해석학이라는 측면에서 『논어』의 내용과 공자의 사상을 연구하는 시도도 활발히 일어나고 있다. 해석학과 관련되어 연구를 시도한 안재순의 연구[7]를 비롯하여 『논어』의 허자虛字[8]와 '지之'자를 대상으로 그 해석의 문제들에 대해 연구한 결과들도 학계에 발표되어 왔다.[9] 특히 주자의 <집주集註> 일변도의 연구에서 벗어나 다양한 <고주古注>를 검토하면서 『논어』의 내용과 공자의 사상을 연구하는 일도 시도되고 있다.[10] 그런데 언어학 내지 언어철학적 입장에서 『논어』를 분석하고 해독하는 연구는 많지 않은 듯하다.

여기서는 사유의 언어로서의 한자, 언어적 특성으로서 다의성, 아나그램(Anagram),[11] 품사의 문제 등에 대한 검토를 통해 동양고전 읽기의 전형으로 『논어』 해독하기를 시도하였다. 한마디로 언어학적 측면에서의 『논어』 읽기의 방법론을 탐색한 것이다. 한자의 다의성, 언어학적 특징으로서의 아나그램(Anagram), 품사의 문제 등의 측면에서의 연구를 통해 『논어』 읽기의 다양성과 깊이를 보태고자 한다.

---

6) 중국, 한국, 일본의 주석서와 현대 한국의 『論語』 번역서의 종류와 개괄적 성격에 대해서는 다음의 저술을 참조. 김영호, 『論語의 주석과 해석학』, 2010

7) 안재순, <유가경전해석학과 『논어』의 "해석">, 『동양철학연구』 62집

8) 안재순, <『論語』 해석법에 관한 서론적 고찰>, 『동양철학연구』 31집

9) 이종한, <韓中 兩國의 『論語』 '之'字 解釋에 關한 比較 研究> 『中國語文學』 41집, 2003

10) 김용재, <『論語』 古注를 통해 본 『論語』經文의 해석학적 이해[1]>, 『동양철학연구』 59집

11) Anagram은 말놀이(Word play)의 일종으로 어떤 단어에 대해 글자의 순서를 바꾸는 것을 뜻한다. 예를 들어, 기숙사(Dormitory)를 더러운 방(Dirty room)으로, 시어머니(Mother-in-law)를 여자 히틀러(Woman Hitler)로 바꾸는 것이다. 문자 표현의 동일성에 기반을 두어 '글자 바꾸기'를 하는 것이지만, 음운적의 동일성과 유사함을 지칭하기도 한다. 즉, '다리가 아프면 다리를 밟으면 달라진다.'와 같은 표현이 이에 해당한다.

2. 사유 언어로서의 한자

인간은 언어를 이용해서 자신의 생각을 표현하고 다른 사람의 사고를 이해한다. 이 때 언어라는 의미에는 말하기(speech)와 글쓰기(writing)의 행위가 포함된다. 따라서 인간과 세계에 관한 모든 철학적 문제는 인간의 언어를 수단으로 하지 않고는 표현되지도 않고, 해결되지도 않는다. 한자가 인간과 세계에 대한 문제를 표현하는 사유의 언어(다른 말로 철학언어)로서 제 기능을 할 수 있는가? 이 문제는 서양에서 먼저 제기되고 연구되어왔다. 그 논의의 추이를 살펴보자. 제1절에서 설명하였듯이 사유의 언어로서 한자가 서양에 본격적으로 알려지기 시작한 것은 서양과 중국의 접촉이 활발해 지던 시기인 16세기부터로 짐작된다. 마테오 리치(Matteo Ricci)[12] 등 기독교 선교를 위해 중국에 왔던 예수회(Jesuit) 소속 유럽인들은 먼저, 이집트 문자와 동일한 구조를 보인다는 점에서 한자의 상형성象形性에 주목하였다. 마테오 리치는 기독교 의식에 유교적 예의禮儀 의식을 적용할 수 있는 가능성을 최초로 학자적 입장에서 시도한 인물이라 할 수 있으며, 『천주실의』[13]는 그 결과물인 것이다.

그는 오랜 고민 끝에 기독교의 신神(God)에 해당하는 한자 번역

---

12) 중국어 음역으로 '이마두利瑪竇'라고 표시하기도 한다.

13) 『천주실의』는 1590년대 중반에 저술을 시작하여 1601년 이후 출판된 것으로 추정된다. 당시 선교사들의 저서는 해당선교지의 책임자의 검사를 거쳤기 때문에, 라틴어 요약본 형태로 1597년경 발리냐노와 일본선교 교구장 루이스 세르퀘이라(Luis Cerqueira)에게 제출되었다. 하지만 라틴어 요약본이 검열에 통과되기도 전에 이미 『천주실의』은 고급독서문화를 갖고 있던 명나라 말기 사대부들의 베스트셀러가 되었다. 기독교의 하느님이 유교의 상제와 같다는 주장과 기독교의 인간이해가 양명학과 상당히 비슷했기 때문이다. 이러한 중국 지식인들의 관심으로 천주실의는 1594년 남창(南昌)에서 초판이 인쇄되었으며, 1601년 베이징에서 『1601년 베이징판 『천주실의』가 출간되었다. 선교책임자의 출간승인을 받은 마테오 리치는 1603년 베이징에서 증보판 『천주실의』를 출간했으며, 1605년이나 1606년 항주(抗州)에서 『항주판 천주실의』가 출간되었다.

용어로 상제上帝(shangdi)와 천天(tian)을 선정하였다. 그런데 그의 동료 선교사인 니콜로 롱고바르디(Niccolo Longobardi)는 이들 용어보다 오히려 신조어를 만들 것을 강력히 주장하였다. 그것이 바로 천주天主(tianzhu)이다. 상제와 천, 천주의 세 가지 번역어 중 어떤 것을 선택하는가 하는 문제는 그들이 기독교와 중국문화의 핵심을 어떻게 이해하고 해석해 내는 입장에 있는가를 보여주는 것이기도 하며, 각자의 이해방식이 번역어의 선택으로 나타난 것이다. 결국 마테오 리치는 롱고바르디의 의견을 수용하여 천주天主라는 용어를 가톨릭 교리의 최고 신격을 의미하는 말로 결정하였으며, 이 표현의 의미를 최초로 서양에 소개한 인물이 되었다. 400여 년 전에 책의 제목으로 제시된 이 용어는 오늘날 적절한 번역이라고 인정받게 되었으며, 중국과 한국에서 지금까지 사용되고 있다. 이 책은 유럽에 전파되어 볼테르(Voltaire)와 몽테스키외(Montesquieu) 등의 중국에 대한 이해에 도움을 제공하였으며 많은 독자층을 확보하게 되면서 중국 언어에 대한 체계적인 연구의 문을 여는 역할을 하게 된다.14)

마테오 리치 등 한자를 처음 접한 서양인들은 이집트 문자처럼 중국 한자도 음성기호법(phoneticism)에 의존하지 않고, 독립적으로 그림을 직접적으로 표현하는 문자(pictograph)라고 생각했다. 그런데 이들은 현존하는 한자의 90%가 의미소(semantic)와 발음소(phonetic)를 소유하고 있는 형성문자形聲文字(phonogram)라는 사실을 알지 못하였다. 그럼에도 불구하고 마테오 리치는 보편적인 '표의문자체(ideographic script)'의 가능성을 한자에서 발견하려고 노력하였다.15) 한자를 세계의 보편언어로서의 가능성에 주목한 이런 입

---

14) Roger T. Ames & Henry Rosemont, Jr., *The Analects of Confucius, A Philosophical Translation*, p. 282, 참조.

장과 달리, 헤겔(Hegel)은 이 문자 체계는 복잡한 인간의 사유와 엄밀한 논리를 표현하는 철학 언어로서 부적합하다고 주장한다.[16] 그는 『논리학』에서 "풍부한 논리적 표현들 즉, 인간의 사고를 결정하기 위한 특수하고 독립적인 표현들을 소유하는 언어체계가 다른 언어체계보다 더 우월하다. 앞에서 언급하였듯이 많은 전치사와 관사들을 소유한 언어체계는 그렇지 못한 언어보다 인간의 사고를 더 잘 표현할 수 있다."[17]고 주장하였다. 그리고 그는 전치사(Preposition)와 관사(Article) 등이 없는 언어체계인 한자에 대해서 "동양의 대표적인 언어체계인 중국 한자는 이런 단계까지 발달하지 못했다."[18]고 선언한다.

헤겔이 생각하기에 인간의 사유를 담아내는 논리적 언어, 철학 언어, 사유 언어는 바로 문장의 의미를 명확하게하기 위한 구성 성분들인 전치사들과 관사들에 의해서 보증된다. 그래서 그는 한자에는 전치사와 관사가 없다는 점을 들어 철학언어로서의 한자의 기능을 완전히 무시할 수 있었던 것이다. 중국 한자의 경우 논리적 문법적 관계는 언어들 자체의 형태나 소리의 어떤 변화에 의지하지 않고, 주로 '어순語順'에 의해서 결정되기 때문이다. 그는 전치사와 관사의 부재이외에 중국 한자에는 단어의 품사나 시제의 변화에 따라 글자의 형태가 변하는 이른바 '어형변화語形變化(inflection)'가 없다는 것을 철학언어로서의 한자의 중요한 결점으로 추가하였다.

인간의 사유를 반영하고 철학을 연구하는 매개체로서 독일어의

---

15) Julie Candler Hayes, "Look but don't Read: Chinese Characters and the Translating Drive from John Wilkins to Peter Creenway", Modern Language Quarterly 60:3, 1999, p. 353, 참조.

16) 헤겔에서 데리다에 이르는 언어관에 대한 설명은 김상래, 『노장사유의 해체적 이해』, 한국학중앙연구원 박사논문, 1999, 42-49 쪽을 참조.

17) G. W. F. Hegel, *Science of Logic*, trans., by A. V. Miller, 1976, p. 32.

18) 같은 책, 같은 곳.

우월성을 자랑하는 전통은 독일에서 오랜 역사적 배경을 가지고 있다. 예를 들면, 하이데거는 "그리스어와 함께 독일어가 모든 언어들 중에서 가장 강력하고 가장 정신적이라고"[19] 주장한다. 그러나 헤겔과 하이데거의 언어관과 달리 카시러(Ernest Cassirer)는 오히려 '어순'을 문법적 관계를 표현하는 유일하고 진실 되며 충분한 수단으로 인정하고 있다. 카시러는 "단어의 고유한 의미意味와 지각知覺의 기초에 의존하지 않고, 오로지 어순에 의해 표현된 단어들의 관계를 통해서 문장의 의미들을 더욱 분명하고 특별하게 나타낼 수 있는 것은 매우 흥미로운 일이다"[20]고 한자의 철학 언어로서의 기능에 긍정적인 견해를 피력하였다. 어형변화에 의하지 않고 어순의 변화만으로 의미를 표현하는 한자를 철학용어로 인정하는 견해를 나타낸 것이다. 한편 프랑스의 철학자 데리다(Derrida)가 보기에 철학언어로서의 독일어의 우월성을 강조하는 헤겔의 사유에는 독일민족의 우수성을 알리려는 의도가 들어 있다.

데리다에 의하면, 헤겔이 표음문자인 독일어를 중시하는 것은 음성(말, 목소리)중심적 언어관이라 할 수 있는데, 이 언어관은 독일민족의 우월성을 강조하는 종족 중심적 사고와 밀접한 관련을 지닌다. 서양의 철학적 전통을 해체하려는 비판의 입장에서 데리다가 표적으로 삼은 것은 바로 종족 중심적(ethnocentric)-음성 중심적(phonocentirc) 언어관이다. 데리다가 보기에 종족, 음성 중심적 언어관은 오랜 철학적 전통을 지니고 있는데, 헤겔과 같은 언어관에 의하면 말(speech)은 의미의 현존과 가장 가까운 것이고, 내부이며, 원본인데 비해 문자(writing)는 파생적이고, 외부이며, 액세서리와 사본

---

19) Martin Heidegger, *An Introduction to Metaphysics*, trans., by Ralph Manheim, 1959 p. 57.
20) Ernest Cassirer, *The Philosophy of symbolic Forms*, trans., by Manheim, 1953, p. 305.

정도의 역할을 하는 것으로 규정된다.

이런 점에서 조나단 쿨러(Jonathan Culler)는 말 중심주의의 사유 구조에서 문자가 평가 절하된 이유를 "물리적 표시들로 구성된 문자는 화자話者(speaker)나 청자聽者(hearer) 둘 중 하나가 부재하는 경우에도 특별히 기능한다"는 데서 찾는다.[21] 말 중심주의의 입장에 서면, 의미와 사유를 직접 전달하는 말에 비해 문자는 의사전달의 오해와 불성실 등과 연계하여 이해되었다는 것이다.

소쉬르에 따르면 언어는 기호의 체계이며, 기호는 소리에 기원을 둔다. 기호는 언어 체계 안에서 다른 기호와의 '차이'에 의해 그 기능을 발휘하며, 기호는 고정된 의미 없이 떠도는 임의적이고 관습적인 성격을 가진다.[22] 이런 점에서 소쉬르의 언어관은 한자와 유사한 점을 내포하고 있다. 첫째, 언어의 기능은 단순히 '지시' 작용에 있는 것이 아니고, 언어의 의미는 문자 체계 안에서 기호들 사이의 '차이'에 의해 생겨난다. 둘째, '기호'의 의미는 어떤 고정적 지위를 가지는 것이 아니라 다만 '차이'에 의해 의존하여 자신의 의미를 드러낸다. 셋째, 언어는 어떤 '대상'이나 '관념'을 표상하는 것이 아니라 기호들 사이의 '차이'에 근거하여 의미를 '구성'해 낸다. 언어의 기능이 '지시', '고정된 의미', '대상', '관념'을 표현하는 것이 아니라는 소쉬르의 '차이'의 언어관은 데리다의 '차연'[23]으로 연결된다.[24]

---

21) Jonathan Culler, *Jacques Derrida in Structuralism and Since*, (John Sturrock, ed., Oxford University Press, 1979) p. 155 참조.

22) 이승환, <어느 포스트모더니스트의 공자 독해-에임스와 홀의 Thinking Through Confucius를 중심으로>, 『中國哲學』, 2001, 280 쪽

23) 라틴어 동사 'differre'와 프랑스어 동사 'différer'(영어로는 'to differ'와 'to defer')에는 '차이나다'와 '연기하다'의 두 가지 의미가 동시에 포함되어 있다. 데리다는 이 동사의 명사형인 'difference(차이)'와 'delay(연기)'의 뜻이 결합한 '差延(différance, 'différence'의 'e'를 'a'로 대치하여) 라는 新造語를 만들었다.

24) 이승환, 위 논문, 같은 곳 참조.

카시러, 소쉬르, 쿨러, 데리다등의 문자학 내지 중국 한자에 대한 새로운 이해를 경유하면서, 우리는 한자의 상형성에 기반하여 차이와 흔적들의 유형들을 관찰하여 만들어졌다는 중국문자는 어떤 표음문자가 하는 것보다 차이와 흔적의 본질과 특징-현대 철학 방법론의 주요 문제-을 더 잘 드러내고 있는 문자체계라고 인정할 가능성을 발견하게 된다. 김형효 교수는 "데리다의 눈에서 보면, 한자들은 탁월한 의미에서 산종의 언어적 양식을 나타내고 있다"[25]고 평가한다. 이렇게 본다면 한자의 다의성(polysemy)이라는 언어적 특성을 데리다의 표현을 빌려 말하여, 문자의 개념과 의미가 한군데로 결정되지 않는 '산종散種(dissemination)'[26]의 언어라고 인정할 수 있다. 한자는 소쉬르가 말하는 '차이의 언어(language of difference)'와 유사하며, 데리다 해체이론의 용어로는 '차연'과 '산종'의 개념과 어울리는 것이다.

이런 점에서 인간의 복잡하고 다양한 사유를 해독하는데 한자도 독일어에 못지않은 적합한 언어체계로 등록될 수 있다. 다만 독일어 등 서양의 언어체계는 그리스 철학과 독일 관념론을 경유하면서 '변증술'에 의한 '끊임없는 명료화'의 주요 수단으로 기능을 해 왔다면, 한자는 세계 속에서의 존재자들 간의 '관계'를 '복합적으로 표시'하는 도구로 역할을 담당해 온 것이라 할 수 있다. 이렇게 본다면 동서양의 주요 철학의 사유방식의 차이는 언어적 특성에서의 차이점에서 기인되는 것이라고 할 수 있다.

---

25) 김형효, 『데리다와 老莊의 독법』, 1994, 35쪽.

26) 散種(dissemination)은 의미 흩뿌리기, 즉 하나의 한자가 하나의 의미만 지니고 있지 않는 것을 지시한다.

3. 한자의 다의성

사유언어로서 한자의 부적합을 주장한 헤겔에게는 또 다른 이유가 준비되어 있었다. 바로 문자의 다의성 문제이다. 하나의 글자가 두 가지 이상의 의미(특히, 상반된 의미)를 제시하는 것이 그에게는 변증법의 철학을 해명하는데 중요한 도구로 여겨진 것이다.

앞에서 살펴보았듯이 전치사와 관사의 부재라는 점에서 사유의 언어로서의 한자의 장애요인을 지적한 헤겔의 주장은 한걸음 나아가 한자는 독일어처럼 '반대의 의미'를 공유하는 단어가 없다는 것으로 논의가 진전된다.[27] 그는 다음과 같이 말한다.

> 독일어가 다른 현대 언어들보다 더 많은 이점들을 가지고 있는데,
> 그 이유는 바로 어떤 독일어들은 하나의 단어가 반대의 의미들을
> 소유하고 있기 때문이다.[28]

헤겔은 독일어가 정반대의 의미를 표현할 수단을 지니고 있기 때문에 변증법적 사유 즉, 철학 언어에 가장 잘 어울린다고 생각하였다. 그가 제시한 고전적인 예가 바로 Aufhebung(지양)이다. 이 단어는 '보존'과 '폐지'라는 상반된 의미를 동시에 보유하고 있다. 그리고 하인리히 하이네(H. Heine)의 저술에서도 독일어 'Gift'가 '선물'과 '독약'이라는 뜻을 동시에 담고 있는 단어임을 알려주고 있다.[29]

그러나 헤겔에 의해 사유 언어 내지 철학 언어가 되기 위한 필

---

27) 김상래, 『노장사유의 해체적 이해』, 한국학중앙연구원 박사논문, 1999, 42-44 쪽 참조.

28) G. W. F. Hegel, *Science of Logic*, p. 107.

29) Heinrich Heine, *Zur Geschichte der Religion und Philosophie in Deutschland*, ed. Wolfgang Harich, 1965, p. 133. 참조.

수요건으로 여겨진 정반대의 의미를 가진 단어들은 다만 독일어에만 존재하는 것은 아니다. 스테판 울만(S. Ullmann)은 "'이중의미(bisemy)'는 반대되는 의미가 하나의 이름에 포함된' 곳에서 발견되는 것이라 정의하고, 라틴어의 'sacer'와 프랑스어의 'sacré'가 sacred(신성한)와 accursed(저주받은)라는 두 가지 상반된 의미를 동시에 지닌 대표적인 예"[30]라고 설명한다.

또 데리다에 의해 희랍어 'pharmakon'이 약藥과 독毒의 두 가지 의미를 동시에 지니고 있음이 알려졌고, 주지하듯이 영어의 'commencement'는 시작과 완성, 입학과 졸업을 동시에 지시한다. 특히 한자는 이런 다의어(polysemy)와 반대의미어(bisemy)를 지닌 예는 이루 헤아릴 수 없을 정도이다.[31] 일례를 들면 '난亂'은 '혼란하다와 다스려지다'의 두 가지 의미를 가지고 있다. 이 단어는 일반적으로 '혼란하다'의 뜻으로 쓰인다. 그러나 우리는 이 문자에 '다스려지다'의 뜻이 있음을 알고 있다.[32]

상반된 의미들을 하나의 문자에 동거시키는 이러한 한자의 다의적 언어적 특성은 『논어』 등 중국 고전의 해독에 많은 도움을 준다. 카시러와 울만, 소쉬르, 그리고 데리다 등의 언어관을 경유하면서 우리는 상형문자에서 유래된 중국 한자는 과연 철학적 사색의 목적

---

30) Stephen Ullmann, *The Principles of Semantics*, 1963, p. 120.

31) '염(厭)'은 '만족하다와 싫어하다'를, '사(舍)'는 '집'이라는 명사적 의미 외에 '두다'와 '버리다'를, '망(芒)'은 '빛'과 '어두움'을, '우(虞)'는 '근심하다'와 '즐거워하다'를, '端'은 영어에서의 의미와 동일하게 '시작'과 '끝'을, '리(離)'는 '떨어지다'와 '붙다'라는 반대되는 두 의미를 동시에 하나의 문자에서 공유하고 있다.

32) 『大漢和辭典』에서는 '다스려지다'의 뜻으로 쓰인 다양한 고전의 용례를 들고 있다.
『大漢和辭典』卷一, 440面. "『爾雅』, 釋詁篇, 亂, 治也. 『玉篇』, 亂, 理也. 『書經』, 皐陶謨篇, 亂而敬."
『論語』, <泰伯> 편, "武王曰, 予有亂臣十人(무왕이 말하기를 나에게는 다스려진 신하 10명이 있다)".

을 문자체계로 덜 발전되고 불충분한 것일까? 라는 물음에 대해 헤 겔과는 다른 대답을 시도할 수 있는 가능성을 확인한다.

언어 문자에서의 '이중의미'와 '반대의미' 즉, 다의성의 특성은 한 자의 기원과 그 이후의 활용을 설명하는 여러 문헌들에서도 발견할 수 있다. 중국의 대표적 자전字典에서부터 논의를 시작해보자. 중국 한 나라 때 허신許愼의 저술인 『설문해자說文解字』는 9,353字의 한 자에 대해 글자의 구조(형태), 음운 및 본의를 설명하고 있는 중국최 초의 자전으로서 오늘날까지도 중국문자학 연구의 필수도서로 평가 되고 있다. 그리고 청대 자전인 『강희자전』은 한자 4만 9천여 문자 에 대한 설명을 담고 있는데, 한자의 풀이를 동음어(homonym)의 관 점에서 풀이하는 것으로 시작한다. 이는 『설문해자』에서도 마찬가지 인데, 이 자전은 어떤 문자에 대해 발음이 거의 유사한 글자로 해석 을 하고 나서, 글자의 어원적 구조를 설명하고, 마지막으로 '반절半 切(문자의 발음법)'에 의한 발음을 알려주는 것으로 마친다.[33] 그리 고 『강희자전』은 『설문해자』처럼 단어의 동일한 발음(同音)과 비슷 한 발음(類似音)에 의한 정의와 설명이외에 다양한 운서韻書의 용례 를 소개하면서 글자의 응용과 활용 측면에 초점을 맞추어 풀이하고 있다.

그림문자 즉 상형문자에서 출발한 한자는 형태形, 소리音, 뜻義 세 가지 요소로 구성된 언어체계이다.[34] 한자는 창힐蒼頡이 처음 만 들었다고 기록되어 있지만 한 개인의 독자적 창조물이라기보다 당 시 중국인들의 사유가 반영된 언어체계라고 보아야 할 것이다. 일반

---

33) 『說文解字注』, "說文之爲書以文字而兼聲音訓詁者也",, 王念孫의 序文, 『說文解字注』 臺北, 黎明文化公社, 1面, 1980, 이 책에서 『說文解字』는 모두 『說文解字注』를 지칭한다.

34) 일반적으로 한자의 형태(形), 음(音), 뜻(義)의 세 가지 구성요소를 한자의 '三要素'라고 한다.

적으로 한자의 사용원리는 세 가지 측면으로 분류되고 있다.

첫째, 한자의 형태(모양)에 주목하여 의미를 결정하는 방법-한자의 부수部首가 그러하듯이 '수水'가 들어간 글자는 물과 관련 있는 의미를 주로 표현하는 방식

둘째, 한자의 발음(소리)에 의해 의미를 유추하는 방법-같은 계열의 소리는 같거나 비슷한 의미를 지닌다고 보는 방식

셋째, 형태와 발음을 종합하여 의미를 표출하는 방법-약 90%의 한자가 이런 원리에 의해 인간의 사유를 전달하는 도구로 사용되며, 형성문자形聲文字가 여기에 해당된다.

이러한 설명은 한자가 그 발생 초기 단계에서부터 상형문자, 표의문자, 표음문자 들이 서로 결합되면서부터 이미 한 글자가 다양한 의미를 포함하게 되었음을 알려준다. 이러한 생각의 일면을 우리는 임윤(林尹)의 다음 설명에서도 발견할 수 있다.

> 창힐이 처음 글자를 만들 때, 대체로 분류(차이)에 의거하여 형태를 상징했기 때문에 '문文'이라고 부른다. 그 후 형태와 소리가 서로 보태져서 이를 '자字'라고 부른다.[35]

이 언표에서 우리는 한자의 발생 원리와 순서를 설명하면서 '문文' 과 '자字'를 구분하고 있다는데 주목할 필요가 있다. 즉, 한자는 두 가지 원리 즉, '분류(차이)에 의거하여 형태를 상징하는 것(依類象形)'과 '형태와 소리가 서로 보태지는 것(形聲相益)'에 의해 만들어졌는데, '의류상형依類象形'을 '문文'이라고 하고 '형성상익形聲相益' 을 '자字'라고 하며, 문자文字라는 개념은 이 두 가지 원리가 결합되

---

35) 林尹, 『文字學概說』, 1982, 1面. "倉頡之初作書, 蓋依類象形, 故謂之文. 其後形聲相益, 卽謂之字."

었다는 것을 뜻한다.36)

이 '의류상형依類象形'을 가리키는 '문文'자는 두 무늬가 서로 어긋나는 모습을 나타내며, 무늬의 섞임을 상징한다.37) 즉, 무늬에 의한 차이가 바로 '문文'이라는 것이다. 그리고 '형성상익形聲相益'을 가리키는 '자字'자는 사람(아이)이 집아래에서 태어나는 것을 상징하며, '점점 많아진다'는 뜻을 가지고 있다.38) 이러한 문文과 자字의 분류에 대해 임윤(林尹)은 "문文이 만물에 대한 상징의 근본이고, 자字는 새끼 쳐서 점점 많아지는 것이다"39)라고 언급하고 있다.

다시 말해서, 중국한자는 언어 체계로 형성되는 과정에 있어서 사물들의 무늬와 같은 차이에 의한 '문文'이 먼저이고, '자字'는 '문文'들의 결합에 의해 확장된 것이며, 여기에 소리(음성)가 첨가되었다는 것이다. 한자로서의 '문자文字'는 모든 사물의 차이에 대한 상징을 지시하며, 존재의 다양성과 함께 그것을 표현하기 위한 글자의 수도 점점 늘어나게 되었음을 알 수 있다. 이것이 한자의 다의성을 초래한 근본 원인이라 할 수 있다. 한자는 의미와 발음의 집합체로서 다양한 기호들의 상징을 반영하여 오늘의 언어 체계로 정립된 것이다. 이렇게 본다면, 언어활동에 있어서 '차이'를 주목한 데리다가 중국한자를 그의 철학이론을 설명하는 중요한 방법론으로 한자를 인정하고 사유언어로서 등록시킨 것도 우연이 아니다.40)

---

36) '依類象形'의 방법에는 구체적 형태를 상징하는 것(象形)과, 추상적 의미를 상징하는 것(指事)의 두 가지가 있다. 그리고 '形聲相益'의 방법에는 '형태'와 '형태'의 결합을 통해 글자가 많아지는 것(會意)과 '형태'와 '소리(음성)'의 결합을 통해 글자가 많아지는 것(形聲)의 두 가지가 있다. 같은 책, 2面. 참조.

37) 『說文解字』, 429面. "錯畵也. 象交文." 象兩紋交互也. 紋者文之俗字. (밑줄 친 부분은 段玉裁의 注이다.)

38) 같은 책, 750面. 참조.

39) 林尹, 『文字學槪說』, 1面. "文者物象之本, 字者言孶乳而浸多也."

40) 데리다는 『그라마톨로지(Of Grammatology)』』에서 중국한자 '文'은 글자를 뜻하지만, 동시에

소리 언어인 말보다 문자가 훨씬 다의적인 이유는 그 기원에 있어서 말은 소리를 직접 표현하고 문자는 대상을 그렸기 때문이다. 대상을 상징화하는 과정에서 지속적으로 다른 의미들이 첨가된다. 대상을 그리면서 문자화할 때, 이미 그 문자에는 감각->지각->표상->상상에 의한 자리 이동이 있다.41) 한자의 다의성은 기본적으로 위에서 살펴 본 설명처럼 분류로서의 '문文'과 생산으로서의 '자字'의 기능과 깊은 관련이 있다. 한자는 한 글자가 여러 개념을 포괄하여 상징, 표현하는 것이 언어의 경제성 측면에서 유리하므로, 심지어 하나의 문자가 반대의 의미를 공유하기도 하는 다의적 언어의 특성을 지닌다.

이러한 언어적 측면에서의 한자의 특성인 다의성은 본질적으로 음운적 아나그램(Anagram)과 품사를 정하기 어려운 문제와 연관되어 있다고 할 수 있다. 학學은 배우다와 배움의 뜻으로 이해되듯이, 거의 모든 한자가 동사와 명사의 의미를 동시에 지니고 있으며, 지之는 명사, 대명사, 동사, 관형사 등 다양한 품사를 포함하고 있다. 그리고 '수受'는 손으로 주는 행위와 받는 행위를 동시에 포괄하고 있으며, '축祝'은 신의 축하와 저주의 의미를 동시에 지닌다. 한자 '축祝'의 이러한 다의적 의미는 앞에서 살펴보았듯이 '선물'의 의미인 영어gift와 독약의 의미로서의 Gift와 같은 사유의 길을 간다. 이러한 한자의 다의성과 아나그램에 의한 언어적 특성은 한문에서 품사를 결정하는 문제와 밀접하게 연계되어 있다.

그것은 돌과 나무의 결이나, 성좌를 연결시키는 선, 땅 위에 남겨진 네발짐승이나 새 다리의 흔적에도 적용되며, 심지어 중국문자는 문신이나 거북 등에 점을 치고 난 무늬에도 적용된다고 말한다, 김형효, 『데리다의 해체철학』, 1993, 77쪽. 참조.

41) 김형효, 『데리다의 해체철학』, 151쪽.

4. 한자의 품사 문제

한자의 다의성은 기본적으로 하나의 문자가 여러 가지 의미를 포함하고 있으며, 여러 품사를 넘나들면서 사용되는 문제와도 깊은 관련이 있다. '군君'은 기본적으로 명사적 의미(임금)를 지니고 있지만 '임금노릇하다', '임금으로 삼다', '임금답다'처럼 동사나 형용사적으로 쓰이기도 한다는 것이다. 그렇다면 이러한 한문의 품사를 어떻게 보아야 하는가? 이 문제에 대해 고명개(高名凱)는 품사의 구분이 불가능하다는 견해를 피력하였으며, 마건충(馬建忠), 여금희(黎錦熙) 등은 한자로 된 단어들은 문장 속에서 정해진 기능을 수행하기 때문에 일정한 품사가 있다고 주장한다.[42]

그리고 한문의 품사에 대해서는 국내에서도 여러 학설이 있는데, 명사, 동사, 형용사, 수량사, 대체사(代詞), 부사, 전치사(介詞), 접속사(連詞) 조사(助詞), 감탄사(感情詞) 등 10품사설이 설득력을 얻고 있기도 하다.[43] 이러한 품사론과 별개로 한자의 문법적 기능을 실사實辭와 허사虛辭로 구분하여 논의를 전개하는 것이 일반적이다. 명사, 동사, 형용사, 수량사를 문장의 주요 구성 성분으로 사용되는 의미에서 '실사實辭', 전치사(介詞), 접속사(連詞) 조사(助詞), 감탄사(感情詞)를 고유의 의미 보다 문장 속에서의 어법적인 기능을 나타내는 機能語라는 의미의 '허사虛辭', 그리고 대체사(代詞),[44] 부사를 실사와 허사의 기능을 동시에 하는 반실반허사反實反虛辭라고 분류한다.[45]

---

42) 심경호, <한학연구입문>, 『한학연구총서』 6, 2005, 88쪽 참조.

43) 위의 책, 같은 곳.

44) 우리 학계에서 다른 언어체계의 대명사에 해당하는 용어로 '代詞'를 제시하여 어느 정도 설득력을 얻고 있다.

45) 앞의 책, 같은 곳.

일반적으로, 품사가 없다고 주장하는 사람들은 한자에는 태생적인 의미에서의 품사가 존재하지 않고 언제나 문장 속에서 문자의 의미와 기능이 결정된다는 점에 주목하고 있다. 즉 어떤 단어의 의미를 알기 위해 사전을 찾을 때, 한자가 아닌 대부분의 언어체계는 그 단어 다음에 바로 그것이 어떤 품사에 속하는 지 알려주고 나서 의미를 설명하는 구조를 지니고 있는 반면, 한자의 자전에는 이러한 구분과 설명 없이 바로 의미를 지시하는 형식을 취하고 있다.46)

한편, 품사가 엄연히 존재한다고 생각하는 사람들은 문장 속에서의 기능과 역할이 그 단어의 해당 의미이므로 그것을 기준으로 품사를 결정해야 한다고 주장한다. 그런데, 한자에도 엄연히 품사가 있다는 쪽의 설명을 들어보면, 원래 해당 문자가 어떤 품사에 속하는 것이 아니라, 하나의 품사가 다른 품사로 변화 되는 이른바 품사의 전성(轉成) 문제에 초점을 맞추어 이를 근거로 품사의 존재와 의미, 그 문법적 기능을 설명하고 있다. 예를 들어『논어』의 "友其士之仁者"47)를 언급하면서 명사, 형용사는 대명사(대사)앞에서 동사가 된다고 설명하여 '友'를 동사로 판단할 것을 주장하고, 이 문장을 "선비 가운데 어진 사람을 친구로 삼는다"로 번역해낸다.

이러한 해석은 하나의 설명이 또 다른 설명을 기다리는 식으로 계속 확대 재생산하는 문제라고 할 수 있으며 문법학적 입장에서는 의미 있는 설명방식이겠으나, 해석과 번역 나아가 그 문장의 진정한 의미를 추구하는 입장에서는 그리 어울리지 않은 이해 방식이라 할 수 있다. 비슷한 구조의 문장인 "無友不如己者"48)도 이런 식의 품사

---

46) 물론 최근의 자전들에는 품사를 먼저 밝히고 의미를 설명하는 방식을 취하고 있기는 하다. 그러나 이는 최근의 편리를 위한 노력의 일환이며, 문장 속에서의 다양한 의미를 밝힌 것이지 애초에 전통적인 자전에는 이런 형식을 취하지 않고 있다.

47)『論語集註』, <衛靈公第十五> 10,

론과 문법론에 의한 설명이 가능하다. 그 설명은 대략 다음과 같은 단계를 거치는 것으로 이해될 수 있다.

1) 한자의 특성상 모든 부정어는 서로 상통한다.
2) 따라서 無는 기본적으로 체언(명사, 수사)을 수식하는 글자인데, 不(형언, 동사, 형용사)의 뜻으로 이해될 수 있다.
3) 한자의 모든 부정어는 동시에 금지(하지마라)의 뜻을 지니고 있다.
4) '友'는 명사에서 동사로 바뀌어 '친구를 사귀다'는 의미이다.
5) '無友'는 '勿友'로 변환되어 '친구를 사귀지마라'의 의미이다.
6) 따라서 애초의 문장은 "勿友不如己者"가 되어 "자기보다 못한 친구를 사귀지 말라"는 표현이다.

라고 설명할 수는 있다. 그러나 위에서 언급하였듯이 한국어 '친구'나 영어 'friend'라는 문자를 찾을 때와는 달리, 한자 '友'를 찾으면 우리는 한자자전에서 友, [명사] 또는 [동사]라는 식의 설명을 보기 어렵다. 물론 최근의 중국어 사전과 한전漢典 등 인터넷 한자자전에서는 그 쓰임을 다양하게 설명하면서 글자 다음에 품사를 설명하고 있기는 하다.

이렇게 본다면, 한자에 고유의 품사가 존재한다기보다는 한자의 다의성에 근거한 다양한 쓰임과 응용의 경우로 초점을 맞추어야 한다. 결국 한자의 품사에 관한 이해방식도 다의성이라는 언어적 특성으로 귀결되는 것이다. <학이> 편 전체에 대한 주자의 개괄적 설명

---

48) 『論語集註』, <學而第一> 8

문에 등장하는 '之' 자가 대표적인 예라고 할 수 있다. 이에 대해서는 다음 절에서 자세히 언급하기로 한다. 한편, 이 '之'자는 『논어』에 600여회 출현하는 데,[49] '가다'는 의미의 실사로 사용된 예는 거의 찾아볼 수 없다. 주로 대명사, 목적어(동사 뒤에서), 관형격 조사, 주격조사 등의 품사로 쓰인다. '之'자는 어떤 품사로 미리 결정할 수 없는 특성(비결정성)을 지닌 글자인 것이다.

중국 최초의 체계적인 한문문법서라 할 수 있는 마건충(1845-1900)의 『마씨문통馬氏文通』은 인도유럽언어(Indo-Europian Language)의 문법을 참고하고 라틴어 문법의 틀을 적용한 것이다. 이 책은 서양의 문법에 억지로 한자를 맞추려는 시도의 결과물인 셈이다. 한편 위에서 언급한 것처럼 대부분의 학자들은 품사 문제에 집착하기보다 오히려 허사虛辭와 실사實辭의 문제에 집중되어 논의를 전개해왔다. 허신許愼도 실사적 기능을 하는 글자를 자(字)라고 하고 그렇지 못한 글자를 사(詞, 辭)라 부르며 구분하여 왔으며, 이런 이해 방식이 한자의 다의성과 관련하여 문장 속에서의 다양한 쓰임을 이해하는 좋은 방법이라 하겠다.

한자는 오늘날 고급화된 대부분의 언어체계가 가지고 있는 기본적인 문법적 요소인 품사를 그 자체의 문자적 속성으로 지니고 있지 못하다. 그렇다고 하여 이 문자 체계가 고급문자가 아니라거나 인간의 사유를 제대로 반영하지 못한다는 의미는 아니다. 오히려 앞에서 살펴보았듯이, 한자의 언어적 특성은 인간의 복잡한 사유를 나름의 방식으로 표현하는 철학언어로서 충분한 기능을 할 수 있는 것이다.

한자는 하나의 문자가 '명사', '형용사', '부사', '동사', '단수', '복

---

49) 이종한, <韓中 兩國의 『論語』 '之'字 解釋에 關한 比較 硏究> 『中國語文學』41집, 2003 463 쪽.

수’, ‘남자’, ‘여자’ 등 다양한 개념적 외연을 포괄한다. 이 문자 체계
는 문자의 기본적이고 대표적인 의미를 표현하는 품사(part of
speech), 문형의 성질을 나타내는 법(mood), 능동과 수동의 표현법
(voice), 시간의 차이를 설명하는 시제(tense)에 대한 정형된 문형체
계가 존재하지 않는다. 언어학에서는 이를 고립문자라고 표현한다.
즉 한자는 여러 가지 어형 변화가 없고, 그 문장 속에서의 특정 위치
와 문맥의 전후관계에 의하여 문자의 의미와 그 관계가 결정되는 특
성을 지니고 있다.

한자에는 관사가 없고, 전치사도 없다는 헤겔의 지적처럼 허세영
(許世瑛)도 중국의 문자 체계에는 본래 개사介詞(Preposition)와 근연
사跟連詞(Conjunction)가 없으며, 한자로 된 문장의 경우 실사實辭
로만 이루어진 경우는 거의 찾아보기 힘들다고 말한다.[50] 다음의 특
수한 예문을 살펴보자. 우리에게 익숙한 고사성어인 ‘수주대토守株
待兎’의 원문은 다음과 같은 부분을 담고 있다.

宋人有耕田者 田中有株 兎走觸株 折頸而死[51]

이 문장은 비교적 직역과 의역이 큰 차이가 나지 않는다. “송나라
사람 중에 밭을 가는 사람이 있었다. 밭 가운데 그루터기가 있었으
며 토끼가 뛰어와 그루터기에 부딪혀 목을 부러뜨리고 죽었다”는 번
역이 가능하다. 이 문장은 ‘자者’와 ‘이而’를 제외하고는 글자들의 의
미변화가 기본적으로 없는 글자인 실사實辭들로 구성되어 있다.

이런 예외적인 경우를 제외하고 대부분의 『논어』를 비롯한 한문

---

50) 許世瑛, 『中國文法講話』, 1976, 359面.
51) 『韓非子』, <五蠹>

문헌들은 실사實辭, 허사虛辭를 막론하고 다의성에 의한 품사의 전성이 문제가 된다. 한자의 언어 문자적 특징이 다의성과 품사의 전성(비결정성)이라는 점에 의거하여 『논어』의 문장들을 분석하고 해독해 보자.

5. 『논어』의 언어학적 해독

우리가 『논어』의 내용들을 이해하는 과정을 살펴보면 다음의 세 가지 단계를 거치는 것으로 요약할 수 있다.

> 첫째, 『논어』의 원문에 포함된 독립된 한자들에 대한 지식을 갖추는 단계가 필요하고,
> 둘째, 이 개별적 한자들에 대한 지식을 기초로 문자들의 집합인 문장(즉, 漢文)에 대한 구조를 이해하고 우리말로 번역하며,
> 마지막으로 번역된 문장을 세련되게 정리하며 그 의미와 교훈을 추출한다.

그 결과 "1) '學而時習之, 不亦說乎?' 2) '有朋自遠方來, 不亦樂乎?' 3) '人不知而不慍, 不亦君子乎?'로 구성된 <학이> 편 첫 문장의 의미와 교훈에 대해 사람들은 '1)배우고 익힘의 문제', 2) '친구간의 우정', 그리고 '3) 군자의 인격' 등에 대해 공자가 설명한 것으로 이해한다.

이런 이해의 근거들에는 다음의 요소들이 포함되어 있다. 즉, 이 문장들에 포함된 '학學'과 '습習'의 개념적 정의, '지之'의 문법적 이해, '열說'과 '방方'의 다의적 함의, 부정을 뜻하는 한자의 쓰임 등에 대한 독자의 해석과 번역이 전제되어 있는 것이다. 1)의 문장에 대해 자세히 분석하고, 나머지 부분과 『논어』전체 문장을 대상으로 하는 연구는 지면의 제약으로 다음 기회를 기약하고자 한다.

일반적으로 1) '學而時習之, 不亦說乎?'[52)]의 의미에 대해, "배우고 때때로 (배운 것을) 익히면 또한 기쁘지 않은가?"로 번역하여 이 문

---

52) 『論語集註』, <學而第一> 1

장은 학습의 즐거움을 강조한 공자의 술회로 여기고 있다.

그런데, 이 구절 후반부에 등장하는 '說53)의 가장 대표적인 의미를 추출하여 '말하다' '설명하다'는 의미를 적용하면, 이 문장은 "또한 말하지(설명하지) 않았는가?"라고 번역될 수 있다. 즉, '學而時習之'라는 언표는 공자가 학습의 즐거움을 표현한 것이 아니라 다만 '학습' 자체의 중요성을 설명하여 강조한 사실이 있다는 것으로 바뀌게 된다. 이렇게 본다면, '說'의 문자적 기본 의미에는 '석釋'과 '해解'의 뜻이 공유되어 있다. 이 두 글자를 뒤집어서 하나로 붙이면 오늘날의 언어인 해석(解釋)이 된다. 오늘날 사용되는 '해석'이라는 의미와 거의 일치한다고 볼 수 있다. 다만 '釋'의 풀이에 '그 차이를 취해서 사물을 구별한다'는 설명으로 볼 때, 두 가지 사건과 사물 즉 '學'과 '習'의 행위에서의 차이점을 공자가 해석하였다고 볼 수 있다.

그런데, 우리는 일반적으로 단순히 '학습의 행위나 사건에 대해 풀이하다 또는 설명하다'는 의미보다는 '학습의 즐거움에 대해 설명하다'는 해석과 번역을 받아들인다. 그 근거는 바로 '說'에 대한 문자의 의미를 '기쁘다'로 정의하기 때문이다.54) 전통적이며 권위를 인정받는 여러 주석과 해석의 근거에는 첫째, '說'과 '悅' 두 문자는 같은 글자로 사용되었으며, 둘째 이 글자들은 같은 소리(音)를 소유하고 있다는 이해가 포함되어 있다.55)

---

53) '說'에 대한 『說文解字』의 풀이를 살펴보면 "說, 釋也。从言兌。一曰談說。失爇切。又, 弋雪切"로 되어 있다. 이에 따르면, '說' 기본적 어의는 '釋(풀다, 풀리다)'으로서 현대 우리말로 '풀이하다' '설명하다' '이해하다' 정도가 될 수 있다. 또한 같은 책에서 '釋'에 대해 "解也。从釆 ; 釆, 取其分別物也。从睪聲。賞職切"라고 하여 '풀다', '이해하다'라고 설명하고 있다. 그리고 그 의미에 대해 '取其分別物也(그 차이[나뉨]을 취해서 사물을 구별한다)'라는 보충설명을 붙이고 있다.

54) 『논어』에 대한 주석으로 가장 권위를 인정받는 주자를 비롯하여 魏나라 하안(何晏)의 <集解>와 唐나라 육덕명(陸德明)의 <音義> 宋나라 형병(邢昺)의 <疏>가 함께 모여 있는 『論語注疏』도 '說'을 '기쁘다'로 이해할 것을 보충설명하고 있다.

물론 주석가들이 <학이> 편 첫 문장에 대한 주석을 붙이면서 현대적 의미에서의 언어학적 특성을 이해하고 설명을 붙인 것은 아니지만, 한자의 언어학적 분석과 해석이 개입될 수 있다는 논리가 가능함을 보여준다. 바로 한자의 음音이 서로 같거나 유사한 경우 그 문자의 뜻도 같은 것으로 생각하는 사유방식이다. 동음이의(同音異義, homonym)의 언어적 특성은 한자 뿐 아니라 우리말의 경우에서도 찾을 수 있다.56) 동음이의의 관점에서 '說'은 'shuō', 'shuì', 'yuè' 등의 발음을 소유하고 있는 문자이다. 그리고 '釋'은 'shì'의 소리로 발음된다. 두 문자는 똑같지는 않지만 'sh'의 발음계열에 속하는 것은 분명하다. 원래 같은 글자로 여겨지는 '說'과 '悅'은 당연한 사실이겠지만 'yuè'의 동일한 음을 지닌다.

정리해보면, '說'은 언어적 발음으로 볼 때 [S] 계열에서는 '설명하다'는 의미를 표현하고, [Y] 계열에서는 '기쁘다'는 의미가 유추된 것이다. 물론 '說'과 '悅'은 같은 글자였다는 형태적 동일함도 그 이유임에 분명하다.57) 한자의 형태와 발음이라는 두 요소가 글자와 문장 해석의 출발점인 셈이다. 지금까지의 논의를 통해 우리는 『설문해자』와 『강희자전』 등의 자전뿐 아니라 주자를 위시한 많은 주석가들이 언어의 발음의 유사함 즉 동음이의라는 언어적 특성에서부터 문헌의 해석과 번역을 시도하였음을 알 수 있다. 이 동음이의의 언어적 특성에는 하나의 문자로 여러 가지 의미를 표현하는 다의성

---

55) "子曰學而時習之不亦說乎" 바로 다음에 주자는 "說悅同" 세 글자를 붙이고 있다. 說자와 悅자의 의미가 동일하다는 것이다. 『四書集注』 『論語集注』, 卷一. 또한 『論語注疏』에서도 같은 해석을 발견할 수 있다. 『論語注疏』, 卷一 "說音悅", 이곳에서는 한자의 음音에 대해 說자의 음은 열悅로 읽어야 함을 설명하고 있다.

56) '다리(脚)'가 아프면 보름 '달'이 뜨는 날 밤에 '다리(橋)'를 밟으면 낫는다는 사유가 이에 해당한다.

57) 『康熙字典』은 "說", "悅" 古今字라고 밝히고 있다.

(polysemy)과 아나그램(Anagram)의 사유가 복합되어 자리 잡고 있다.

<학이> 편 첫 문장의 마지막 문자인 '之'의 문제는 보다 복잡하다. 앞에서 잠시 유보되었던 <학이> 편에 대한 전체적 의미를 요약한 주자의 설명을 살펴보면, 이 글자의 다양한 쓰임을 발견할 수 있다. 주자의 설명은 다음의 문장으로 표현되었다.

> 此爲書 1)之首篇 故所記多務本 2)之意 乃入道 2)之門 積德 2)之基 學者 3)之先務也 凡十六章58)

이 문장 속에서 之는 1) '-의' 2) '-하는' 3) '-은 -는 -이 -가'라는 세 가지 문법적 응용을 보이고 있다. 따라서 이 문장은 "이는(학이편은) (『논어』라는) 책의 첫 번째 편이다. 그러므로 기록된 내용이 근본을 힘쓰는 뜻이 많으니, 바로 진리로 들어가는 문이며, 덕을 쌓는 기초가 된다. 배우는 사람은 먼저 힘써야 한다. 모두 16장이다"라는 의미로 이해된다. <학이> 편에 대한 주자의 전체적이고 개괄적인 설명문인 이 문장 속에서 '之'는 우리말로 번역하면 '관형'의 의미와 '주격'의 의미가 공존하고 있는 것이다.

그리고 '學而時習之'에서의 '之'는 대명사이거나 동사 뒤에 붙어서 그 동작과 행위를 강조하는 의미로 볼 수 있다. 이 문자가 대명사인 경우 앞의 '學'을 지시하여 '배우고 때때로 그것(배운 내용)을 익힌다'가 될 것이고, 또 동사를 도와주는 허사로 이해하면 이 문장은 '배우고 때때로 익힌다'의 의미가 될 것이다. 물론 두 경우 모두 의미상의 큰 차이는 아니지만, 해석과 번역을 깊이 있게 따 질 때는 문제가 될 수 있는 것이다.

---

58) 『論語集註』, <學而第一> 朱子 註釋

‘學而時習之 不亦說乎?’에 대해 ‘학습을 설명한 것’이라는 이해와 ‘학습의 즐거움을 설명한 것’이라는 해석으로 나뉠 수 있는 근본적 이유는 일단 『논어』의 태생적 성격과 관련이 있을 것이다. 주지하듯 이 『논어』는 주로 공자와 그의 제자들, 그리고 당시의 제후들 간의 대화의 기록이다. 『논어』의 거의 모든 문장이 ‘子曰’로 시작하는 것과 영어로 ‘Analects’라고 번역하는 것은 이 기본적 책의 성격을 잘 알려준다.

대화를 정확하고 명확히 이해하기 위해서는 당시의 상황과 문맥, 분위기, 대화 상대자 등에 대한 이해가 전제되어야 할 것이다. ‘學而時習之’라는 공자의 언표가 단순히 학습의 중요성을 설명한 것인지, 학습의 효과로 이루어지는 즐거움을 말한 것인지에 대한 오묘한 뉘앙스가 공존할 수 있기 때문이다. 어떤 문자와 문장의 본래 의미에 대해 분명히 알 수 없는 이유는 우리가 그 당시의 현장에 없었기 때문이리라. 아니 있었다고 해도 공자의 진의를 완벽하게 파악한다는 것은 불가능 할 런지도 모른다. 한자는 기본적으로 다의적 언어이며, 품사가 결정되지 않은 채 문장 속에 포함되어 있기 때문에 의미의 선택권은 언제나 우리들에게 있기 때문이다.

그러면 남는 문제는 텍스트를 대하는 우리의 선택과 태도이다. 공자의 가르침에 대한 교훈적 의미를 강조하는 경우와 공자의 삶과 사상을 비판적이고 객관적인 입장에서 바라보는 입장에 따라 ‘學習’에 대한 우리의 이해는 얼마든지 달라 질 수 있을 것이다. 대부분의 『논어』 문장을 해석하고 번역하는데 어려움이 야기되는 가장 큰 이유는 다의성과 더불어 품사가 정해져 있지 않는 한자의 언어적 특성에서 기인하는 것이다.

한자의 다의성과 품사 문제를 생각하게 하는 대표적 문장이 『논어』에 포함되어 있다. 다음 문장을 해독해 보자.

> 君君臣臣父父子子(임금은 임금다워야 하고, 신하는 신하다워야 하며, 아버지는 아버지다워야 하며, 아들은 아들다워야 한다)[59]

위 문장에서 '君', '臣', '父', '子'는 위치에 따라 품사가 달라지고 의미도 변화된다. 두 글자씩 반복되어 등장하는 이 문장에서 각각 앞의 글자는 명사적 의미를, 뒤의 글자는 형용사적 의미를 지닌 것으로 이해된다. '君', '臣', '父', '子' 는 기본적으로 명사적 의미로 주로 쓰이는 문자이다. 따라서 이 문장을 "임금은 임금이고 신하는 신하며, 아버지는 아버지이고 아들은 아들이다"라는 의미로 해석, 번역한다면, 이는 동어반복일 뿐 의사의 전달이 제대로 표현된 문장이라고 보기는 어렵다.

개별적으로 존재하는 명사로서의 의미 이외에 문맥에서의 기능이 보다 중요하다. 한자는 고유의 품사를 감추고, 다른 문자들과의 관계망 속에서 어떤 사건과 사물의 의미를 표현하면서 자신의 본색을 드러낸다. 한자는 이른바 '불가결정성(undecidability)'의 언어인 것이다. 품사와 관련하여 볼 때, 한자의 언어적 특성은 하나의 문자가 '미리' 어떤 의미로 결정되어 있는 것이 아니라 다른 문자를 기다려서 그들과의 관계 속에서 자신의 위치적 의미를 드러낸다. 본래 한자의 허사虛辭가 이런 기능을 하지만 '君', '臣', '父', '子' 등과 같은 실사實辭도 크게 다르지 않다.

"君君臣臣父父子子"처럼 명사들로 나열 된 또 다른 예가 바로 "主忠信"[60]이다. 한자에 대한 기본적 지식을 소유한 사람들이 이 문장

---

59) 『論語集註』, <顏淵第十二> 11

을 해석하고 번역하면서, "주인 충신 믿음"이라고 이해하는 사람은 거의 없을 것이다. '主'는 기본적 글자의 의미가 명사적(주인)으로 쓰이지만 여기서는 '주인으로 삼다', '위주로 하다'로 이해되어야 할 것이다. 나머지 두 문자는 이 서술어 뒤에 위치하는 목적어로 이해되어 이 문장은 '충실함과 믿음을 위주로 하다'로 번역될 때 공자의 교훈적 가르침을 제대로 판단할 수 있는 것이다.

이처럼 영어, 한국어, 일본어, 현대 중국어 등 다른 언어체계와 달리 한자로 기록된 고전문헌들은 문맥상에서의 이해가 중시된다. 고유한 품사를 소유하지 않은 문자가 오직 문맥 속에서의 역할에 따라 의미가 결정되기 때문에 저자의 의도 보다 독자의 창의적 적용이 중요하다. 고전의 해석과 번역의 중요성과 어려움은 대부분이 이러한 문제와 관련이 있다.

한자의 다의성과 품사의 '결정불가능성'은 독자들의 응용력, 상상력과 연계되는 것으로 어떤 문자의 어떤 의미를 추출하여 문장을 이해하는가 하는 전적으로 읽는 사람의 몫으로 넘겨진다.

『논어』에 등장하는 한자 '爲'도 대표적인 다의어이다. 많은 사람들이 좌우명처럼 마음에 새기고 있는 글귀 "溫故而知新, 可以爲師矣"61)에서 이 문자는 일반적으로 '되다'는 의미가 적용되어 '옛것을 익히고 새로운 것을 알면 스승이 될 수 있다'로 번역된다. 그런데 '爲'의 기본적 의미인 '하다'를 적용하여 '師'의 동사적 의미(스승노릇 하다)를 적용할 수도 있다. 이때 위 문장의 후반부는 '스승노릇을 할 수 있다'는 표현이 된다. 물론 '스승이 될 수 있다'와 '스승노릇을 할 수 있다'는 번역은 의미상 별 차이가 없다고 볼 수 도 있다. 그러나

---

60) 『論語集註』, <子罕第九> 25
61) 『論語集註』, <爲政第二> 12

언제나 세밀한 해석과 번역에 관한 취사선택의 결정권은 독자들 몫으로 남는다.

그리고 '其爲仁之本與'[62]에서의 '爲'도 '하다'와 '되다'는 두 가지 의미가 모두 적용될 수 있으며, 특히 이 문장은 『논어』의 해석과 번역에 끊어 읽기 즉, '구두(句讀)'가 중요함을 우리에게 일깨워 준다. '爲仁之本' 네 문자는 爲/仁之本과 爲仁/之本의 읽기가 가능하다. 전자는 '仁의 근본이 된다'는 뜻이 되고, 후자는 '仁을 하는 근본이다'는 의미가 된다. 또한 전자의 해석과 번역을 따르는 일부 사람들은 음운적 아나그램으로서 仁=人(두 글자 모두 [ren]으로 발음된다)의 입장에서 위 문장을 '仁의 근본이 된다' 대신 '사람의 근본이 된다'는 의미로 이 글을 이해하기도 한다.

그리고 "爲人謀而不忠乎"[63]에서 우리는 '하다' '되다' 이외에 '爲'의 제 3의 의미를 만나게 된다. 바로 '위하다'는 뜻이다. 공자의 이 언표를 통해 우리는 독립된 개인(Individuality)으로서의 사람이 아니라 다른 사람과의 관계를 중시하는 공자의 사유를 엿보게 된다. 즉, '사람人'은 나 이외의 '다른 사람'의 의미로 해석되는 것이 설득력을 얻기 때문이다. 이 문장은 "다른 사람('남')을 위하여 어떤 일을 하는데 충실하지 못하였는가?"로 이해된다.

한자로 표현된 유교적 사유에서의 개별적 독립적 실체는 언제나 다른 문자와의 관계를 통해 진면목을 드러낸다. '人'이 '단수의 사람(a person, the human)'이 아니라 나 이외의 '다른 사람(another person)'으로 이해되는 것은 이런 사유의 반영인 것이다. 나아가 음운적 아나그램(Anagram)적 문자로서 많은 사람들은 '人'은 '仁(人+

---

62) 『論語集註』, <學而第一> 2

63) 『論語集註』, <學而第一> 4

二)' 즉, 두 사람으로 이해되기도 하였다.

이러한 언어적 사유는 고정된 불변의 실체를 상정하기 보다는 시간의 흐름과 장소, 상황에 따라 변화되는 것이 인간과 세계에 대한 올바른 이해 방식이라고 생각하는 것과 깊은 관련이 있다. 만물 변통의 사유, 다른 말로 음양적 세계관, 유기적 사물관 등이 한자 문자에 내재되어 있으며, 다음의 인용문에서도 공자의 이런 사유를 알 수 있다.

> 子在川上曰 逝者如斯夫 不舍晝夜.[64]
> 공자가 냇가에서 말했다. 지나가는 시간은 모두 이와 같도다 낮과
> 밤에 머물지 않는다(낮과 밤을 버리지 않는다).

집(舍)은 머무는 곳이지만 언젠가는 떠나가고, 버릴 곳(捨)이기도 하다. 이러한 음운적 아나그램(Anagram)은 비유와 은유의 표현법과 잘 어울린다. 공자는 한번도 仁에 대해 분명한 정의방식을 사용하지 않았다. 『논어』에는 仁이란 무엇인가(what is the humanity)? 어떻게 仁을 성취할 수 있는가(How to achieve the humanity)? 라는 제자들의 물음이 끊이지 않지만, 그는 언제나 仁이란 －다(The humanity is -) 라는 定言의 형식을 사용하지 않고, "그것은 인에 어울리지 않는다. "인이 아니다"는 식의 우회의 답변으로 일관하고 있다. 仁 이라는 최고의 도덕적 개념은 분명하게 정의되지 않고 관계망에서의 의미가 중시되는 것이다. "君君臣臣父父子子"의 언표에서 우리는 개인으로서의 임금, 신하, 아버지, 아들의 독립적이고 개별적 존재보다는 자녀로서 부모로서 사회의 일원으로서의 관계 속에서의 인간의 위

---

64) 『論語集註』, <子罕第九> 17

치와 존재가 중요하다는 생각을 읽을 수 있다. 이런 사유에서부터 윤리 도덕적 의미가 추출되는 것이다.

이런 점에서 공자가 강조한 '正名'의 문제도 논리학적으로 개념 (이름)을 명확히 하고자 하는 접근방식이라기 보다는 인간의 윤리적 기능과 의무를 설명한 것으로 이해된다. 이런 사유의 기저에는 다양한 대상을 직접 지시하는 이름을 추구하기 보다는 언어문자의 의미의 전환과 확대 또는 다른 사물과의 기대와 연기를 생각하는 태도가 자리 잡고 있다.

『설문해자』와 『강희자전』의 한자 해석에서도 이런 사유의 전통이 그대로 반영되었다고 볼 수 있다. 이 자전들에 의하면 '君'은 '群(명사로 많은 사람, 동사로 모이다)'자로 풀이되어 있다. 한편, "德不孤, 必有鄰(덕은 외롭지 않다. 반드시 이웃이 있다)"[65]는 공자의 언표는 이상적 인격으로서의 君子의 도덕적 경지에 대한 설명 중 하나인데, 위의 어원 풀이를 적용하면 君子는 '많은 사람을 모이게 하는 인간 (群人)'이라는 의미가 된다. '많은 사람을 모이게 하는' 요인에 이상적 도덕과 정치가 선결과제라는 것은 유교의 기본적 명제이다. 따라서 도덕적 지도자＝정치적 지도자로 이해되는 것은 충분히 가능하고 자연스러운 일이다. 한자 '君'은 정치지도자<->도덕적 인간의 끊임없는 자리이동[66]이다.

의미의 자리이동이라는 한자의 이러한 특징은 『논어』속에서 많은 예들을 발견할 수 있다.[67] 이러한 문자들은 음운적 아나그램

---

65) 『論語集註』, <里仁第四>

66) 『백색 신화(White Mythology)』에서 데리다는 '은유'의 어원인 희랍어 'metapherein'에 대한 하이데거의 분석을 소개하고 있다. 'metapherein'은 '옮겨 놓기', '자리이동'을 뜻한다.

67) 政(정치)<->正(바르게 함), 治(다스려짐)<->亂(어지러움), 道(길, 진리)<->導(이끌다), 道(길, 진리)<->蹈(밟다), 仁(어짐)<->人(인간) 仁(어짐)<->訒(말 더듬), 忠(충실함)<->中(마음 속), 陣(군사의 대형)<->陳(펼치다), 歸(돌아가다. 돌아오다)<->鬼(인간의 죽음) 등.

(Anagram)과 이중의미(bisemy)의 조건을 만족시키고 있다. 이러한 한자의 언어적 특성은 은유와 비유의 수사법과 잘 어울리며, 이런 언어적 특징과 수사법이 공자의 사유와 접목되어 『논어』의 언표들을 통해 다양하게 표출되고 있는 것이다.

살펴 본 바와 같이 『논어』의 한자들은 어떤 문자가 개별적이고 독립적으로 의미를 표현하기보다 다른 문자들과의 관계에서 의미가 결정되는 특징을 보인다. 이런 한자의 언어적 특성과 『논어』의 사유에 입각하여 인간과 세계를 바라 볼 때, 사회의 구성원으로서의 인간, 세계의 구성체로서의 국가의 차원에서 윤리도덕적 성숙을 지향하려는 공자의 시각을 제대로 따라 갈 수 있다. 서양의 언어체계는 세계를 '논리적 질서(logical order)'로 파악하므로 '신', '자연법', '실정법', '정언명법' 등과 같은 철학적이고 신학적인 명제를 중시하는 사유와 잘 어울린다. 『논어』로 대표되는 공자를 위시한 중국적 사유의 기저에는 세계를 '미학적 질서(aesthetic order)'로 파악하는데, 이 '미학적 질서'는 그대로 '예술적'이라는 '내재적', '역동적' '맥락적' '유기적' 등과 같은 다양한 의미가 함축된 '복합개념'이라고 할 수 있다.[68]

독일어 등 서양의 언어체계가 객관적으로 존재하는 '개체'와 '개념'의 명확화를 추구하는 것과 달리 한자의 문자 체계는 언어의 다의성과 품사의 비결정내지 결정할 수 없음이라는 특징을 지님으로써 하나의 글자 안에 다양한 의미가 복합적으로 존재하게 된 것이다. 한자에 대한 이러한 언어학적 특징에 대한 이해는 『논어』 등 동양고전 속에 포함된 공자를 위시한 중국사상가들의 사유에 대한 우리의 생각의 깊이와 넓이를 지향하는 중요한 방법론이 될 것이다.

---

68) 이승환, <어느 포스트모더니스트의 공자 독해-에임스와 홀의 Thinking Through Confucius를 중심으로>, 『中國哲學』, 2001, 268쪽 참조.

제2장

유교 윤리의 근거와 종교성

1. 유교 윤리와 종교성의 관계

유교는 한반도에 전래 된 이후 오랫동안 우리 사회의 근간을 이루는 윤리도덕과 생활규범, 정치이념으로 자리매김해온 동시에 우리들의 신념체계와 철학사상의 기능을 하면서 오늘날까지 한국인의 사유방식에 큰 영향을 끼치고 있다. 그러나 오랜 기간 동안 꾸준하게 우리의 삶과 행동양식을 지배해 온 이념체계인 유교는 급변하는 현대의 다문화시대에 접어들면서 그 역할과 기능에서 과거와 같은 지위를 얻지 못하고 있다. 오늘날 유교는 '전통문화'와 '윤리도덕'이라는 두 가지 용어 속에서 겨우 명맥을 유지하고 있는 것처럼 보인다. 전통과 윤리가 시대의 근간으로 여겨지던 조선시대와 달리 자본주의 사회로 대표되는 현대사회는 자본과 경제를 위시한 다양한 가치들이 등장하면서 전통, 문화, 윤리, 도덕의 사회적 가치는 평가절하되고 있는 것이다.

그런데 외면적으로 유교가 쇠퇴했다고 해서 내면적인 유교적 정신문화와 전통도 사라졌다고 보는 것은 무리가 있다. 융(Jung)의 '그림자' 이론을 원용하면 유교적 정신과 전통은 아직도 여전히 우리 개인의 의식과 행동양식을 좌우하는데 결정적 영향을 끼치고 있으며, 유교적 사유방식은 현대 한국사회의 집단무의식을 형성하면서 한국인의 집단종교 내지 근원종교로서 역할을 하고 있다고 할 수 있다. 이 장에서는 유교의 근본정신을 담고 있는 텍스트인 『논어』에는 윤리도덕, 전통문화의 교훈적 메시지와 함께 종교적 특성을 알려주는 문자들이 포함되어 있음에 주목하여 그 의미를 구명하고자 한다. 우리는 그동안 『논어』의 윤리적 측면과 종교적 특성을 별개의 독립적인 주제로 생각해 왔다. 그러나 윤리와 종교는 사회와 문화의 특성과 관련되는 것으로 이 둘은 매우 밀접한 관계를 맺고 있다고 할수 있다. 기독교, 불교, 회교 등 세계 문화권의 주요 종교를 살펴보더라도 각각 자신의 사회에 어울리는 윤리와 도덕을 추구하고 있다. 즉, 모든 종교는 "선(善)을 지향하는 삶을 영위하라"는 메시지를 기본으로 하고 있는 것이다. 물론 여기서 선(善)은 절대적 개념이기 보다는 사회내적인 가치추구와 관련된 상대적인 개념이라 할 수 있다. 칸트(Kant)가 시도하였듯이 윤리 도덕적 선악의 구분은 절대적 개념으로서 정의하는 방법도 가능하겠지만, 인간사회의 실제 삶의 문제와 결합될 때는 이 선악과 관련된 개념들은 상대적일 수밖에 없을 것이다. 어느 사회에서의 악(惡)한 행위는 다른 사회에서 선(善)으로 규정되기도 하기 때문이다. 최근 이슬람 국가들과 미국 등 서방국가 사이에서의 갈등은 종교와 관련되어 있고, 상대적인 관점에서의 선을 지향하는 가치의 차이에서 유발된 폭력성을 보여주는 대표적인 사례라고 할 수 있다. 그런데 다양한 종교에서 추구하는 도덕성 즉, 선(善)에 대한 정의와 기준은 다를 수 있으나, 모든 종교가 선(善)을 지향한다는 점에서는 차이가 없는 것이다. 이런 점에서 인간의 삶의 양식에는 다양한 문화와 종교의 차이가 존재하지만, 인간이 추구하는 윤리학의 근거에는 종교가 자리 잡고 있다고 할 수 있으며 이 장에서는 이 문제를 다루고자 한다.

이를 위해서는 먼저 유교를 종교라고 정의할 수 있는가 하는 문제를 고찰해보아야 한다. 1989년도에 한국갤럽연구소가 실시한 한국인의 종교와 종교의식을 조사한 결과에 따르면 불교의 경우 72%, 개신교의 경우 63%, 천주교의 경우 61%, 그리고 무종교인의 경우 70%의 신앙인들이 자신들의 신앙과 별개로 내면에 그림자로서 유교적인 의식성향을 지닌 것으로 나타났다. 즉, 자신이 믿는 신앙체계와 별개로 약 70%에 가까운 한국인들이 내면적으로 유교적 가치관을 갖고 있다는 것이다. 종교를 근원종교(primal religion, 근본종교)와 조직화된 종교(organized religion, 제도종교)로 나눌 때, 조직을 갖고 있지 않지만, 잠재적 형태로 한 사회의 가치관과 종교적인 기능을 하는 것을 근원종교라고 한다.[69] 이런 점에서 대부분의 한국인에게 유교는 근원종교로서의 의미를 간직하고 있다.[70]

위의 여론조사에서 알 수 있듯이 한국인은 심정적으로 자신이 믿는 조직화된 제도종교에 대해서는 '순수정통주의'를 추구하여 끊임없는 종교적 이단 논쟁과 교파간의 다툼을 벌이는 동시에, 유교적 전통에 기반을 둔 윤리적 가치관을 수용하는 종교적 이중성을 보이고 있다. 한국인의 이러한 이중적이고 복합적인 신념체계의 저변에는 유교가 자리하고 있으며, 근원종교로서의 유교는 시간이 흐름에 따라 점차 조직화된 체제 종교들의 교리에 의해 그 존재감이 사라지고 있지만, 여전히 한국인의 전통적 정서와 경험적 사유 습성의 중심을 이루고 있다.[71] 유교가 오늘날까지 한국인의 생활과 의식의 저변에 깊고 넓게 뿌리를 형성하고 있음은 부정할 수 없는 사실이다. 이런 면에서 본다면, 한 사회의 문화와 전통을 형성하는데 가장 중요한 요소를 제공하는 것이 바로 근원종교로서의 종교이다. 기독교를 빼고 서양문화를 생각할 수 없듯이 우리에게 유교를 배제하고 한국인의 문화와 삶의 양식을 머릿속에 그려낼 수 없다. 이러한 유교

---

69) 다양한 종교 현상의 저변에 있는 이러한 종교를 '자연종교(natural religion, eligio naturalism)'라고도 한다.

70) '대부분'이라고 한 것은 유교의 사상체계를 제도종교화 시키려는 일련의 신흥종교 교단을 포함시키지 않는다는 의미이다.

71) 윤이흠 외, 『한국인의 종교관-한국정신의 맥락과 내용』, 2001, 202-203쪽 참조

적 가치관 내지 유교문화의 중심에는 공자의 사유가 집약된 텍스트인 『논어』가 위치하고 있다. 따라서 이 장에서는 『논어』에 보이는 종교적 성격을 확인하고, 그 의미를 정리하는 것을 목표로 삼는다.

종교를 정의하는 다양한 방법이 가능하겠지만 일단 유교는 오늘날 교단화되고 조직화된 '제도종교'라고 말하기는 어렵다. 대부분의 사람들은 공자와 『논어』를 대상으로 현실사회에서 인간의 삶의 과정에서 필요한 어떤 메시지와 교훈들을 얻으려는 태도를 보인다. 그래서 공자의 사상과 『논어』의 내용은 세속적이고 현실적이며, 윤리도덕을 지향하는 것으로 이해하려는 경향성이 강하다. 다시 말해서 그 동안 공자와 『논어』, 유교 등의 용어는 사회 현실의 학문, 즉 윤리 도덕을 추구하는 것을 주요 내용으로 하고 있는 것으로 인식해왔다. 이는 지극히 엄연한 사실이며 상식적인 견해를 반영한 것으로 틀린 주장이 아니다.

이런 현실에서 저자는 유교가 일반적이고 상식적인 의미에서의 종교의 구분에 꼭 어울리지는 않지만, 종교의 정의를 넓게 적용하면 유교는 엄밀한 기준에서는 종교라고 하기 어렵지만, 근원 종교적 의미에서의 종교성을 포함하고 있다고 주장하고자 한다. 이를 위해 그 동안 윤리도덕의 대표적 사유체계로 명명되었던 유교에 대해 가졌던 인식과 선입견을 재검토하고, 유교의 대표적 논의가 담겨진 것으로 여겨지는 텍스트인 『논어』의 문장 속에 숨겨진 의미를 해독하는 과정을 통해서, 『논어』가 담고 있는 윤리학적 체계의 근거로서의 종교성, 나아가 유교의 종교성을 검토하고자 한다. 구체적으로 『논어』의 천명, 귀신, 효, 예 등의 개념을 분석함으로써 유교에서의 윤리성과 종교성의 문제, 나아가 유교 윤리의 근거로서의 종교적 성격을 고찰하고자 한다. 그래서 공자의 사유가 집약된 『논어』의 행간들을

읽어가고 기타 유교적 경전과 고대인의 사유방식을 추론하면, 유교
의 사유체계에서 윤리성과 종교성은 독립적인 가치와 개념으로 이
해되기 보다는 관계성의 관점에서 접근해야 한다는 것을 주장하고
자 한다.

2. 천명에 대한 종교적 해독

동서양을 막론하고 고대인들은 하늘(天)에 대한 경외감의 심리를
소지해 왔다. 고대 중국의 경우 인간사회의 최고통치자에게 '제帝'
자를 붙여 '천제天帝', '상제上帝' 등의 용어를 사용하여 하늘(天)의
막강하고도 전능한 능력을 표현해 왔다. 이 개념들은 문자로 기록된
최초의 종교적 관념이라고 할 수 있을 것이며, 이들 신격은 인간사
회의 모든 것에 영향을 미치고 통치한다는 역할을 하는 존재로 믿어
졌다. 이러한 하늘의 성격을 '주재적 천(Heaven)'이라고 정의하고,
이후 주재적 의미의 하늘(天)은 인간의 삶의 과정에서 가장 중요한
영역으로 인정되는 윤리적 행위의 근원자라는 의미가 더해져서 '윤
리적 천(Morality)'으로 이해되고, 마지막으로 과학적 사고의 발전과
함께 하늘(天)은 '자연' 즉 '자연적 천(Sky)'이라는 의미로 확대되는
과정을 거친다. 즉 인간의 사고 속에서 하늘(天)은 주재, 윤리, 자연
의 의미가 공존해 있는 것이다. 일반적으로 유교는 윤리도덕의 사상
체계라고만 주장하는 이들에게 유교경전에 보이는 '하늘(天)'은 인간
의 행위를 주재하는 인격신(人格神)의 개념이 아니라, 인간의 도덕
성(性品)을 부여한 윤리 도덕적 원리 제공자라고 이해된다. 이러한
인식은 공자와 유교를 이해하는 상식적 관점임에 틀림없다. 그러나
한편으로 『논어』의 여러 곳의 표현을 통해 우리는 종교적 관점에서
하늘(天)을 생각하는 공자의 모습을 발견할 수 있다.

인간은 이 세계에서 다른 동물과 자연을 지배하면서 삶을 영위해
가는 존재라고 여겨지지만, 인간의 능력으로서 해결할 수 없는 형이
상학적 문제를 만나면 한없이 나약해지는 존재이기도 하다. 형이상
학적 문제란, 신, 우주의 시작, 죽음 이후 등의 문제처럼 논리적으로

증명이 불가능하고 인간의 경험능력을 초과해 있는 것을 뜻한다. 이들 문제에 대해 나름의 대답을 시도하려고 끊임없이 노력하는 학문 분야가 바로 철학과 종교일 것이다. 철학이 이들 문제에 대해 논리적인 답변을 시도한다면, 종교는 이에 대해 신앙적인 답변을 시도한다. 철학은 논리의 체계이고, 종교는 신념의 체계이다. 철학을 다시 세분하여 인간의 실제적 삶의 문제에 대한 논리와 가치, 덕목을 제시하는 학문체계가 바로 윤리학이라 할 수 있다. 공자는 현대적 학문분야로 분류하면 철학자인 동시에 윤리학자라고 부를 수 있을 것이다.

현실세계를 초과하는 인간의 형이상학적 근본 문제를 만나거나 일상적 윤리의 범위를 넘어서는 상황에 직면하면 인간과 세계의 모든 것을 알고 있는 것(生而知之)으로 평가된 공자도 운명과 숙명의 의미로서의 '명命', 인간의 윤리적 행위의 근원적 존재자로서 종교적 성격을 지닌 '하늘(天)' 등의 개념을 머릿 속에 떠올린다.

『논어』에는 공자가 당시의 실력자인 계손씨에게 가신(家臣, 家老職)으로 추천한 자신의 제자 자로가 공백료의 모함을 받아 정치적 위기를 맞이한 시점에서 공자와 자복경백이 나눈 대화가 보인다. 우리는 이 이야기를 통해 하늘(天)이 인간에게 부여한 운명 또는 숙명의 의미를 발견하게 된다. 또한 이를 통해 우리는 공자의 종교적 사유의 일단을 엿볼 수 있다.

『논어』 <헌문>의 대화는 다음과 같이 진행된다.

> 공백료가 계손씨에게 자로를 참소하였는데, 자복경백이 그 사실을 공자에게 알리면서 말하기를 '계손씨가 처음부터 공백료를 의심하는 뜻이 있었습니다' (이번 일을 기회로) 내가 그를 (죽여) 저자거리에 늘어놓을 수 있습니다. (그러니 공백료의 존재 정도는 걱정

하지 마십시오)72)

자복경백의 요청에 대해 공자는 다음과 같이 말하였다.

도가 행해지는 것도 명이고 도가 없어지는 것도 명이니 (일개) 공
백료 정도가 그 명을 어떻게 하겠는가73)

이 두 문장을 제대로 이해하기 위해서는 당시 공자와 계손씨, 자
로 등과 관련된 정치적 상황에 대한 이해가 필요하다. 공자는 어릴
때 우상으로 생각했던 양호를 이어 계손씨의 가신으로서 당시 정치
현실에서 상당한 역할을 하고 있었으며, 그의 제자인 자로도 이들
밑에서 정치활동을 하고 있었다. 공자에게는 언제나 윤리 도덕에 의
거한 정치를 지향하는 의식이 자리하고 있다. 이러한 신념하에 공자
는 당시의 실력자 계손씨를 통해 노나라 실권자인 '삼환三桓' 전체
의 권력을 약화시키려는 시도를 하게 되는데, 그것이 바로 그들 세
가문의 무장해제 전략이었다. 현대적 의미에서 군사 쿠데타라고도
할 수 있을 긴박한 상황인 것이다. 숙손씨의 가신이었던 공백료가
이 의도를 알아차리고 계손씨를 찾아와서 자로가 장차 큰 일을 시도
할 것임을 알린 것이다. 자로 배후에 공자가 있음은 누구라도 알 수
있는 상황이다.74) 다시 말해 공자는 평소 생각했던 자신의 정치적
이상을 실현할 수 있는 기회를 상실하고, 목숨까지도 위태로운 생애
최대의 위기를 맞이한 것이다. 이 때 공자는 자신의 힘으로도 어찌
할 수 없음을 '명(命)'이라는 용어를 사용하여 자복경백에게 대답하
였다. 세 형제의 무장 해제 전략을 통해 당시 노魯나라가 도덕적 정

---

72) 『論語』, <憲問> 36, "公伯寮愬子路於季孫 子服景伯以告曰 夫子固有惑志於公伯寮 吾力猶能肆諸
市朝" ( )안의 번역은 논자의 보충번역임, 이하 같음.

73) 같은 곳, "子曰 道之將行也與 命也 道之將廢也與 命也 公伯寮其如命何"

74) 이 이야기에 대한 설명은 井上宏生, 『孔子と論語がわかる事典』, 2002, 93-94면 참조.

치를 실현하는 장소가 되기를 바라는 인간 공자의 의지는 공백료에
의해 사전 발각되고, 자로와 공자가 힘을 합해 이 일을 도모한 것을
공백료가 계손씨에게 알린 상황이다. 한편『논어>에 등장하는 '명命'
의 의미는 크게 세 가지로 나눌 수 있다. 상하관계에서의 '명령', 개
인의 '목숨'이나 나라의 '운명', '하늘(天)과 연계되어 '천명天命'이라
는 형이상학적 개념 등이다.[75] 여기서는 운명과 천명의 의미를 종교
적으로 분석하고자 한다. 종교적 의미에서의 '운명', '천명'과 어울리는
또 다른 구절을 살펴보자.

> 공자는 이와 명, 그리고 인에 대해서는 드물게 말하였다
> (子罕言利與命與仁)

<자한> 편의 첫 문장인 이 언표에 의하면, "공자는 이익과 명命,
그리고 유교의 최고 이상인 인仁을 드물게 말씀하셨다"고 제자들에
게 기억된다. "군자는 의에 밝고 소인은 이에 밝다(君子喩於義 小人
喩於利)"고 하여 이상적 인간형인 군자는 사회의 정의와 의리를 추
구하며, 소인은 자신의 이익을 추구한다거나 "군자는 도덕을 생각하
고, 소인은 자신의 영역을 생각하며, 군자는 법의 적용으로서의 공
평한 형벌을 생각하고, 소인은 법이 자신에게 미칠 은혜와 혜택을
생각한다(君子懷德 小人懷土 君子懷刑 小人懷惠)"고 언급한 <이인>
편의 문장들과 연계하여 생각해 보면 이익에 대해 적게 말한 것은
공자의 윤리관과 일치하기 때문에 쉽게 이해할 수 있다.

그러나 공자가 인仁에 대해 적게 말씀하셨다는 것은 일견 이해하
기 쉽지 않다. 공자 사상의 출발점과 종착점에 인仁이 위치하며, 공

---

75) 김승혜,『유교의 뿌리를 찾아서』, 2001, 32면 참조.

자라면 바로 인仁이라는 개념이 떠오르는 것은 극히 자연스러운 일이기 때문이다. 그러나 실제 제자들은 인仁에 대해 별로 공자로부터 전해들은 기억이 없다고 할 수 있다. 이 문제에 대해서는 다음과 같은 대답이 가능하다. 주지하듯이 공자의 교육방법은 제자들과의 일문일답식 대화와 토론을 통해 이루어 진다. 그는 항상 제자들의 능력과 됨됨이에 알맞은 설명을 시도하였기 때문에, 『논어』에는 인仁에 대한 정의가 다양하게 표출되고 있다.

공자는 아마도 인간의 윤리적 최종 목표인 인仁 자체 보다 오히려 인仁을 실현하는 구체적 방법론으로서의 예禮와 효孝 등 보다 개념의 외연이 작고 실천하기 쉽다고 여겨지는 덕목들에 대한 자세한 설명이 필요하다고 생각했을 수도 있다. 주지하듯이 『논어』는 공자의 언행을 제자들의 기억을 토대로 편집된 것이다. 즉, 이 책은 개인의 일관된 기록이 아니라 제자들의 기억의 한 단면들을 모아 성립된 것이다.[76] 따라서 여러 가지 이유로 공자 교육의 목표인 인仁에 대해 직접 설명은 들은 제자가 많지 않을 수 있다.

실제로 『논어』에는 인仁보다 학學에 대한 설명이 훨씬 많다. 인仁은 학문적 분석과 설명의 대상이라기보다 인간의 도덕적 경험과 실천 이후에 도달되는 경지이므로, 공자와 동일한 경험과 실천을 하지 않는 한 아무리 그럴 듯한 언어로 설명해주어도 정확히 이해하기 어려울 지도 모른다. 그러나 배움의 문제는 목표와 방법이 구체적으로 제시되고, 교육의 과정을 통해 인간의 윤리가 실현될 수 있다.

그런데, 명命에 대해서 드물게 말씀하였다는 위 인용문은 하늘을

---

76) 『논어』 20편이 어떤 일관된 주제 하에 관련된 내용이 집중적으로 논의된 것이 아니라는 것은 篇名을 통해서도 짐작할 수 있다. 각 편의 이름은 첫 문장의 2 3글자의 개념을 따서 임의적으로 붙인 것이다.

비유하여 설명한 <양화> 편의 문장과 함께 읽으면 해독에 많은 도움이 된다. 공자는 그곳에서 '말하고 싶지 않다'고 운을 뗀다. 그러자 자공이 선생님께서 말하지 않으시면 우리는 (선생님의 말씀을) 어떻게 전달하겠습니까? 라고 다시 질문하자. 공자는 하늘이 무슨 말을 하는가? 사계절이 운행하고 만물이 생겨나는데, 하늘이 무슨 말을 하겠는가[77] '라고 하였다. 공자가 보기에 운명으로서의 명命과 자연을 주재하는 하늘天은 인간의 인식능력을 초월해 있는 것이므로 인간의 언어, 즉, 인간의 행위가 개입될 대상이 아니라는 것이다. 이런 맥락에서『논어』에는 자연적 함의를 지닌 '천지天地'라는 용어가 등장하지 않고, 사회적 함의를 지닌 '천하天下'라는 용어만 보인다. 하늘 아래 즉, 현실사회는 공자의 노력으로 다룰 수 있는 것이지만, 하늘과 땅 그 자체는 그의 울타리를 넘어서있는 것이다.

그리고 제자 백우가 병에 걸렸을 때, 운명에 대해 어쩔 수 없이 수용할 수밖에 없는 자신의 한계에 대해 탄식하는 공자의 말을 통해[78] 우리는 공자가 생각하는 명命의 의미에 대해 어떤 종교적 함의를 추가할 수 있다. <양화> 편에서 언표된 명命은 인간의 목숨을 주재하는 종교적 절대자가 명령한 것으로 여겨지고, 공자는 스스로 인간의 한계를 자인할 수밖에 없는 탄식을 드러내 보이고 있으며, 그 탄식의 대상에 명命이 자리하는 것이다. 다시 말해서 운명, 천명으로서의 명命의 세계는 인간의 적극적 행위가 개입될 여지가 없는 탄식의 대상인 것이다. 그리고 가장 뛰어난 제자로 인정받던 안연이 죽었을 때, 공자는 명命 대신 하늘天이라는 용어를 사용하여 탄식의

---

77)『論語』, <陽貨> 17, "子曰 予欲無言 子貢曰 子如不言 則小子何述焉 子曰 天何言哉 四時行焉 百物生焉 天何言哉"

78)『論語』, <雍也> 3, "伯牛有疾 子問之 自牖執其手 曰亡之 命矣夫 斯人也而有斯疾也 斯人也而有 斯疾也"

심정을 토로하였다.[79] 또한 백우가 병에 걸렸을 때 공자가 이 명命에 대해서는 어쩔 수 없구나[80] 라고 가슴 속으로 울부짖는 속울음[81]을 통해 우리는 현실사회의 윤리를 확립하고 정치적 이상을 실현하는 의지를 지닌 당당한 모습보다 초현실세계의 종교적 대상 앞에 한없이 나약한 존재인 인간 공자의 모습을 상상하게 된다.

한편 <술이> 편 에 보이는 "나의 쇠약함이 심하도다! 꿈에 주공을 보지 못한 것이 오래되었도다!(甚矣吾衰也! 久矣吾不復夢見周公)"는 탄식에는 주공의 뜻을 계승하여 당시 중국사회를 이상적인 삶의 공간으로 만들어가라는 하늘의 명령이 더 이상 자신에게 부여되지 않는다는 의미가 포함되어 있다. 이 문장에는 사회의 개혁과 윤리의 실천을 주문하는 주공의 '명령', 꿈에서 조차 주공을 만나지 못하게 된 자신의 나약함에 대한 한탄, 하늘의 힘에 대한 무능한 인간의 얼굴 등 매우 복합적인 공자의 감정이 표현되어 있다고 볼 수 있다.

이를 통해서 하늘은 공자에게 두 가지 얼굴로 나타난다고 생각할 수 있다. 하나는 현실 세계의 문화(윤리도덕이 실현되는 사회, 유교적 용어로 예악이 제대로 행해지는 사회)를 맡기는 명령자로서의 모습이고, 또 다른 하나는 인간의 힘으로 어찌 할 수 없는 초현실세계의 종교의 대상으로서의 모습이다. 이와 같이 하늘天은 야누스

---

79) 『論語』, <先進> 9, "顔淵死 子曰 噫天喪予 天喪予"

80) 『論語』, <雍也> 3, "伯牛有疾 子問之 自牖執其手 曰亡之 命矣夫 斯人也而有斯疾也 斯人也而有斯疾也"

81) 인간의 울음의 종류에는 '눈울음', '목울음' '속울음'이 있다고 생각할 수 있다. '눈울음'은 눈에 눈물을 보이며 우는 것으로, 아이들의 울음에서 많이 볼 수 있다. 아이들과의 싸움에서 한 쪽이 눈물, 핏물을 보이면, 다툼은 거기서 끝난다. 그러나 눈물이 나오는 것에서 슬픔의 정도가 보다 심해지면 '목이 멘다'는 말과 같이, 눈물은 나오지 않고, 소리도 나오지 않는 단계인 '목울음'이 있다. 그 보다 심하면, '속에 응어리가 맺혀서 내장의 기능이 정지될 정도'의 슬픔이 엄습해온다. 공자는 어려서 가난하여 안 해 본 일이 없었다(吾少也賤 故多能鄙事)고 한다. 아마 공자는 눈울음, 목울음을 수없이 경험하였을 것이다. 대개 대상이 정해지면, 슬픔을 해소할 가능성도 많지만, 命과 같이 눈에 보이지 않는 가슴으로 느낄 수밖에 없는 대상이라면, 울음의 정도도 그만큼 심각해질 것이다.

(Janus) 처럼 양면성을 지니고 인간의 무대에 등장한다. 공자에게 하늘天은 윤리의 근거인 동시에 종교의 대상이라고 할 수 있다. 자연으로서의 하늘이 인간에게 무엇인가를 명령하는 것을 우리는 '운명' '천명'이라는 용어로 설명한다. 운명으로서의 하늘의 명령은 인간이 수동적으로 들어야 할 것이고, 명령을 내리는 하늘(天)은 자신의 뜻을 관철시키기 위해 위해서는 인간의 언어를 사용하여야 할 것이다. 그리고 능동적 명령자인 하늘과 수동적 행위자인 인간 사이에는 어떤 연계가 전제되어야 한다. 이 연계고리에는 윤리, 종교, 자연이 서로 맞물려 있는 것이다. 지금까지 공자의 몇 가지 언표를 대상으로 논의를 진전시킨 결과, 우리는 하늘天과 명령, 숙명, 운명命이 결합된 용어인 천명天命에는 윤리적, 자연적 의미와 함께 종교적 사유가 녹아들어 있음을 발견하게 된다.

3. 귀신, 혼백의 종교적 의미

『논어』에 언급된 표현들의 행간에 대한 해독을 통해 우리는 공자가 생각하는 하늘天에 윤리와 종교, 자연의 의미가 혼재되어 있음을 확인하였다. 하늘天에 대한 공자의 인식에는 인간사회와 세계를 아우르는 전체적인 외연을 이해하는 방식(윤리적, 자연적 의미)과 운명과 숙명으로서 인간의 힘을 넘어서는 영역(종교적 의미)이 혼재되어 있다. 바로 『논어』 등에 등장하는 귀신과 혼백의 개념을 통해 우리는 삶과 죽음의 문제에 대한 보다 구체적이고 현실적인 측면에서의 종교적 성격을 확인할 수 있다.

종교의 최상위에는 초인간적이고 초자연적 능력을 소유한 신神이 자리 한다. 흔히 신神은 교단 종교적 용어로 사용되고, 귀신鬼神은 근본종교 내지는 미신, 이단의 개념으로 이해된다. 그런데, 『논어』를 포함한 유교적 텍스트에서 귀鬼는 죽은 사람의 혼령을 뜻하고, 신神은 조상신, 자연신 등 범신凡神을 뜻한다. 귀鬼는 원래 어린아이가 죽은 사람의 백골白骨을 머리에 쓰고 있는 모습을 그린 한자이다. 유교적 전통에서 사람(人)이 죽으면, 죽은 자는 조상신이라는 의미에서 신(神)으로 등록되는 것으로 이해된다. 유교는 기본적으로 인간과 자연을 유기적인 관계로 이해하는 사유방식을 지니고 있다. 살아 있음과 죽음, 그리고 산 사람과 귀신의 관계도 예외가 아니어서, 유교는 이들을 연속적인 관계로 파악하며 그 관계지움의 중심에 효孝와 예禮를 등록시킨다. 이런 점에서 유교적 전통에서 귀신, 혼백 등의 개념은 삶과 죽음의 문제와 직접적으로 연계되어 있는 것으로 파악된다. 귀신, 혼백 등의 용어에 대한 이해부터 시작해보자.

먼저, 『논어』에서 공자는 죽은 혼령으로서의 귀鬼와 신령한 존재로서의 신神을 이분법적인 입장에서 설명하지 않고, 연속적이고 유기적인 관계를 형성하는 것으로 설명한다. 이 텍스트에는 귀鬼, 신神이 각각 따로 떨어져 독립적으로 등장하는 것보다 '귀신鬼神'이라는 용어의 형태로 표현되는 경우가 많이 보인다. 그리고 유교적 전통에서 귀鬼와 신神의 사이에 이 둘을 종교적으로 매개해 주는 존재로서 살아있는 사람(人)이 자리한다. 인간은 현실의 삶에서는 직선적인 사고에 의거하여 삶을 영위하는 존재이다. 직선적 사고는 시간의 흐름과 관련이 있다. 잠시 전에 지나 온 시간은 앞으로 영원히 다시 오지 않는다. 그러나 종교는 현실의 삶 뿐 아니라 죽음 이후의 세계에서의 또 다른 삶에 대한 이론을 제시함으로써 인간의 근본적 불안을 제거하려고 노력한다. 현실 세계의 인간에게 죽음 이후에 대한 분명한 대답을 제시하는 것이 종교의 가장 중요한 특징 중 하나이다.

한편, 우리의 언어 습관에서는 사람이 죽는 것을 '돌아간다' 고 표현하기도 한다. 그리고 죽은 사람(死人)을 돌아간 사람(歸人)이라고 말한다. '조상의 하얀 해골이나 마스크를 쓴 어린아이의 모습'을 형상한 한자 귀鬼는 돌아간다(歸, 귀)는 말과 음성학적으로 같은 계열에 속한다. '돌아가다'는 '돌아오다'를 전제하고 그 반대도 역시 마찬가지이다. 이 말은 '직선적 사고'와는 다른 사고방식인 '순환적 사고'에 더 잘 어울린다. 순환의 의미는 반복과 재생과 관련이 있다. 물론 반복과 재생은 불교적인 개념에서의 윤회의 영향이 크긴 하지만, 유교적 의미에서의 삶과 죽음에 대한 생각이 결집된 사생관에 대해 정확하고 분명한 이해방식인 것이다.

유교의 생명과 죽음에 대한 설명방식의 핵심에는 '귀신鬼神'이외에 '혼백魂魄'이라는 개념이 자리하고 있다. 인간의 생명과 육체는 유교적 의미로 설명하면 혼과 백의 결합이다. 오늘날의 과학적 상식으로는 도저히 이해되지 않을 수 도 있지만, 본질적으로 종교는 과학의 영역을 벗어나 있는 세계를 설명하고자 시도한다. 유교적 의미에서 죽음이란 하나로 결합되었던 혼과 백이 분리되는 것을 의미한다. 아니 거꾸로 말해서 분리되기 때문에 죽음이 발생한다고 보아도 좋다. 종교는 기본 속성상 출생보다는 죽음에 대해 더 자세히 설명하는 논리적 구조를 지니고 있으므로, 종교는 죽음 이후의 세계와 문제에 관심을 집중시킨다.

기본적으로 현실세계에서 살아 있을 때의 육체를 온전히 보존하고 '돌아가야지(죽음을 맞이해야지)' 다시 '돌아올 때'를 기약할 수 있다는 것이 유교적 죽음의 이상형(Ideal type)이다. "신체는 부모에게서 받은 것이기 때문에 함부로 훼손하지 않는 것이 효도의 시작이다(身體髮膚 受之父母 不敢毁損 孝之始也)"라는 유교적 명제는 자식은 부모의 모습으로 다시 현 세계로 '돌아온다'는 것을 중시하는 사유를 반영한 것이며, 조상, 부모와 자식의 육체적 연속성을 중시하는 사유의 근저에 효孝가 위치한다. 일반적으로 효孝는 윤리도덕의 개념으로 이해되지만, 도덕성의 저변에 종교적인 함의가 포함되어 있는 것이다. 유교적 사고에 의하면, 사람이 죽으면 백魄은 음陰의 세계인 땅에 위치하고 혼魂은 양陽의 세계인 하늘에 위치한다.[82] 『예기禮記』에서는 "형기는 하늘로 돌아가고 형백은 땅으로 돌아간다[83]"라고 설명하였다. 그렇다고 해서 백魄이 위치하는 땅은 지구

---

82) 주자도 『朱子語類』 권3, 鬼神에서 "魄은 精이고, 魂은 氣이다. 백은 고요함을 위주로 하고, 혼은 움직임을 위주로 한다(魄是精, 魂是氣, 魄主靜, 魂主動)"이라고 하여 혼과 백을 각각 하늘, 움직임, 양과 땅, 고요함, 음에 배당하여 설명하고 있다. 黎靖德 編, 허탁, 이요성 역주, 1998, 311면 참조.

83) <運篇>, "體魄則降, 知氣在上"

의 가장 깊숙한 곳에 도달하는 아주 깊고 먼 곳이 아니라, 현실에 남겨진 사람들이 감당할 수 있고 관여할 수 있는 범위를 상정하는 공간을 지시한다. 그리고 마찬가지로 혼魂의 소재지인 하늘도 성층권을 넘어서는 끝없이 먼 곳이 아니라 '천원지방天圓地方'이라는 용어가 암시하듯이 마치 돔(dome)으로 된 체육관 지붕처럼 하늘은 뚜껑이 덮여 있는 것으로 생각되었다. 그리고 하늘을 뜻하는 '천天'이라는 어원이 공간적으로 '사람의 머리 위'를 지시하는 것과 관련하여 유추해 보면, 죽은 자의 혼魂은 현실의 세계와 그리 멀리 떨어져 있지 않은 곳에 소재한다.

유교적 사유에 의하면, 하늘에 떠돌던 혼魂과 백魄이 만날 수 가능성은 두 가지이다. 하나는 제사를 통해서이고, 하나는 후손의 모습으로 다시 이 세계에 돌아오는 것이다. 혼魂을 혼기魂氣라고도 하고, 백魄을 형백形魄이라고도 표현한다. 혼魂은 구름(雲)과 같은 기氣의 속성을 지니며,[84] 백魄은 형태(形)를 지닌 것으로 이해된다. 혼백魂魄 두 글자의 부수가 이를 대변해주듯이 혼魂 자의 부수 '云'은 『설문해자』에 의하면, 기운이 회오리바람처럼 올라가는 것을 형상화한 것이다. 그리고 백魄은 하얗게 된 죽은 해골을 뜻한다.

인간의 언어표현은 직설화법의 시대로 부터 은유를 사용하는 시대로 진행되어 왔다고 볼 수 있다. 이집트, 중국 등 고대문자의 형태가 사물을 그대로 그려서 표현하는 상형시대에서 시작되어 여러 단계의 추상화단계를 거치게 되면서 오늘날의 문자시대에 이르렀다. 인간의 사유는 언어를 통해 표현된다. 종교적 의례 특히 인간의 죽음과 조상숭배의 의례와 관련하여 생각하면, 직설법의 상형시대에는

---

84) 『朱子語類』 권3, 鬼神에서 "사람이 죽으면 그 혼기는 위로 떠오른다(人死時 其魂氣發揚於上)". 黎靖德 編, 허탁, 이요성 역주, 청계, 1998, 308면에서 재인용.

조상제사에는 남자 어린 아이가 백골로 변한 조상의 두개골을 머리에 쓰고 자리에 앉아 백魄의 역할을 하였으며, 두개골이 점차 추상화되어 죽은 사람과 비슷하게 만든 기두(魌頭, 가면, 마스크)가 사용되었다. 그러던 것이 다시 더욱 단순화되고 상징성이 고려되어 나무판자로 된 신주(神主, 木主)가 쓰이게 되었다. 이후 다시 나무가 종이로 바뀐 것이 지방(紙榜)이고, 오늘날 많은 사람들은 제사의식에서 죽은 사람의 사진(影幀)을 사용한다.

겉모습은 다르지만 그 상징과 내용적 의미는 크게 다르지 않다. 직설화법의 표현에 의거하다가 점차 간접화법 즉 은유적 상징이 등장하는 것일 뿐 그 상징적 의미는 큰 차이가 없다. 조상의 혼백魂魄이 백골, 기두, 신주, 지방, 영정 등에 깃들어 있으며, 향을 사용하여 하늘에 머무는 혼魂을, 술을 아래로 부음으로써 땅의 공간에 존재하는 백魄을 불러들여 혼백이 다시 결합하여 재생한다고 생각하고 행해지는 의식이 바로 제사의 절차들이다. 실제로 제사 의식을 통해 다시 조상이 객관적인 육체와 정신을 소유한 모습으로 조상이 제사의식을 통해 다시 현실세계로 돌아오는 것이 아니지만, 사람들은 그렇게 믿고 있다. 바로 이때 종교적 세계가 열린다. 기본적으로 종교는 신념의 체계이지 사실의 체계가 아니기 때문이다.

4. 효의 종교적 특성

한편, 유교적 전통에서는 이 혼백魂魄이라는 종교적 개념은 유교적 의례 중 가장 중요한 것으로 여겨지는 죽음에 관한 예절 즉, 상례喪禮라는 도덕적 의미와 결합되어 이해되기도 한다. 자식이 부모님의 보살핌 속에서 태어난 후 최소한 3년 정도 지나야 혼자 활동할 수 있다는 의미에서 3년 상을 설명하기도 하지만, 중국적 환경에서 사람이 죽은 지 2년이 되면 해골은 완벽하게 부패되어 백골 즉 백魄으로 변하는 데, 2년을 동양 문화권에서는 햇수로 3년이라고 한다. 그래서 3년 상이라는 죽음을 마무리하는 예절[85]이 일반화 되었다. 유교적 사유에 의하면 죽음은 인간 존재의 사라짐만을 의미하지 않는다. 죽은 사람은 후손의 몸으로 재생될 기회이기도 하기 때문이다. 부모를 잃은 슬픔으로서의 상喪은 자손의 몸으로 다시 돌아오는 기쁨으로서의 상祥과 언어적 아나그램의 관계인 것도 우연이 아니다.

유교적 전통에서는 사람이 죽은 지 3년째 되는 다음 날을 '대상(大祥, 크게 기쁜 날)'이라고 하여 가족 구성원들이 모여 조상을 만나는 것을 기념한다. 또한 공자는 죽음 이후의 세계에 대한 종교적 믿음체계를 도덕적 덕목인 효孝와 연계하여 설명하고 있다. 효孝에는 종교적 요소가 포함되어 있다고 보는 것이다. 조상신과 후손의 연계를 중시하였다는 점에서 유교는 교단종교, 개인종교가 아닌 가

---

85) 3년 상에 대한 『논어』설명은 다음을 참조.
<學而> 11, "子曰 父在觀其志 父沒觀其行 三年無改於父之道 可謂孝矣"
<憲問> 40, "子張曰 書云 高宗諒陰 三年不言 何謂也 子曰 何必高宗 古之人皆然 君薨 百官總己 以聽於冢宰三年"
<陽貨> 19, "宰我問 三年之喪 期已久矣 君子三年不爲禮 禮必壞 三年不爲樂 樂必崩 舊穀旣沒 新穀旣升 鑽燧改火 期可已矣 子曰 食夫稻 衣夫錦 於女安乎 曰 安 安則爲之 夫君子之居喪 食旨 不甘 聞樂不樂 居處不安 故不爲也 今女安則爲之 宰我出 子曰 予之不仁也 子生三年 然後免於父母之懷 夫三年之喪 天下之通喪也 予也有三年之愛於其父母乎"

문의 종교86)적 요소를 지닌다고 할 수 있다. 『논어』의 효孝에 대한 설명방식의 대부분은 현실세계의 삶을 영위하는 기본 공간인 가정에서 자식이 부모를 사랑하고 공경하는 것을 뜻하지만, 효孝의 또 다른 의미에는 '조상제사를 지내는 것(혼백이 다시 만나 조상이 재생할 기회를 제공해야함)'과 조상의 반복적 재생을 위해 자손이 이어져야 한다는 생각이 포함되어 있다. 오늘날 갓 결혼한 부부에게도 부모는 빠른 시일 안에 자식을 낳아 '부모님께 효도하라'고 덕담하는 것도 이런 유교적 의식과 관련이 있다.

이런 점에서 본다면, 유교적 의미에서 효는 죽음의 관념과 연계되어 있는 '종교적인 효'라고 정의할 수 있다. 효는 일반적으로 이해되는 것처럼, 부모에게 복종하는 '도덕적인 효'의 범위를 넘어서 있는 것이다. 효는 죽음, 조상의 재생이라는 관념과 연관되면서 효에는 새로운 의미가 부여된다. 그것은 바로 죽음을 삶으로 역전시키는 것으로, '생명의 연속'이라는 관념이다.87) 이런 사유를 따르면, 효라는 도덕적 행위와 예의를 통해 조상은 현실에 다시 돌아올 수 있으며, 인간은 그 때를 대비하여 온전한 몸으로 생을 마감하여야 한다. 공자의 제자 중에서 가장 효행이 뛰어난 인물로 평가되는 증자는 병이 들어 생을 마감하는 자리에서 제자들에게 '얘들아 나의 다리를 보라, 손을 보라, 『시경』에서 말하는 것처럼 전전긍긍하면서 신체를 소중히 다루어왔기 때문에 이제 내가 면함을 알았다(몸에 상처를 생기게 하여 조상에게 물려받은 신체를 잘못 간직하였다는 비판을 피하게 되었다)'고 말한다.88) 이와 같이, 유교적 효 개념에는 삶의 공간에서

---

86) 가지노부유키, 이근우옮김, 『침묵의 종교 유교』, 2002. 109면 참조.
87) 같은 책, 77면 참조.
88) 『論語』, <泰伯> 3, "曾子有疾 召門弟子曰 啓予足 啓予手 詩云 戰戰兢兢 如臨深淵 如履薄氷 而今而後 吾知免夫 小子"

의 윤리적 행위를 수행한다는 도덕적 의미와 조상에 대한 공경심, 그리고 생명의 연속으로서의 재생관념으로서의 종교적 의미가 혼입되어 있다. 도덕적 예의의 표현양식의 하나인 효는 삶과 현실세계에서 죽음과, 그리고 초현실세계에서 제사라는 종교적 행위와 연계되어 있는 것이다.

현세의 육신이 영원하기를 희망하고 죽음의 순간이 도래하지 않기를 바라는 것은 인간의 기본적이고 공통적인 욕망이다. 그럼에도 인간은 죽을 수밖에 없는 존재이다. 심지어 인간은 매일 밤 잠의 형태로 죽는 연습을 하는 모순적 존재이기도 하다. 다만 생명체는 모두 이런 연습을 하지만, 인간은 그것을 인식할 수 있는 유일한 존재이다. 이런 인식능력 때문에 다른 생명체와 달리 인간은 종교를 만들어 낸 것이리라. 우리는 사람의 죽음에 대해 '돌아가다'는 말과 함께, 한자어로 '영면永眠하셨다'는 표현을 사용하기도 한다. '영면'이란 '긴 잠'을 뜻한다. '돌아가다'가 '돌아오다'를 전제하듯이, '잠'은 '깨어남'을 기다린다.

인간은 운명적으로 죽음 이후의 불안에 대해 막연하고 희망 섞인 기대를 하며 삶을 영위해 간다. 이러한 희망에 답하기 위해 모든 종교는 죽음 이후의 문제에 대해 일정한 대답을 제시한다. 앞에서 살펴보았듯이 이런 점에서 종교의 기본에는 사생관死生觀에 대한 분명한 인식의 틀이 제시되어 있어야 하고, 모든 종교는 사생관에 대한 분명한 해답을 준비해 두고 있다. 다시 말하면 죽음에 대한 체계적이고 정밀한 설명방식이 바로 절대자 개념과 함께 종교의 가장 중요한 요소를 차지한다. 그 설명방식의 차이는 문화의 차이에서 유래하며, 각각의 문화는 다양한 종교제도를 형성할 뿐 모든 종교의 기본적 구조와 구성요소는 비슷하다. 절대자의 존재와 종교적 대리자,

그리고 경전, 신앙인과 신앙장소[89])와 함께 삶과 죽음에 대한 명확한 설명과 그에 근거한 논리구조가 종교를 구성하는 기본요소이다. 기독교는 부활과 천국의 세계를 설정하고, 불교는 극락과 윤회의 개념으로 인간의 요청에 대답하는 논리적 구조를 제시한다. 유교가 종교라면 인간의 근본적인 물음인 죽음과 죽음 이후의 문제에 대하여 어떤 대답을 제시할까?

앞에서도 살펴보았듯이 유교는 생명에 대한 연속성을 그 해답으로 제시한다. 연속성이라는 말 속에는 반복, 재생의 의미가 포함되어 있다. 다시 말해서 자신의 생명은 계속 후세에 전해질 수 있으며, 후손의 모습을 통해 재생할 수 있다고 생각함으로써 죽음에 대한 불안 심리를 극복하는 방법론을 정립한 것이다. 유교에서 이야기하는 생명의 연속성은 다음과 같은 두 가지 구조를 지닌 것으로 보인다.

그 첫째는 육체적 생명의 연속성이고, 두 번째는 정신적 생명의 연속성이다. 전자는 자신의 육체는 자신과 비슷한 모습을 지닌 후손의 존재에 의해 그 연속성이 담보된다는 사유구조를 뜻하고, 후자는 자신이 깨친 진리의 가르침이 영원히 계속된다는 생각을 반영하는 것이다. 이런 점에서 제사와 효는 죽음과 죽음 이후의 종교적 근본 문제를 설명해주는 두 가지 축을 형성하는 것이다 『논어』에는 '사死' 자가 29 군데의 문장에서 등장한다. 이중에서 흔히 인구에 회자되는 공자의 말이 바로 "아침에 도(진리)를 깨치면 저녁에 죽어도 좋다"[90])이다.

죽음도 기꺼이 인정하고 받아들인다는 공자의 결의에 찬 이 문장의 의미는 다음과 같은 전제가 행간에 숨어 있다고 볼 수 있다. 즉,

---

89) 교단 종교를 정의하는 다섯 가지 기준이나 요소이다.

90) 『論語』 <里仁> 8, "朝聞道 夕死可矣"

육체적 생명을 포기할 수 도 있다는 것은 그보다 더 오랜 시간 자신의 존재를 전할 수 있는 방법이 있을 때 가능한 일이다. 그 방법의 하나가 바로 진리(윤리적 의미 포함)의 획득이다. 진리란 어느 사회에서나 시간과 공간을 넘어서는 영원성을 그 본질로 한다. 진리를 실현한 존재로서의 인간의 삶은 죽음이후에도 영원히 후세에게 기억될 것이기 때문이다. 한편, 우리는 일반적으로 공자의 사상을 이해할 때 그를 통해 자신들의 삶의 교훈과 가치를 획득하려한다. 그런데, 『논어』에는 '사死'의 반대 개념인 '생生'이 9 문장에 보이는 것에 비하면 '죽음'에 대한 설명이 양적(29군데)으로 훨씬 많다. 종교가 삶의 영역은 물론 죽음 이후에 대한 분명한 해답을 제시하는 것으로 여겨지는 신념체계라고 할 때 이런 점에서 『논어』는 종교적인 텍스트라고 읽힐 수도 있는 것이다. 상식적으로 많은 사람들이 유교는 죽음 보다는 삶 자체의 문제를 논하는 것에 초점이 맞추어진 사유체계라고 생각하여 "아직 사람을 섬기지도 못하는데, 어떻게 귀신을 섬길 수 있겠느냐? 아직 삶에 대해서도 알지 못하는데, 어떻게 죽음에 대해서 알겠느냐(未能事人 焉能事鬼 未知生 焉知死)" 등의 언표를 금과옥조로 여기지만, 『논어』 문장들의 행간을 읽어 가면 우리는 이 텍스트가 사람과 삶, 현실 사회의 가치를 추구하는 검은 글씨 저변에 숨어 있는 흰글씨로 된 행간에 귀신과 죽음, 초현실의 사유를 우회적으로 표현하는 경우가 많은 것을 발견하게 된다.

공자의 제자 계로는 어느 날 죽음에 대해 공자에게 질문한다. 이에 대해 공자는 위의 인용문(未能事人 焉能事鬼 未知生 焉知死)으로 답변하고 있다. 이 인용문을 언뜻 보면 공자가 죽음과 귀신에 관한 문제들에 대해 인간의 인식범위를 넘어 있는 대상으로 인정하고 답변을 회피하는 것처럼 느껴진다. 그래서 이들 문제에 대해 '불가지론不可知論'을 제시하는 회의주의적 입장을 견지하는 것으로 이해될 수 있다. 공자는 귀신, 죽음 등의 문제보다 사람과 삶의 현실 공간인 사회의 윤리도덕을 확립하는 문제에 관심을 집중시킨 사상가로 등록된다. 물론 틀린 해독이 아니다. 그런데, 유교 뿐 아니라 모든 종교는 죽음에 대한 나름의 체계를 제시하여 저승, 천당, 극락, 지옥 등 현실의 '이 세계'와 다른 '저 세계'를 상정하는 동시에 이 세계를 이상으로 생각하여 최선의 삶을 영위하는 것을 강조하고 저 세계를 차선과 위안의 공간으로 제시한다. 불교 고승의 설법도 그렇고, 기독교 교회의 목사의 설교도 이런 범주를 크게 벗어나지 않는다. 최근 몇몇 신흥종교 교단에서 이 세계의 육체적 삶을 의도적으로 포기하고 영생을 얻는다는 생각에서 신자들을 죽음으로 몰고 가서 사회적인 이슈가 되기도 하였지만, 이는 예외적인 종교의 모습에 지나지 않는다. 이런 점에서 유교도 현실세계에서 윤리도덕을 추구하고 강조하는 체계라는 점에서 불교와 기독교의 종교적인 입장과 크게 다르지 않다. 공자의 위의 인용문을 "삶의 문제에 대해 아직 완전히 이해하지 못하였는데, 어떻게 죽음을 생각할 겨를이 있느냐"는 의미로 이해한다면, 인간은 현실의 삶에 윤리 도덕적으로 최선의 노력을 다해야 하는 존재임에 틀림없지만, 우리는 이 문장을 삶과 현실의 문제를 완벽하게 이해한 시간 이후에는 죽음과 초현실이 기다리고 있음을 대비해야 한다는 정도의 의미로 들을 수 도 있다.

5. 예의 종교적 성격

죽음을 마무리하는 예의가 가장 복잡한 절차와 체계를 지니고 있지만, 유교에서 인간은 태어나면서부터 죽을 때까지 삶의 전 과정을 예禮에 의거해야 하는 존재로 정의된다. 따라서 예禮는 다양한 분야로 나뉠 수 있다. 즉, 예禮는 의식(ceremony), 의례(ritual), 예식(rites), 예절(propriety), 예의 규범(rules of propriety), 좋은 관습(good custom), 예의(decorum), 좋은 형식(good form), 그리고 심지어 자연법(natural law)의 의미까지 이르는 광범위한 영역을 지니고 있다.[91] 사실 인간이 삶의 매듭 마다 만나는 통과의례는 기본적으로 종교적인 성격을 띠지만, 인간은 거기에 윤리 도덕적 의미를 부여하기도 한다. 예는 윤리적 요소와 종교적 요소가 공통으로 포함되어 있는 개념이다. 앞에서 살펴 본 유교의 사생관은 초현실세계와 구체적 의례의 형식과 절차, 그리고 조상숭배의 종교성을 강조하는 의례의 측면과 밀접한 관련을 맺는다. 유교의 종교적 성격과 측면에 대한 논의는 하늘, 초자연적인 존재 등에 대한 인식과 사생관에 대한 검토, 그리고 종교의 보편적인 현상 중 하나이기도 한 의례(儀禮, cult, rite)와 연계되어 다루어 져야 하는 이유가 여기에 있다. 유교의 종교적 성격을 띠는 의례 문제는 본질적으로 예禮 개념과 관련을 맺고 있기 때문이다. 『중국철학사전』에 의하면, 예禮는 중국의 전통문화 속에서 다양한 의미로 이해되는데, 특히 철학 관념과 연계되어 도덕적 함의를 지니는 것으로 이해되는 동시에 자연의 대표 개념으로서

---

91) 뚜 웨이밍 지음, 정용환 옮김, 『뚜 웨이밍 유학강의』, 1999, 148면 참조. 이와 관련하여 陳來는 禮가 다음 여섯 가지 의미를 내포하고 있다고 설명한다. 禮義-ethical principle, 禮樂-culture, 禮儀-rite and ceremony, 禮俗-courtecy and etiquette, 禮制-institution, 禮敎-code. 陳來, <儒家禮的觀念與現代世界>, 『孔子硏究』 2001년 6 쪽.

의 천지天地, 가족의 대표 개념으로서의 조선祖先, 인간의 대표개념
으로서의 성현聖賢에 대해 제사하는 세 가지의 제례의 측면으로 이
해되어 왔다. 이 세 가지에는 모두 종교적의 의미가 있다.92)

유교의 신神에 해당하는 존재로는 최고의 정점에 상제(天의 종교
적 표현)가 자리하고, 그 아래에 자연신으로서의 일월성신日月星辰
과 구름, 비 등 하늘을 주재하는 것으로 여겨지는 하늘의 신격(天
神), 그리고 토지, 곡식, 바다, 산천 등 인간의 구체적 생활공간인 땅
을 주재하는 것으로 믿어지는 땅의 신격들(地神, 地祇)이 있으며, 죽
음 이후에 대한 인간의 신념체계에서 형성된 조상신으로서의 인귀
(人鬼)가 있다. 예는 이들 신격들에 대한 제사와 관련된 의례로서의
종교행위라는 의미와 신격들이 제시한 것을 그대로 따르고 실천하
는 인간의 윤리적 의미를 함께 지니고 있다. 앞에서 살펴보았듯이
유교의 효孝가 그런 것처럼, 예禮에도 종교적 의미와 윤리적 의미가
습합되어 있다. 예禮의 문자적 어원을 검토하여 보자.

『설문해자』에 의하면, 한자 예禮는 '신다, 밟다, 실천하다'와 '신을
섬겨서 복을 받는 것이다'의 뜻을 지니고 있다. 예禮는 '示'와 '豊' 의
회의자이다. 豊은 또한 소리이기도 하다(形聲字로 볼 수도 있다).93)
단옥재(段玉裁)는 '禮 履也'에 대한 주석에서 "이 말(禮 履也)은 『예
기』<제의> 편과 『주역』<서괘전>에 禮를 履의 뜻으로 사용한 것이
보인다. '履'는 '발이 의지하는 것이다'고 하였다. 이를 유추해석(引
伸)하여 모든 의지하는 것을 모두 '履'라고 하였다"94)라고 보충설명
하고 있다. 예禮라는 글자를 구성하는 한 부분인 '示'의 의미에 대해

---

92) 韋政通, 『中國哲學辭典』, 1981, 775면 참조.

93) 許愼, 『說文解字』, 1980, 2면, "禮, 履也 所以事神致福也 從示從豊 豊亦聲"

94) 같은 책, 같은 곳. "見禮記祭義周易序卦傳 履足所依也 引伸之凡所依皆曰履"

서 허신許愼의 풀이에 대해 단옥재는 주석을 통해, 『주역』 <계사전>에 나오는 표현인 '하늘이 상징을 드리워서 길흉을 드러내어 사람들에게 보이는 것이다. 위에서 해, 달, 별이 드리우는 것을 표현한 상형문자'이다. 『주역』 분괘賁卦 <단전>에 보이는 '하늘의 무늬를 보고 때의 변화를 살핀다'는 뜻이다. 하늘의 상징과 길흉을 인간에게 드러내 보이는 것(示)은 신의 일이다. '하늘이 상징을 매달아 밝게 드러내 사람들에게 보여서 성인(聖人)이 그 상징에 의거해서 신神과 도道로써 가르침을 베푼다고 설명하고, 모든 '示'가 들어간 글자는 신의 일(示)이란 의미를 지닌다.'95)고 풀이한다.

이상의 내용을 정리하면, '예禮'라는 글자의 일부분인 '示'는 초자연적 존재인 하늘이 인간에게 해, 달, 별 등으로 대표되는 천문현상을 통해 상징을 제시하는 것으로, 이는 신의 고유 영역에 속하는 것이다. 인간은 천문현상을 잘 관찰하여 시간의 변화를 살펴야 하며, 성인은 하늘이 제시한 상징을 통해 신의 뜻과 진리라는 영역을 설정하여 교육을 실시해야 한다는 의미이다. '示'라는 한자의 의미를 통해서도 우리는 이 글자에 종교와 윤리라는 의미가 포괄되어 있음을 확인하게 된다. 또한 '示'를 부수로 가지고 있는 한자가 대부분 신과 인간 사이의 종교적 관계를 뜻한다는 사실도 주목해야 한다.96)

그리고 '예禮'라는 글자의 또 다른 부분인 '豐'에 대해 『설문해자』에서는 "'豐'은 '예를 행하는 그릇이다'. '고기를 담는 그릇인 '豆'의

---

95) 같은 책, 같은 곳. "天垂象, 見吉凶 見周易繫辭 所以示人也 從二 古文上 三垂日月星也 觀乎天文 以察時變 見周易賁象傳 示神事也 言天縣象箸明以示人 聖人因以神道設教"

96) 이에 대한 자세한 분류는 금장태의 연구에 의거한다.
   ① 祐, 祥, 福 등의 글자는 인간이 하늘이나 다른 사람으로부터 좋은 복을 받는다는 의미이고,
   ② 禍, 祟, 祅 등의 글자는 신이나 하늘이 인간에게 내린 재앙을 뜻하며,
   ③ 祈, 祝, 祭 등의 글자는 인간이 신에게 기도하고 복을 구하는 행위를 뜻하며,
   ④ 神, 社, 祖 등의 글자는 신의 이름을 뜻한다.

뜻이고 상형문자'이다"[97] 라고 풀이한다. '示'가 하늘이 인간에게 어떤 상징을 제시하는 것을 의미한다면, '豊'은 인간이 하늘에게 희생과 제물을 바치는 행위와 의식을 의미한다고 볼 수 있다. '示'는 신의 인간에 대한 하향식 계시를 뜻하며, '豊'은 인간의 신에 대한 상향식 답변을 뜻한다고 할 수 있다. 신의 계시에 대한 종교적 윤리적 측면에서의 인간의 두 가지 답변 양식이 바로 예禮인 것이다. '示'와 '豊' 두 글자의 종합인 '예禮'는 기본적으로 종교적인 의례와 관련이 있으며, 하늘이 보여주는 상징을 세밀히 관찰하여 행동하는 능력을 소유한 사람이 바로 성인聖人이며, 유교적 전통에서 조상은 하늘의 뜻을 자신의 가족에게 전해주는 역할을 담당하는 자라는 의미에서 가족에게는 신神의 의미로 이해되어 왔다. 이렇게 해서 위에서 언급한 예의 세 요소(천지, 조선, 성현)는 서로 얽혀 있는 관계를 이룬다.

농경사회였던 고대 중국사회에서 기상이변은 수많은 사람의 죽음을 의미하며, 왕조의 존폐와 관계되는 중요한 문제이다. 그러므로 하늘이 인간에게 시각적으로 제시하는 재난과 이변(災異)과 보이지 않는 하늘의 의지와 상징을 파악하여 행동하는 태도가 매우 중요하다. 이런 사회에서는 예禮의 의식과 절차에 대해 완벽한 지식을 소유한 사람이 사회적으로 인정받아 왔음을 상기하면, 공자의 출생과 그 이후 어렸을 때의 생활과 관련되어 우리에게 시사하는 점이 많다. 공자의 어머니 안징재顏徵在는 17살에 공자 아버지 숙량흘叔梁紇의 세 번째 부인으로 들어왔는데, 공자의 외가인 안징재의 친정은 예禮를 담당하는 계층(葬儀 계통의 일)이었다고 전해진다. 숙량흘의 조강지처[98]는 딸만 아홉을 두었고, 둘 째 부인에게서는 아들[99]이 하

---

97) 『説文解字』, 210면, "豊 行禮之器也 從豆象形"

98) 이름은 施氏라고 전해짐, 井上宏生, 『孔子と論語がわかる事典』, 2002, 56면 참조

나 있었으나, 다리에 장애가 있어서, 무사계급이었던 숙량흘에게는 대를 이를 아들로 인정받지 못하였다. 더구나 공자는 3살 때 아버지를 잃는다. 이런 상황에서 세 번째 첩의 소생인 공자가 아버지가 없는 현실에서 가족들에게 어떤 대접을 받았을 지를 상상하는 것은 어렵지 않다. 그래서 어린 공자는 친어머니와 함께 상당기간 외가에서 유년시간을 보내게 된다. 그 때, 제사를 지내는 의식과 절차를 흉내 내면서 놀았던 공자는 사람의 죽음과 죽음 이후의 예禮에 관한 완벽한 지식을 소유하였으며, 이런 공자의 생장환경과 학습내용에 대해 『논어』에는 "제사지내는 예의와 관련된 것에 대해서는 배운 적이 있지만, 군사의 일에 대해서는 아직 배운 적이 없다"[100]는 말로 표현된다.

예禮의 자의를 분석하면서 살펴보았듯이, 禮는 기본적으로 인간과 신의 만남을 전제한다. 신神 이란 하늘에 있는 인간의 능력을 초월하는 힘을 지닌 존재로서 인간이 자신의 나약함을 극복하기 위해 인간세계에 끌어들인 개념이다. 『설문해자』의 '신神'자의 설명에 대한 단옥재의 주석에 의하면, 신神, 천天, 인引 세 글자는 모두 옛 한자의 발음(古音)으로는 같은 계열에 속하는 것이었다.[101] 고대 중국에서 유래된 전통적 상제천의 신 관념(神)은 인간 내면에 천명天命의 형태(命)로 내재화 시킨(引) 점에서 공대의 위대성과 인본주의적 합리성이 엿보인다. 그러나 『논어』에 보이는 그의 언표들 속에서 우리는 외재적 초월자로서의 천天, 명命, 신神 등의 개념을 만날 수 있다. 『논어』의 문장구조가 '자왈子曰 "의 형식으로 이루어 졌다는 점

---

99) 이름은 孟皮라고 전해짐, 같은 책, 같은 곳.

100) 『論語』 <衛靈公> 1 "俎豆之事 則嘗聞之矣 軍旅之事 未之學也" 공자의 외가는 현대적 의미에서 葬儀社를 하고 있었던 것으로 이해된다. 井上宏生, 위의 책, 64면 참조.

101) 『說文解字』 3면, 단옥재 주, "天神引三字同在古音第十二部"

에서도 이를 유추할 수 있다. '왈日'의 의미는 바로 '말씀'이다. 말씀이란 귀로 들어서 인간의 내면에 간직해야 할 진리가 있음을 전제로 한다.『성경』에 "태초에 말씀이 있었다"고 선언한 것도 우연이 아니다.

유교의례는 인간과 신과의 만남을 통해 이루어지는 종교적 행위의 절차와 의식으로서, 다양한 의례 중에서 유교는 특히 제사의례를 중시하는 전통을 가지고 있다. 인간과 신의 만남인 제사 의례는 종교적 행위의 대상인 신에 대한 정당성이 먼저 검토되어야 한다. 공자는 "올바른 귀신이 아닌데도 제사지내는 것은 아첨이다"[102]라고 하여 자신의 종교적 신념과 어울리지 않는 신을 섬기는 종교적 행위는 아첨과 같은 비도덕적 행위라고 정의한다. 종교를 도덕으로 풀어서 설명한 말이다. 예를 들어 불교를 신앙하는 사람이 크리스마스 때는 교회 가서 복을 구하는 행위는 자신의 이기적인 욕심을 위한 행위로서 비도덕적이라는 뜻이다. 무릇 종교는 신앙의 일관성이 중요하다. 이 문장을 근거해서 공자의 생각을 추론해보면, 공자는 종교적 이단에 대해 무조건 비판하는 것이 아니라 종교를 이용하는 행위를 비판한 것이라고 볼 수 있다. 인간과 신과의 만남인 제사 의례에서는 일차적으로 그 관계의 정당성이 요구된다. 공자는 윤리 도덕적 행위의 과정에서도 인간 사이의 만남이 정당한 의례 절차로 이루어져야 하는 것처럼, 신과 인간의 만남인 종교적 관계도 사욕이나 허세가 없는 정당성이 확보되어야 한다고 생각한 것이다.[103] 윤리 도덕적 관점에서 의례 행위로서의 제사를 바라보는 태도는 다음의 문장에서도 확인할 수 있다.

---

102)『論語』<爲政> 24, "子曰 非其鬼而祭之 諂也"
103) 금장태,『유교의 사상과 의례』, 2000, 196면 참조.

계씨가 태산에서 여旅제를 지냈다. 공자가 염유에게 말하기를 너는 그 제사를 막을 수 없었느냐, 막을 수 없었다고 염유가 대답하자, 공자는 아! 태산이 임방보다 못하겠는가"라고 탄식한다.104)

계씨는 대부의 지위에 있으면서, 천자처럼 팔일무를 추었으며, 제후가 명산에서 행하는 산신제인 '여旅'제를 거행하였다. 이 사실을 듣고 계씨의 가신이었던 염유에게 공자는 '네가 막을 수 없었느냐'라고 묻는다. 염유가 '여제를 행하는 것을 자신의 힘으로는 막을 수 없었다'고 대답하자, 공자는 산신제가 진행되는 신성한 장소인 태산이 임방 보다는 나아야 할 텐데 라고 탄식한다. 즉, 이 문장에는 태산의 산신은 윤리도덕의 기본 덕목과 사회의 위계질서를 망각한 인물의 제사를 받더라도, 그에게는 복을 내리지는 않을 것이라는 의미가 숨겨져 있다. 다시 말해 공자는 신의 능력을 통해 인간이 복을 받고자 하는 욕심과 자신의 권력을 과시하려는 허영 때문에 위계질서를 무너뜨리는 제사를 거행할 경우, 귀신은 그런 종교적 의례에는 감응하지 않을 것이라는 신념을 드러내 보인 것이다.

이와 같이 공자의 종교관의 근거에는 도덕이 자리하고 있으며, 도덕의 전제에는 초월적인 종교관이 내재되어 있다. 위의 인용문에서 등장하는 임방은 공자의 제자는 아니지만, 일찍이 공자에게 예의 근본이 무엇인지 질문하여 칭찬을 받은 인물이다. 당시 공자의 일부 제자들과 제후를 포함한 대부분의 사람들이 예를 행하는 절차와 형식에 대한 지식에 관심을 두고 있는 분위기에서, 임방은 그들과 달리 예의 근본정신이 어디에 있는지를 질문하였다. 임방의 물음에 대해 공자는 "예는 사치스럽게 행하기보다는 차라리 검소하게 하는 것

---

104) 『論語』 <八佾> 6, "季氏旅於泰山 子謂冉有曰 女弗能救與 對曰 不能 子曰 嗚呼 曾謂泰山不如林放乎"

이 더 낫고, 예 중에서 가장 중요한 것 중 하나인 죽음에 대한 의례는 형식과 절차에 의해 세련되게 행하기보다는 차라리 슬퍼하는 마음을 드러내는 것이 더 낫다"105)고 대답하였다. 종교적인 의례 뿐아니라 모든 예의를 행하는 데 있어서, 공자는 예의 법칙이 형식주의로 흐르는 것을 경계하고 종교적 경건성과 성실함, 그리고 도덕적인 의미를 추구하는 것이 중요하다고 강조한다. 그는 "예라고 하는 것이 폐백만을 말하는 것이겠는가?"106)라고 하였다. 모든 예의에는 형식과 절차, 도구 등이 포함된다. 여기서 말하는 '구슬과 비단(玉帛)'은 타인과의 관계에서 행해지는 선물이라는 의미일 수 도 있고, 종교적 제사에 소용되는 제수용품으로 이해할 수도 있다. 어쨌든 공자에 의하면 의례를 행하는 사람에게 종교적인 경건함과 도덕적인 마음이 결여되면 의례에서 쓰이는 물건이 아무리 좋더라도 이런 종교의례는 형식과 절차에 치우쳐서 의례를 거행하는 근본정신이 사라진다는 것이다.

이러한 태도를 엿볼 수 있는 또 다른 문장이 바로 "조상신에게 제사드릴 때는 마치 조상신이 앞에 계신 듯이 하였고, (조상신 이외의) 신에게 제사드릴 때는 신이 앞에 계시는 듯하였다"107)는 공자의 언급이다. 조상신과 그 이외의 신에게 제사하는 것은 제사에 필요한 형식과 절차, 그리고 제수용품보다 종교적 경건성이 중요하다는 입장이다. 이어서 그는 "내가 제사에 참석하지 않으면 제사지내지 않은 것과 같다"108)고 하였는데, 이는 인간과 신과의 신성한 만남을

---

105) 『論語』, <八佾> 6, "禮與其奢也寧儉 喪與其易也寧戚"
106) 『論語』, <陽貨> 9, "禮云禮云 玉帛云乎哉 樂云樂云 鐘鼓云乎哉"
107) 『論語』, <八佾> 6, "祭如在 祭神如神在"
108) 『論語』, <八佾> 6, "子曰 吾不與祭 如不祭"

포함한 모든 만남에는 행위의 형식과 절차보다 경건함(敬)과 정성(誠)이 전제되어 한다는 의미로 이해될 수 있다. 이 문장들에 대해 보충설명을 붙인 주자도 다음과 같이 말한다.

> 정성이 있으면 신이 있고, 정성이 없으면 신도 없다. 어찌 근신하지 않을 수 있겠는가? '내가 제사에 참석하지 않으면 제사지내지 않은 것과 같다'는 말은 정성이 실제가 되고, 제사에서 따지는 예의 절차는 단지 형식적인 것이기 때문이다.[109]

제사는 형식적인 의례로 생각해서는 안 된다. 제사의 예는 삶과 죽음의 공간과 이 세상과 저 세상의 경계를 허물고, 시간적 의미에서 조상과 후손의 만남이 공존하는 의미를 가지고 있다. 그리고 '살아서 죽을 때까지 그리고 죽은 이후의 제사에 이르기까지 모두 '예'로 일관해야 한다는 공자의 말[110]은 모든 제사의식에는 이 세상의 사람인 후손과 저 세상의 귀신인 조상이 함께 있기 때문에 삶의 논리인 도덕과 죽음의 설명방식인 종교의 원리와 법칙이 동시에 적용되어야 한다는 사고가 표현된 것이라 할 수 있다. 공자와 주자는 이 원리를 일관하는 것으로 정성과 경건함을 들고 있다. 이는 유교에서 생각하는 예의 개념에는 종교적 의미와 윤리 도덕적 의미가 함께 들어있음을 뜻하는 것이다. 이러한 공자의 도덕과 종교의 합일체로서의 제사의식에 대한 사유방식은 『논어』를 통해 그리고, 오랜 기간의 유교적 전통을 경험하면서 우리의 마음 속에 그대로 녹아들어 있다.

---

109) 『四書集註』, <八佾>, "有其誠則有其神 無其誠則無其神 可不謹乎 吾不與祭 如不祭 誠爲實 禮爲虛也" 이 번역은 蔡仁厚 지음, 천병돈 옮김, 『공자의 철학』, 2000, 197면을 참조하여 약간 수정하였음.

110) 『論語』, <爲政> 5, "生事之以禮 死葬之以禮 祭之以禮"

제**3**장

인과 예에 대한 이해

1. 공자사상의 핵심 – 인과 예

『논어』와 이 텍스트가 담고 있는 공자의 윤리 사상을 이해하는 목적에는 두 가지 차원이 있을 수 있다. 하나는 『논어』에 제시된 언어 표현을 삶의 좌우명으로 삼아 공자가 제시한 삶을 현실에서 실현하기 위한 명언집으로 이해하는 입장이고, 다른 하나는 『논어』의 문장들에 대한 해석을 통해 윤리 사상의 진수를 파악하기 위해 노력하는 태도로 구분할 수 있다. 전자의 방법은 개인의 신념체계와 관계되는 것으로 그 논의를 일반화하기 어렵다. 따라서 학문의 대상은 언제나 후자의 경우에 집중될 수밖에 없다.

『논어』와 공자를 삶의 좌우명이 아닌 학문의 대상으로 삼을 경우 언제나 해석이 문제로 대두된다. 『논어』는 공자가 특정한 몇 가지 주제에 대해 논리적으로 자신의 사상을 피력한 저술이 아니라, 그가 인간과 세계의 문제들에 대해 사람들(제자와 제후)과 주고 받은 단편적인 대화를 모은 것이기 때문에, 그가 제시한 사상내용을 파악하는 것은 언제나 현재적 관점에서의 이해와 해석이 개입될 수밖에 없다.

결국 『논어』 이해의 학문적 접근이란 공자가 말한 언어표현에 대한 끊임없는 해석의 과정을 의미하는 것이라 할 수 있다. 이 장의 주요 주제인 인仁과 예禮의 문제만 하더라도 예禮는 『논어』에는 제목의 이름으로는 아예 등장하지도 않으며, 인仁이라는 글자가 편의 제목에 포함된 것도 『논어』 20편 가운데 <이인> 편이 유일하다. <이인> 편이 <안연> 편과 더불어 인仁을 설명한 문장이 7차례 등장하여 가장 많이 보이기는 하지만, 이 편들도 오직 인仁의 문제에 대해서만 수미일관하게 공자의 논의가 제시된 것이라고 보기는 어렵다.

따라서 『논어』에 산견되는 인仁과 예禮와 같은 도덕적 개념들을 대상으로 각각의 의미와 연계성을 이해하는 과제는 어디까지나 연구자와 독자들의 해석과 관련된 문제로 남게된다. 이때 중요한 관점이 바로 해석의 문제라 할 수 있다. 이런 점에서 "고전은 질문한 만큼만 대답되어질 수 있다"[111]는 서양학자의 견해가 설득력이 있어 보인다. 공자이후 유가철학은 줄곧 그 어떤 학문체계보다 윤리 도덕적 문제에 관심을 집중시키는 학문적 경향성을 보여 왔다. 그리고 윤리 도덕적 문제의 중심에는 언제나 도덕적인 자기 수양이라는 과제가 자리한다. 도덕적인 완성 즉 도덕적으로 완벽한 인간이 되는 것, 이것이 유가철학자들의 항상된 목표였다고 할 수 있다. 아리스토텔레스이래 서양 철학자들은 무엇이 선인가(What is the good) 하는 문제를 해명하는데 노력을 기울여 왔다면, 유가로 대표되는 중국의 철학자들은 어떻게 하면 착하게 될 수 있는가(How to become good)하는 문제에 논의를 집중시켜왔다. 선善을 '정의'하기 위해서는 이론적이고 사변적인 추론이 필요한 반면, 선을 '획득'하기 위해서는 도덕적인 완성자로 부터의 대화와 설명의 방법(narrative method)이 중요하다.[112] 이런 점에서, 『논어』가 '자왈子曰'의 형식으로 대화와 설명의 방식으로 서술되어 있다는 것도 우연이 아니다.

유가철학의 윤리 도덕에 대한 설명의 전통은 공자에서부터 시작한다. 그가 제시하는 인仁과 예禮를 비롯한 모든 도덕적 개념들은 논변을 통한 이성적이고 논리적인 접근 보다는 대화를 통한 심리적

---

111) Herbert Fingarette, *Confucius The Secular as Sacred*, 1972, Preface, ix. "the unasked questions are unlikely to be answered" 이 책은 두 종류의 국내번역서가 있다. 노인숙 옮김, 『공자입니다 성스러운 속인』 1990. 송영배 옮김, 『공자의 철학: 서양에서 바라본 예에 대한 새로운 이해』, 1991

112) Philip J. Ivanhoe, *Confucian Moral Self Cultivation* 2nd Edition, Inc. 2000

이고 정서적인 접근을 통한 이해를 기다리는 것들이라 할 수 있다.

이런 점에서 『논어』에 보이는 공자의 사유는 세계, 자연, 물질 등에 관한 존재론이라기보다는 인간, 사회, 정신에 관한 존재론이라 할 수 있다. 물질 존재론을 해명하기 위해서는 이성적인 질서와 합리적인 논리가 필요하고, 정신 존재론을 해독하기 위해서는 심미적인 질서에 의한 설명이 적용되어야 한다.113) 도덕철학의 영역에서 말한다면, 정신과 영혼의 자기 확인은 도덕에 가깝고, 이성과 지성의 사실에 관한 의미추구는 윤리에 가깝다. 도덕은 덕윤리(virtue ethics) 또는 존재윤리(ethics of being)로, 윤리는 의무윤리 혹은 행위윤리(ethics of doing)로 표현될 수 있다.114) 이를 인仁과 예禮에 배당시키면, 인仁은 덕윤리에 가깝고, 예禮는 행위윤리와 거리가 멀지 않다고 할 수 있다. 인仁의 도덕성을 실현하는 존재인 사람도 공자의 유학에서는 개인(individual person)이라기보다는 사람 사이의 관계가 중시 될 때의 개념인 인간(人間)으로 이해해야 한다.

인간의 문제를 다룰 때 언제나 철학의 주요 주제 가운데 하나가 정신과 육체에 대한 해명이다. 공자 유학에서는 인仁으로 정신의 세계를, 예禮에 의거해서는 육체의 세계를 설명하는 방식을 취한다. 인仁이 모든 도덕적 행위의 이상적 모습을 정의한 용어로서 유학의 도덕적 측면의 행위 자체에 관한 내용을 표현한 것이라 한다면, 예禮는 인仁에 의해 주도되는 특성을 지니며, 공자가 추구하는 도덕적 덕목 중 대표적 덕목의 위치를 지닌 것으로, 도덕적 행위자체 보다는 행위자에 초점을 맞추는 것으로 이해할 수 있다. 인仁이 지향하

---

113) the ontology of substances와 rational or logical order, the ontology of events와 aesthetic order 의 관계에 대한 설명은 다음을 참조하였음. David L, Hall & Roger T. Ames, *Thinking Through Confucius*, 1987, pp15-16.

114) 박재주, 『동양의 도덕교육사상』, 2000, 17면 참조

는 덕윤리는 고전적(classic) 윤리이며, 착하고 좋은 사람이 되는 문제(How to become good person) 즉, 도덕적 인격과 연계되어 있다면, 예禮에 의해 규정되는 행위윤리는 근대적(modern) 윤리로서, 옳은 행위(right action)는 무엇이며, 나는 무엇을 행해야 하는가(What shall I do) 하는 도덕적 행위와 연계된다.[115]

　도덕적으로 어떤 종류의 행위와 어떤 유형의 인격사이에는 유기적인 관계가 있다고 보아야 한다. 이 둘이 유기체적인 관계망으로 서로 연결되어 있다는 것이 공자의 사유라고 생각된다. 인仁과 예禮의 관계에 대한 대표적인 공자의 언표인 '극기복례(克己復禮)'는 덕윤리로서의 인仁과 행위윤리로서의 예禮에 대한 윤리적 상관성을 설명한 것이라 할 수 있다. 이를 윤리학적으로 표현하면 통합윤리(integrated ethics)적 성격[116]을 지니는 것이라 말할 수 있다. 인仁과 예禮에 대한 분명한 개념적 이해를 바탕으로 현대 윤리학이 다루는 문제와의 연계성을 밝히는 노력이 필요하다. 그 예비 단계로서 여기서는 『論語』에 보이는 인仁과 예禮에 대한 문자적 의미, 정의 방식, 인仁과 예禮의 관계 등을 고찰하고자 한다.

---

115) 같은 책, 19면 참조
116) 덕윤리, 행위윤리, 고전윤리, 근대윤리에 대한 구분과 통합윤리에 대한 개념은 위의 책, 18-25면 참조

2. 인의 윤리

인간의 언어와 그 언어로 표현되는 사상은 매우 밀접한 관계를 지닌다. 인仁에 대한 이해도 언어학적 측면에서의 접근이 우선되어야 한다. 문자학적 해독의 방법에 의거하여 『설문해자』의 정의를 원용하면, 일단 인仁에 대해서는 다음과 같은 풀이가 가능하다. 한자에 대한 최초의 언어학 사전이라 할 수 있는 『설문해자』에서는 "仁이란 친하다는 뜻이며, 人과 二의 會意字이다"[117]라고 설명한다. 이를 근거로 많은 학자들은 인仁을 '두 사람(人, 二) 사이에 발생할 수 있는 이상적인 윤리 도덕적 관계'로 정의한다. 영어로는 '사람에 대한 사람다움(man to man-ness)'의 정의가 이에 해당한다. 우리말의 발음도 그렇지만 애초부터 한자 인仁과 인人은 똑같거나 비슷한 발음으로 표현되어 온 듯하다. 이로부터 인仁은 '인간적인', '타인을 배려하고 사랑하는' 등과 같은 인간의 심리세계를 표현한 말로 사용되어 왔으리라 짐작된다. 즉 한자 인仁에는 인간을 세계의 주인공으로 여기는 인본주의(humanism)의 의미와 인간관계에서의 타인에 대한 배려와 사랑(benevolence)의 의미가 공존하고 있는 것이라 할 수 있다.

한편, 한자 인仁은 공자 이전의 여러 문헌들에도 등장한다. 『상서尚書』에 한번 나타나고, 『시경詩經』에는 두 차례 발견된다. 그리고 공자가 활동했던 춘추시대 문헌을 대표하는 『좌전左傳』과 『국어國語』 등에서는 각각 스물네 차례와 세른 세 차례 보이는데, 주로 부모와 자식 간의 사랑스런 감정을 표현하는 의미로 사용되어 孝, 義, 禮, 忠, 信 등과 같은 차원의 덕목으로 제시되었다[118] 이 때 까지

---

117) 『說文解字註』, 臺灣, 黎明文化事業公社, 1974, 369면 "仁, 親也, 從人二"

'인仁'은 여러 도덕적 개념들과 차원을 달리 할 정도의 특별한 도덕적 지위를 얻지는 못하였던 것 같다. 공자가 인간관계의 이상적 모습을 지시하는 도덕개념으로 인仁을 최초로 유가학설의 중심에 등록시킨 후에야 비로소 이 개념은 다른 도덕적 가치들보다 더 높은 자리를 확보하게 되었다고 할 수 있다. 이어서 맹자가 '인仁이란 인간의 마음(人心)이다',[119] '인仁은 인간이다'[120]고 선언하고 『중용中庸』에서 '인仁은 사람이다'고 정의함으로써, 유학의 이론체계 내에서 사람(人)과 도덕개념(仁)은 분리될 수 없는 동맹관계를 형성하게 된다. 이러한 과정을 통해 인仁은 공자 사상의 핵심 개념인 동시에 유가학설의 원개념[121]으로 자리매김하게 된다.

사람(人)과 의미적 결합을 한 후, 한자 인仁은 '사람이 착하다' '인격이 높다' 등의 의미내용을 소유하게 되어, 인간의 전반적인 도덕성과 인격성을 표현하는 뜻으로도 사용되었으며, 도덕적 인격으로서의 인仁은 공자가 지향하는 이상적인 인간형으로서의 군자君子가 소유해야할 최고의 도덕적 가치로 등록되었다. 다시 말해서 애초에 '임금 아들'로서 통치자의 의미를 지닌 개념인 군자君子[122]가 '인仁을 획득한 사람(人)'의 의미를 지니게 된 것이다.

군자君子와 인仁의 언어학적 연계성은 『설문해자』에서도 확인할 수 있다. 인仁의 문자학적 어원에 대한 단옥재의 주석에 의하면 '仁

---

118) 천웨이핑 지음, 신창호 옮김, 『공자평전』, 147면, 김승혜, 『유교의 뿌리를 찾아서』, 2001, 139면 참조.

119) 『孟子』, <告子上>

120) 『孟子』, <梁惠王下>

121) 仁의 글자적 의미인 '어질다'로 이해되기도 어렵고, '사랑' '박애' '배려' 등 하나의 단어로 정의되기 어려운 측면은 바로 다른 언어표현으로 정의되기 어려운 속성을 지녔기 때문이다. 남상호, <논어와 공자인학> 『中國學報』 제47집, 679면 참조

122) 통치자와 인격자로서의 君子의 의미에 대해서는 졸고, <寒岡 鄭逑의 도덕교육론>, 『南冥學研究論叢』제12집, 2003, 251-253 참조.

은 人과 二의 결합'이다. 이를 근거로 많은 사람들은 한자 二가 한자 上의 고어라고 보기도 한다. 이런 해석을 근거로 Ames도 인仁을 권위적 인간성(Authoritative humanity)[123]라고 정의한다. 그는 이 권위적 인간성을 소유한 인격을 군자君子라고 이해한다.[124]

현재 통용되는 『논어』에는 59문장에서 인仁에 대한 공자의 언급을 발견할 수 있는데 '인간적인' '타인을 사랑하는' 등의 뜻으로 사용된 곳이 약 8문장이며, 인간의 이상적 인격수준을 의미하는 곳이 40여 곳이라 할 수 있다[125] 한편, 『시경』 등 선진시대 이후의 중국 고대 문학 텍스트들에서의 용례를 들어 인仁의 의미를 '남자답다'는 의미로 이해해야 한다는 주장도 제기되고 있다.[126] 서양의 덕(virtue)이라는 말도 그 어원을 살펴보면, 라틴어 비르투스(virtus)에서 유래하고 그리스 어 아레테(arete)의 번역어인데, 이 말은 남성다운 자질의 우월성을 의미했다.[127] 인仁이 남자다움과 인간다움을 동시에 의미한다는 것과, 덕(virtue)이 남성다움의 우월성을 지시한다는 것은 고대사회의 남성중심주의 사유의 반영이라고 할 수 있다.

인仁이 人인과 불가분의 의미적 동맹과 도덕적 결합을 맺고 있다는 것이 인仁의 첫 번째 정의와 관련되었다면, 두 번째 정의는 '사랑'과 관련된다. 일반적으로 영어로는 '사랑, 박애, 배려(benevolence)'로

---

123) David L, Hall & Roger T. Ames, *Thinking Through Confucius*, 1987, 52p
이 책에서의 仁에 대한 정의는 다음과 같다. "person-making, being authoritative, authoritative person"

124) David L, Hall & Roger T. Ames, *Thinking Through Confucius*, 1987, 182p. 한편 君子와 仁이 함께 등장하는 문장은 『論語』에 9군데 보인다.

125) 『中國思想辭典』, 日原利國編, 1983. 224면 참조.

126) 이에 대해서는 일본 竹內照,夫 『仁の古意の硏究』 1964. 신정근, <선진시대 초기 문헌의 仁의 의미>, 『東洋哲學硏究』 제31집 등을 참조.

127) 仁과 덕(virtue)어원이 비슷함에도 불구하고, 두 개념은 내용적으로 서로 다르다. 仁이 인간관계와 연계된 것이라면, 덕(virtue)은 인간의 기능과 관계된다. 이에 대해서는 박재주, 『동양의 도덕교육사상』, 2000 27면 참조

표현되는 의미내용이다. 『논어』에 보이는 공자의 "인仁이란 사람을 사랑하는 것이다"[128]는 명제는 맹자 이후 성리학자들에 이르는 유가학설의 기본전제로 등록되어 있다. 유가학설은 사랑이라는 감정적 정서가 도덕행위의 근거이자 출발점임을 인정하는 입장이라 할 수 있다.

이상 살펴보았듯이, 인仁의 문자학적 분석을 현대적 의미로 환원하면 대체로 다음과 같이 요약할 수 있다. 인仁이란 첫째, 사람(人)에 기반을 둔 개념으로, 두 사람(二) 이상의 관계에서 발생되는 인간사회의 모든 도덕적 덕목을 뜻한다. 둘째, 두 사람 이상의 인간관계는 자신에 대한 사랑을 출발점으로 해서 타인에 까지 확대시키는 정서적 감정과 연계되어 있다. 셋째, 현실사회에서 이러한 정신을 실현할 수 있는 도덕적 인격을 지니는 사람을 공자는 군자君子라고 정의하였는데, 군자는 인仁의 문자학적 해독에서 '윗 사람上人'과 통한다.

즉, 공자가 확립한 인仁이라는 개념에는 인본주의와 사랑, 그리고 군자라는 세 가지 개념이 공존하고 있다고 할 수 있다. 앞에서 살펴보았듯이 인仁이란 기본적으로 인간(人)과 관련된 개념이다. 다시 말해서, 이 세계의 존재자들 중에서 인仁은 오직 인간의 행위와 관련해서만 붙일 수 있는 개념이지, 다른 생물에 대해서는 말해질 수 없는 성격을 지니고 있다는 뜻이다. 인仁은 인본주의적 사유와 함께 여행하는 동반자의 관계라고 할 수 있다. 인본주의의 기저에는 본능의 차원에서는 인간과 동물이 차이가 없지만 인간은 본능을 제어할 수 있는 능력을 지녔다는 점에서 동물과 근본적으로 다른 존재라는 사유가 깔려있다. 우리는 이런 사유를 "새와 짐승들에 대해서는 인

---

128) 『論語』, <顔淵>, "樊遲問仁. 子曰, 愛人". 이 때의 사람(人)에는 나와 타인이라는 의미가 함께 들어있다.

仁이라는 용어를 사용할 수 없다"[129]는 공자의 언표를 통해 확인할 수 있다.

공자의 학문을 '인학仁學'이라고도 부른다. 인학이라는 용어가 성립가능하다면, 그 내용은 인간학인 동시에 다른 사람을 사랑하는 학문(愛人學)이라 할 수 있다. 인학의 내용을 세 가지로 요약될 수 있는 바, 유학적 용어로 표현하면, "仁者人也", "爲仁由己", "仁者愛人"이다.

첫째, "仁이란 인간이다(仁者人也)"라는 말은 인仁이란 본질적으로 인간 사이의 관계에 관한 윤리의 근원임을 강조하는 표현이라 할 수 있다. 그리고 공자에서 시작하는 유가학설의 핵심에 자리하는 이상적 인간관계로서의 인仁 개념은 언제나 자기로부터 시작하여 타인에 이르는 방법론을 제시한다. 사람으로서의 의미를 지닌 인仁은 자기와 타인 사이의 이상적 관계를 매개하는 원리로 적용된다. 이런 사유의 표현이 바로 둘째, "인仁은 자기로부터 말미암는다(爲仁由己)"는 것과 셋째, "인仁이란 사람을 사랑하는 것이다(仁者愛人)"는 것에 집약되어 있다고 할 수 있다. 자기와 타인은 모두 인간이라는 공통적 요소를 가지고 있다. 인仁에 대한 위 세 가지 정의는 인간의 문제와 연계된다.

세계의 존재 문제에 대한 해명보다 인간의 윤리 문제에 대한 해결을 겨냥하는 공자 사상 속에는 인간의 생각과 행위에 관련되는 다양한 영역들에 대한 기본적 이해방식이 포함되어 있다고 할 수 있는데, 공자는 인간의 삶의 모든 과정에 적용될 수 있는 윤리 도덕적 문제들에 대한 해결의 근본 원리로 '인仁'을 제시한 것이다. 이런 점에

---

129) 『論語』, <微子篇>, "鳥獸不可與同羣"

서 인간이 행위하는 모든 도덕적 덕목은 인仁과 연결될 수 있는데, 중국학자 방충갑龐忠甲은 『논어』에 등록된 48개의 개념을 인仁과 연계시키고 있다.[130]

『논어』에 보이는 인仁에 대한 공자 사유의 일면을 살펴보자. 『논어』에서 공자는 "오직 인한 사람만이 남을 좋아할 수 있고, 남을 미워할 수 있다"[131]라고 하여 선악으로 대표되는 인간의 모든 윤리적 행위에 대한 가치판단의 근거로 인仁을 제시한다. 그리고 인仁이란 "자기가 서고자 하면서 남을 세우고, 자기가 출세하고자 하면서 남을 출세시킨다"[132]라고 설명되기도 한다. 이는 윤리적으로 이기주의와 이타주의의 문제를 동시에 해결해주는 방법론을 제시한 것이라 할 수 있는데, 이를 앞에서 제시한 인仁에 대한 세 가지 유학적 용어로 표현하면, '爲仁由己'와 '仁者愛人'의 방법론이라 부를 수 있다. 공자가 확립한 도덕적 개념 인仁은 기본적으로 인간이 추구할 최고의 도덕적 가치라는 의미가 있지만, 동시에 인仁은 하나의 도덕적 목록에 한정되지 않는 모든 덕목을 포괄하는 것이기도 하다. 이런 점에서 인仁은 모든 덕목을 초월하며, 일체의 덕목을 통합한다. 인仁은 모든 덕목의 총칭이다[133]고 할 수 있다. 이상 문자학적 해독과 현대적 해석을 토대로 인仁개념을 정리하면, 인仁이란 인간이 윤리적 행위를 할 수 있는 가능근거이며 기본 원리인 동시에, 유가학설의 윤리체계 내에서 최고 개념의 의미를 지닌다고 할 수 있다.

---

130) 『論語』에 등장하는 도덕적 개념 중에서 다음과 같은 48개의 덕목을 넓은 의미의 仁에 포함시키고 있다. 和, 愛, 善, 恕, 中, 庸, 禮, 義, 忠, 孝, 悌, 友, 恭, 敬, 誠, 信, 慈, 知, 正, 直, 廉, 儉, 潔, 勇, 敏, 惠, 親, 溫, 良, 謙, 讓, 寬, 諒, 恒, 齊, 順, 莊, 肅, 毅, 貞, 質, 決, 明, 柔, 聰, 淸, 愿, 睿。 <礼的重新解說,>,인터넷 사이트 confucius2000 참조.

131) 『論語』, <里仁篇> "唯仁者 能好人 能惡人"

132) 『論語』, <雍也篇> "夫仁者 己欲立而立人 己欲達而達人"

133) 채인후 지음, 천병돈 옮김, 『공자의 철학』, 2002, 106면

3. 인에 대한 설명 방식

인仁은 공자 이래 유가학설이 제시하고 있는 여러 개념들 중에서 인간이 추구해야할 최고의 도덕적 가치로 여겨지고 있다. 이 인仁을 어떻게 정의할 수 있을까? 다시 말해서 '인仁은 어떤 것이다'식의 대답은 가능할까? 공자도 제자들에게 다양한 방식과 의미를 동원하여 설명하고 있는 것처럼 이 물음에 대한 즉각적이고 직접적인 대답을 시도하는 것은 저자의 능력을 넘어서는 것이라 할 수 있다. 공자와 맹자 이후, 주자를 거치고 오늘날에 이르기 까지 학자들마다 인仁에 대한 다양한 정의를 시도하고 있다. 아마 인仁에 대한 정의는 학자의 수만큼이나 다양할 런지도 모른다.[134]

인仁에 대한 정의의 다양성과 어려움은 이미 공자 자신에게서 시작되는 문제라 할 수 있다. 『논어』는 공자 자신이 "이익과 운명, 인仁에 대해서 드물게 말하고 있다"[135]고 기록하고 있다. 이에 대해 주자는 정자의 말을 인용하여 "진리로서의 인仁은 너무 크기 때문에, 공자가 드물게 말했다"[136]고 보충 설명하고 있다. 주자에 의하면, 인仁이라는 개념의 내포와 외연이 너무 포괄적이어서 언어로는 정의내리기가 쉽지 않다는 것이다.

위의 문장에 대해 문장의 끊어 읽기를 달리 해서 "공자는 이익과 운명에 대해서는 드물게 말했지만, 인仁과 함께 했다"고 번역하기도 한다. 앞에서도 언급하였듯이, 『논어』와 같은 고전의 이해는 언제나

---

134) 1999년 2000년 사이 국내에서 출판된 『논어』관련 번역서에 보이는 仁과 『論語』해석의 전반적인 문제에 관해서는 조남호, <요즈음 『논어』해석의 문제점, 『시대와 철학』, 2001, vol. 12, No. 2를 참조할 것.

135) 『論語』, <子罕篇> "子罕言利與命與仁"

136) 『論語』, <子罕篇>위 문장에 대한 주자의 주석 "仁之道大 皆夫子所罕言也"

해석이 관건이다. 많은 학자들은 이 번역이 공자의 전체적인 사유구조와 인仁을 설명하는 『논어』의 의도를 제대로 반영한다고 주장한다. 그러나 완전히 다른 것처럼 보이는 이 두 가지 번역은 내용상 크게 차이가 나지 않는다. 인仁이란 본질적으로 인간이 추구해야할 모든 도덕적 가치들의 집합이기 때문에, 한 가지 도덕적 가치만으로 그것을 온전하게 지시할 수는 없다는 것이 공자의 생각이다. 이런 입장에서 공자는 주자의 보충설명처럼, 진리(윤리)[137]로서의 인仁은 언어로 정의내릴 수 없다는 입장에서 많이 언급 하지는 않았지만(仁을 드물게 말함), 그는 언제나 인간사회의 도덕적 가치를 실현하려는 태도(仁과 함께함)로 일관하였다고 말할 수 있다. 이렇게 본다면 이 두 가지 번역은 공자의 사유체계 내에서 서로 모순되는 관계가 아니다.

이 문제는 '인仁'의 의미에 관한 질문들에 대한 공자의 다양한 답변을 이해하는 것과 연관된다. 공자는 <안연> 편에서 제자 안연의 '인仁'에 대한 물음에 대해서는 '자신의 이기심과 욕구를 극복하고 예의 세계를 회복하는 것(克己復禮)[138]'이라고 답하고, 중궁의 질문에는 '자신이 하고 싶지 않은 것을 다른 사람에게 미루지 말라(己所不欲 勿施於人)'[139]고 말하며, 사마우가 물었을 때는 '어진 사람은 그 말을 더듬는다(仁者其言也訒)'[140]라고 말하여 비유적으로 대답

---

137) 『論語』의 '道'는 대부분 오늘날의 용어로 표현하면, 진리를 의미한다는 것보다는 윤리에 가깝다. 이에 대해서는 졸고, <寒岡 鄭逑의 도덕교육론>, 『南冥學研究論叢』제12집, 2003, 255면 참조.

138) 『論語』, <顏淵篇>

139) 같은 책, 같은 곳

140) 김승혜는 '訒'의 의미를 '더듬는다'로 하지 않고, '더디다'로 번역한다. 仁者는 마음에 품고 있는 것을 쉽게 발설하지 않는 것인데, 사마우가 말이 많으므로 이것을 절제시키기 위하여 공자가 경계하려고 한 말로 이해한다. 김승혜, 『유교의 뿌리를 찾아서』, 2001, 139면

하고 있다. 그리고 번지의 물음에는 '다른 사람을 사랑하라(愛人)'[141]고 대답하였다.

공자는 중궁, 번지 등에게는 윤리적 행위와 직접 연관이 있어 보이는 답변을 제시하는 한편, 안연에게는 유학의 대표적 도덕 덕목이라 할 수 있는 예禮와 연계하여 설명하고 있으며, 사마우에게는 인仁과 언어와의 관계를 설명하고 있다. 일반적으로 인仁에 대한 이러한 답변의 차이가 생기게 된 것에 대해 다음과 같이 두 가지 이유를 제시한다. 첫째, 위에서도 잠시 언급하였듯이, 인仁은 공자가 지향하는 윤리적 세계의 가장 이상적인 어떤 것을 지시하는 개념이기 때문에 언어로는 쉽게 설명될 수 없는 성질의 것이며, 둘째, 제자들이 도달한 도덕적 차원과 경지의 개인차 때문에 소크라테스의 문답술처럼 질문자의 지식수준과 도덕수준을 감안하여 윤리적 행위의 약점을 보완하기 위해 다양한 답변을 부여한 것으로 설명하고 있다.

일단 공자사상의 핵심에는 인仁이 자리하고 있다는 점은 누구도 부인하기 어려울 것이다. 『논어』에는 110여 차례 '인仁'이 등장한다.[142] 이 가운데 인仁에 대해 배타적으로 '오직 이것만이 인仁이다'는 식으로 정의를 내린 곳은 한 군데도 없다. '그것은 인仁이다'는 긍정의 표현이거나 '그것은 인仁이 아니다'는 부정적 설명방식, 그리고 다른 윤리적 행위와 대상을 인仁에 비유하는 설명방식이 화법의 주류를 이룬다. 윤리적 최고 개념으로서의 특성을 지닌 인仁에 대해 공자가 직접화법으로 언급한 곳은 많지 않다. 오히려 앞에서도 잠시 살펴본 것처럼 그는 "이익과 운명, 그리고 인仁에 대해서는 거의 말

---

141) 『論語』, <顔淵篇>

142) 글자로는 109차례이지만, 한 문장에 여러 번 등장하는 경우도 있으므로, 문장의 수를 따지는 것이 합리적일 것이다. 문장으로는 59이다. 그리고 禮는 42문장에 보인다.

하지 않았다."143) 이 문장에 보이는 이익과 운명, 인仁이라는 세 가지 삶의 가치 중에서 이익과 운명에 대해 공자가 거의 말하지 않았다는 것은 쉽게 이해될 수 있다. 그런데 자신의 사상의 핵심 개념인 인仁을 거의 언급하지 않았다는 것은 어떻게 이해할 수 있을까?

그 이유는 앞에서도 살펴보았듯이 인仁 개념 자체의 포괄성에 기인한다고 할 수 있다. 인간의 모든 덕목의 이상적 집합체인 인仁은 공자 자신도 완벽하게 그것을 소유했다고 장담할 수 없을 만큼 그 개념의 지시범위와 내용이 넓다. 이 문장은 인간의 도덕성으로서의 인仁의 경지는 설명의 차원만 가지고는 도달할 수 없고, 도덕 행위자의 실천적 체득이 무엇보다 중요하다는 뜻으로 이해할 수 있다. 또한 『논어』의 인仁에 대한 서술방식의 대부분은 비유법과 은유를 사용하는 우회의 전략을 사용하거나, 제자의 질문에 대해 공자는 '그것은 인仁이 아니다'는 부정어를 사용하여 제자들로 하여금 인仁의 내포에 대해 고민하게 만드는 방법을 선호하는 것처럼 보인다. 이런 점에서 인仁보다 예禮의 관점에서 『논어』를 읽어야 한다고 주장하는 핑가레트에 의하면, 『논어』에서 인仁을 설명할 때는 예禮의 경우와 달리 역설과 신비로운 설명으로 가득 차 있다.144)고 주장하기도 한다.

핑가레트는 대표적인 역설과 모순의 관계에 있는 표현으로 다음과 같은 문장들을 제시한다. "나는 너희들에게 숨기는 것이 없다. 내가 어디를 가면 항상 너희들과 함께 한다"145)와 "공자가 말하였다. 나는 말하고 싶지 않다. 자공이 말하였다. 선생님께서 말하시지 않

---

143) 『論語』, <子罕> "子罕言利與命與仁"

144) Herbert Fingarette, *Confucius The Secular as Sacred*, 1972, 38p.

145) 『論語』, <述而> "子曰, 二三子以我爲隱乎? 吾無隱乎爾. 吾無行而不與二三子者, 是丘也."

으시면 우리들이 무엇을 서술할 수 있습니까? 공자가 말하였다. 하늘이 무슨 말을 하더냐? 사계절이 움직이고 만물이 생겨나는데, 하늘이 무슨 말을 하더냐?"[146]가 바로 이에 해당한다. 그리고 제자 안연이 공자에 대해 평가한 "우러러 보면 더욱 멀어지고, 꿰뚫으면 더욱 단단해지며, 앞에 계신 듯 하다가 문득 뒤에 계신다"[147]는 문장들을 근거로 핑가레트는 공자가 추구하는 진리의 세계 즉 인仁의 내용은 신비적인 특성을 지니고 있다는 것이다.[148]

인仁을 설명하면서 공자는 인仁에 대한 직접적인 정의보다는 다른 개념으로 대체하여 설명하는 은유적이고 비유적 방식을 취하고 있다. 공자의 사유세계에서 인간됨의 규범적 진리인 인仁은 남에게 대상적으로 전시할 수 있는 물건이 아니고, 인간을 인간이게 해주는 정신이어서 그것을 말로서 표상하기가 불가능하다.[149] 인仁에 대한 공자의 설명이 주로 은유적으로 표현되는 것은 인仁자체의 성격과 관련되어 있는 문제라 할 수 있다. 공자가 은유화한 인仁의 의미는 비유법적 성격을 지니므로 그는 상징정인 방식으로 인仁에 접근한다. '의지가 굳세고(剛), 지조가 꿋꿋하고(毅), 꾸밈이 없이 질박하고(木), 어눌한 것(訥)'[150]이 인仁 자체는 아닐 지라도 인仁에 가깝다는 표현은 '인仁이란 무엇이다'라는 직접적 정의와는 거리가 멀다.

공자의 인仁의 내용을 가장 잘 표현 한 것으로 이해되는 '일이관지一以貫之'의 내용도 증자에 의하면 충서忠恕로 파악된다. 하나(一)

146) 『論語』, <陽貨> "子曰, 予欲無言. 子貢曰, 子如不言, 則小子何述焉? 子曰, 天何言哉? 四時行焉, 百物生焉, 天何言哉"

147) 『論語』, <子罕> "顔淵喟然歎曰, 仰之彌高, 鑽之彌堅. 瞻之在前, 忽焉在後"

148) Herbert Fingarette, 위의 책, 같은 곳.

149) 김형효, 『물학, 심학, 실학』, 2003, 460-461면 참조.

150) 『論語』, <子路> "子曰, 剛毅木訥近仁"

로 일관해 있는 공자 사유는 애초에 충忠과 서恕로 나뉘어져 있으며, 인仁은 하나로 정의 될 수 있는 결정적 진리가 아니라 현실사회에서 인간이 만나는 다양한 상황에서의 다른 모습으로 등장할 수밖에 없는 것이다. 다양한 도덕적 덕목을 포괄하고 있는 인仁은 현실사회에서는 예禮의 모습으로 등장한다. 우리는 설명과 정의가 어려운 도덕 개념인 인仁보다 구체적 삶의 형식을 제공하는 윤리적 외면과 관련된 개념인 예禮를 이해하기가 더 쉬울 것이다.

4. 예의 윤리

인仁에 대한 의미를 검토한 방식처럼 문자학적 접근에서부터 예禮의 의미를 이해해보자. 『설문해자』의 해석에 의하면, 예禮는 "밟는다(履)는 뜻이다. 신을 섬기고 복을 이르게 하는 것이며, 示와 豊의 形聲字이다"[151] 단옥재의 주석에 의하면, 『예기』 <제의> 『주역』 <서괘전>에서 '리履'는 "발이 의지하는 것(足所依也)이라는 의미로 사용되었는데, 이를 확대 적용하여(引伸) 발 뿐 아니라 모든 의지하는 것을 뜻하게 되었으며, 리履와 례禮는 서로 발음이 비슷한 관계(假借)에 있다.

이와 같은 문자학적 의미를 토대로 한자 예禮를 분석해보자. 첫째, 허신의 설명처럼 禮(li)와 履(li)는 동음이자(同音異字, homophone)이므로 어원적으로 같은 의미를 지녔을 가능성이 충분하다. 둘째, 의식 행위(ritual act)를 뜻하는 禮(li)와 예禮를 수행하는 주체로서의 몸[body, 體(ti)] 사이의 언어적 개념적 연관성도 충분히 짐작할 수 있다. 그리고 예禮와 체體는 제사 등 종교 의식에 사용하는 그릇(ritual vase)의 의미를 지닌 豊(li)을 글자의 공통분모로 하고 있다는 점에서 몸과 예의 관련성을 엿볼 수 있다. 셋째, 일상적으로 자주 사용되는 한자 중에서 豊(li)을 포함하고 있는 글자는 이 두 가지(禮와 體)뿐이라는 데서 몸과 예의의 언어적 의미의 동일성과 문화적 상관성을 증명할 수 있다.[152] 넷째, 이 예禮와 체體 두 글자는 예禮가 인간 사회 조직의 형식을, 그리고 체體가 인간 몸의 조직의 형식인 '조직의 형

---

151) 『說文解字註』, 臺灣, 黎明文化事業公社, 1974, 2면. "禮, 履也. 所以事神致福也. 從示從豊"

152) Boodberg, Peter. "The semasiology of some primary Confucian concepts", *Philosophy East and West* 2(1953): 327-27.

식(organic form)'을 뜻한다는 점에서 같은 의미를 지닌다.[153]

예禮는 하늘로부터 신의 계시가 내려오는 것을 형상화한 글자인 示와 豊(禮를 행하는 그릇)이 합해진 것이다. 示와 豊을 글자의 요소로 가지고 있는 예禮가 어느 사회나 본래 제사와 관련된 종교적 의례(Religious ceremony)에 기원하고 있다는 것은 문화의 일반적 현상이라 할 수 있다. 신을 대상으로 하는 종교적 의례에서부터 출발하여 죽음을 대상으로 하는 장례, 죽음이후의 문제를 대상으로 하는 제의행위인 제사, 그리고 살아있을 때 인간의 다양한 삶의 과정과 매듭에서 만나게 되는 출생, 결혼 등 일반적 행사에도 사회 공통의 일정한 기준과 절차가 요구될 것이므로, 사회의 전통과 관습과 매개되어 그 사회를 통합시키는 역할을 수행하게 된다.

이상 예禮에 대한 문자학적 분석을 통해 우리는 사회적 전통과 관습과 연계된 모든 규범[154]을 예禮라고 이름붙일 수 있으리라. 예禮는 종교적 의미를 지닌 데서 출발하여 전통적 의미를 지닌 개념으로 변화된 것이라 할 수 있다. 예禮는 일반적으로 종교적 의식(ritual, rite), 관습(customs), 예절(etiquette), 예의(propriety), 도덕(moral), 올바른 행위의 규칙(rule of proper behavior), 신앙(worship) 등[155]을 지시하는 개념으로 이해될 수 있는데, 이런 점에서 예는 종교, 전통, 도덕 등 삶의 영역 전반을 지시하는 용어라고 할 수 있다. 예禮가 지시하는 범위는 삶과 죽음에 이르는 인간의 거의 모든 영역을 포괄한

---

153) David L, Hall & Roger T. Ames, *Thinking Through Confucius*, 1987, 87p.

154) 이에 속하는 규범으로 『禮記』 <禮運>에서는 冠 婚 喪 祭 射 鄕 朝 聘 여덟 가지로 분류하고 있다. 『周禮』 <大宗伯>에서는 禮의 분류로 吉 凶 賓 軍 嘉 다섯 가지를 들고 있다. 禮를 사회적 규범의 의미로 파악하는 경우, 禮의 분류와 종류는 정해는 기준이 있다기 보다 시간적, 공간적으로 끊임없이 변할 수밖에 없다.

155) Roger T. Ames & Henry Rosement, Jr, *The Analects of Confucius*, 1998, 51p.

다. 넓은 의미에서 식사예절과 인사하기서부터 결혼, 죽음, 조상 숭배 등 인간이 행하는 거의 모든 공식적 행위가 예禮로 정의될 수 있다. 우리는 과거에 행해진 예禮의 방식은 세대를 거쳐 전해진다는 점에서 전통적 의미를 추가할 수 있다. 하나의 공동체에서 삶을 영위한다는 것은 한 사회가 형성해 온 관습과 제도, 그리고 가치들에 대한 긍정적인 수용을 의미한다. 전통적 의미의 예禮가 실제 인간의 구체적인 행위를 제어하게 되는 이유가 여기 있다.

이렇게 본다면 예禮의 의미에는 종교적이고 전통적 의미가 포함되어 있다고 볼 수 있다. 종교적 전통적 의미의 예禮는 그 사회가 전수해 온 여러 가지 의식의 집합(set of rituals)이라 할 수 있으며, 실천적 의미의 예禮는 사회적 행위들의 집합(set of social practices)이라 할 수 있다.156) 종교 우위의 고대사회에서 탄생한 인간의 규범인 예禮는 사회와 정치적 규범의 의미로 확대 재생산된다. 예禮는 본질적으로 고정 불변의 개념과 가치라기보다는 언제나 사회와 시대가 요구하는 목표에 따라 다양한 모습으로 변화될 수 있는 가능성을 지니고 있다. 공자도 <위정> 편에서 하나라 은나라시대의 예禮의 차이에 대해 언급하고 있는 것처럼 예禮는 유동적인 성격을 지니고 있다.

공자 이후 유가학설의 체계 내에서 인仁이 원리이고, 내용이라면 예禮는 방법이고 형식이라고 구분할 수 있는 이유가 여기에 있다. 또한 인仁이 이론이라면, 예禮는 실천을 문제 삼을 수밖에 없다. 공자에서 시작한 유가학파들은 대체로 형이상학적이고 추상적인 측면이 강한 도덕 개념인 인仁보다는 예禮와 같은 구체적인 도덕개념을 통해 인仁을 이해하는 방법을 사용하고 있으며, 이런 방식이 훨씬

---

156) Philip J. Ivanhoe, *Ethics in the Confucian Tradition* 1p.

인仁을 이해하기 좋다는 입장을 취하고 있다고 할 수 있다. 인간의 삶의 과정을 대상으로 할 때, 인仁보다 예禮는 현실사회에서 삶을 영위하는 인간에게 구체적인 규정을 제시한다. 예禮는 현실사회에서 도덕행위자가 실제 삶을 영위하는 과정에서 만나는 도덕적 상황에서 올바름(rightness), 선(good)을 어떻게 실현할 것인가에 관련된 구체적 규칙과 실천적 행위들을 규정한다. 이런 점에서 예禮는 인仁보다 더 구체적이며 현실적인 덕목이라 할 수 있다. 이런 점에서 『논어』에서 공자가 제시한 많은 도덕적 덕목 중에서 인仁 다음에 중요하게 여겨지는 덕목이 바로 예禮라고 할 수 있다. 예禮는 『논어』에 인仁보다 조금 적은 42문장에 75차례 등장한다.

기본적으로 예禮는 사회질서를 유지하기 위한 윤리적 규범을 의미하며, 자율적으로 행해진다는 점에서 타율적인 규범인 법과 차이가 난다. 예禮는 '어떤 일이 일어나기 전에 스스로 금지하는 것이며, 法은 이미 일이 발생한 뒤에 시행되는 것'157) 이라는 사마천의 정의는 이 두 개념의 차이를 분명하게 보여준다.158) 최고 개념인 인仁이 추상적이고 형이상학적인 의미를 지닌다면, 예는 보다 구체적이고 형이하학적인 의미를 지닌다. 예는 시간적 공간적 차이를 반영하는 규범이므로 당연히 사회의 전통과 관습을 반영하게 되는데, 해당 사회가 지향하는 윤리적 목표에 따라 예의 내용은 달라질 수 있다. 공자시대의 이상적 인간을 기르는 교육의 목표인 시詩 서書 예禮 악樂을 그대로 오늘날 한국사회에 적용하기 어려운 이유가 여기에 있다.

일상생활에서 우리는 '어떤 사람이 어질다(仁하다)'라는 판단 보다 "어떤 사람이 예의바르다(禮)"라는 표현을 통해 그 사람의 도덕적

---

157) "夫禮禁未然之前 法施已然之後", 『史記』 <太史公自序>, 1983년, 3298면
158) 예와 법의 차이에 대한 논의는 지면관계상 생략한다.

수준을 가늠하는 경향이 강하다. 예禮는 인仁보다 더욱 구체적이고 실천적인 의미로 다가온다. 그러나 이 두 도덕개념이 별개의 것이 아니고, 예禮는 인仁에 근거하여 인仁의 주도하에 성립되어야 한다는 것이 공자를 위시한 유가학자들의 공통된 견해이다. 다만, 예禮는 인仁과 달리 시간적 공간적 제약을 받는 도덕개념이라 할 수 있다. 인사하기의 예절을 살펴보면 우리는 절을 하거나 목을 구부리는 등 신체 중 일부를 구부리는 방법을 사용하는 반면, 서구사회는 얼굴과 손 등 상대방의 신체를 접촉하는 방식을 사용한다. 예는 차이를 반영한다. 이는 문화의 차이에서 발생한 것이라 할 수 있다. 문화란 한 사회가 오래 동안 특정한 환경에서 삶을 영위하면서 획득한 유형무형의 총체라 할 수 있다.

인仁과 예禮의 관계를 한마디로 요약해서 말한다면 도덕의 내용과 형식이라고도 말할 수 있다. 내용은 언제나 형식을 통해 표현되는 구조를 지니게 된다. 핑가레트는 이를 여행하기에 비유하여 설명한다. 인仁이란 여행의 전 과정을 뜻한다면, 예禮는 여행(仁)을 무사히 완수하기 위해 필요한 준비물인 지도와 여행의 과정에서 마주치는 도로들의 신호체계와 같은 구체적이고 다양한 방법과 형식을 의미한다.159) 예禮는 문화의 반영이기 때문에 원시사회 이후 인간이 경험을 통해 형성한 풍속, 습관과 관련이 있다. 넓게 정의하여 예禮는 '인간의 모든 행위규범'이라 할 수 있다. 행위의 차이와 규범의 차이에 따라 예禮는 다양한 모습으로 행해지게 되는 것이다.

그러므로 '다름의 세계'에서는 조화가 필요하고 또 중요하다. 다름이 틀림이 되지 않기 위해서는 나와 다른 것의 존재를 인정하고 그

---

159) Herbert Fingarette, *Confucius The Secular as Sacred*, 1972, 20p

것과 조화를 이루는 노력이 필요하기 때문이다. 유자의 말의 빌린 공자의 다음과 같은 『논어』의 언표는 이를 잘 말해주고 있다. "예禮가 사용될 때는 조화가 중요하다(禮之用 和爲貴)".160) 예禮의 사용과 적용, 응용에는 조화의 정신이 중요하다는 이 문장은 인仁과 예禮의 긴밀한 관계를 암시하고 있기도 하다. 인仁은 인간의 고유의 도덕성, 인간다움, 사랑과 연계되어 있는 반면, 예禮는 인간의 삶의 매듭(節)에서 만나는 다양한 상황의 차이(文)를 반영해야 한다. 공자는 예의 적용에는 인간성과 사랑이라는 근본 원리가 작용해야 한다는 견해를 유자의 입을 통해 피력한 것이다.

공자는 윤리가 개인과 사회에 적용될 때는 언제나 인仁을 내면에 보유한 예禮의 형식을 지녀야 한다는 사유를 지니고 있다. 이 때 중요한 것이 바로 차이와 차별에 합리성을 부여하는 것이다. 공자가 생각하는 합리적 차별은 자기를 기준으로 부모, 형제, 친척, 이웃, 국민, 세계인으로 확대되는 과정이라고 할 수 있다. 전통적 유학용어로 '수기치인(修己治人)'이 이에 해당된다.

공자가 현실정치의 과제로 생각하는 정명(正名)도 차이를 긍정하고 그에 걸 맞는 윤리적 차별을 어떻게 정당화할 것인가 하는 문제와 관련이 있다. 이렇게 볼 때 '이름을 바르게 한다(正名)'은 것은 다른 말로 예禮를 차이에 맞게 적용해야 한다는 의미이기도 하다. 공자와 자로의 대화과정에서 등장한 '正名'은 정치(政)의 바름(正)을 겨냥하는 것인 동시에 이름, 명칭, 의미(名)를 바르게(正) 한다는 것을 함의하고 있다. 현실정치의 두 가지 축은 인륜(禮)의 실천과 명분의 실천을 이상으로 해야 하기 때문이다.161)

---

160) 『論語』, <學而> "有子曰, 禮之用, 和爲貴"
161) 이경무, <正名과 孔子仁學>, 『범한철학』 제32집, 2004년 봄, 70-71면 참조.

공자 이전 춘추시대 윤리적 대표적 덕목은 인仁이라기 보다는 오히려 예禮였다고 할 수 있다. 예禮의 의미를 확대 재생산하여 인仁이라고 하는 추상적인 개념으로 만든 것이 공자의 공헌이라 하겠다. 앞에서 살펴 본 『설문해자』의 분석을 통해서도 알 수 있듯이, 원래 예禮는 종교적 의미가 강한 개념이었다. 하늘의 뜻을 인간에게 제시해주는 의미를 담고 있는 글자인 示와 제사행위에 사용되는 그릇인 豊이 합쳐진 문자학적 이해에서 이를 분명히 확인할 수 있다. 공자 이전의 여러 문헌에서 예禮는 이미 원시 종교적 의미에서 벗어나 모든 인문세계를 포괄하는 공통이념으로 자리 잡게 되었으며162) 『예기禮記』를 경유하여 공자 시대에 이르러는 인간의 삶의 영역을 총괄하는 생활규범의 의미로 통용되었을 것으로 생각할 수 있다.

예禮의 본질과 기능은 인仁에 비하여 훨씬 구체적이며 현실적인 것에 초점이 맞추어져 있으며, 인간의 삶에 관련된 모든 질서와 관계를 맺고 있다. 『춘추좌전春秋左傳』에서 여숙제는 예禮와 의儀의 차이를 설명했는데, 정치 사회의 질서를 위한 여러 세부 사항을 포괄하는 것이 '의儀'이고 '질서성'을 의미하는 것이 '예禮'의 본래 의미이다.163) 이러한 구분을 현대적 의미에서 해석해보면 의儀는 의식(ceremony)에 해당되고, 예禮는 질서(order)에 배당될 수 있을 것이다.164)

인仁에 대한 제자들의 질문에 대해 공자는 다양한 형식과 내용으로 인仁을 설명하고 있는데, 임방의 예禮의 질문에 대한 공자의 첫

---

162) 채인후 지음, 천병돈 옮김, 『공자의 철학』, 2002, 81면
163) 같은 책, 83면
164) 禮를 이와 같이 두 개의 측면으로 이해하는 것은 Fingarette, Herbert의 설명에서도 발견할 수 있다.

번째 표현은 칭찬과 감탄의 언어로 시작된다. 임방이 예의 근본을 물었다. 공자는 "크도다. 물음이여 예는 사치하기 보다는 차라리 검소한 것이 더 낫고, 상은 세련함 보다는 차라리 슬퍼함이 더 낫다"165)고 대답한다.

임방의 대화에서 공자는 우리들에게 인仁의 세계는 현실에서 설명할 수 없는 이상세계(Ideal world)이지만, 현실에서의 인仁의 모습은 언제나 예禮로부터 시작해야 한다는 사유를 제시하고 있다. 이상과 목표는 인仁의 마을(里仁)의 유토피아를 이룩하는 것이지만, 현실에서의 방법론은 어디까지나 예禮에서부터 출발해야 한다는 것이 공자의 속마음이었다고 볼 수 있다. 이 문장은 이런 자신의 생각과 같은 물음을 만난 공자의 기쁨의 솔직한 표현으로 시작한다. 공자는 인仁보다는 예禮의 차원이 현실사회에서 인간이 삶을 영위하는 생활의 질서를 대표한다고 생각하였던 것이다.

인간의 현실사회에서의 질서를 대표하는 예禮는 다시 그 범위를 좁혀 말하면, 구체적 상황에서의 올바름(義)과 올바른 의식(儀)로 연결된다. 이런 점에서 예禮는 의義의 표현이고 의義는 예禮의 실체이며 기초166)라고 할 수 있다.

---

165) 『論語』, <八佾> "林放問禮之本. 子曰, '大哉問! 禮與其奢也 寧儉, 喪,與其易也 寧戚.'"
166) 채인후 지음, 천병돈 옮김, 『공자의 철학』, 2002, 85면

5. 인과 예의 관계

유학의 기초 개념인 인仁과 예禮 사이의 관계에 대한 이해의 입장은 이 두 개념의 해석 여부에 따라 크게 달라질 수 있다. 특히 예禮보다 인仁을 어떻게 해석하느냐에 따라 이 둘의 관계는 다르게 해석될 수 있다. 인仁을 도덕관념의 총칭과 같이 형이상학적인 실체로 파악하지 않고 인간적이고 사회적 가치로 이해하게 되면, 인仁과 예禮의 관계는 밀접한 것으로 파악될 수 있다. 반면에 인仁을 인간적 차원 이상의 정신적 가치로 해석하면 인仁과 예禮의 관계에서의 연속성은 약화될 수 있다.[167)

다시 말해서 인仁과 예禮의 관계에 대해서는 다음과 같은 두 가지 입장이 가능한 것처럼 보인다. 하나의 견해는 인仁과 예禮는 유학의 기본적인 원리로서 이른바 체용體用의 관계를 이루는 것으로, 이 둘의 관계는 분리될 수 없는 공존과 통합의 관계라는 것이다. 예를 들어 인仁은 내면적 덕성을 중시하여 행위자 중심적(agent-centered)이고, 예禮는 외적 규범을 중시하여 행위 중심적(act-centered)이긴 하지만, 공자의 경우 내면적인 자기실현과 외면적인 사회성이 결코 나누어질 수 없기 때문에 행위자 중심적인 차원과 행위중심적인 차원이 구별되지 않는다는 입장이 있을 수 있다.[168) 이러한 견해와 달리 인仁과 예禮의 관계가 정합적이지 않고 이 둘 사이에는 원초적으로 심각한 괴리가 존재한다는 입장이 있을 수 있다.

전자의 견해는 그동안 많은 학자들의 동의를 얻은 것으로 이해되

---

167) 최진덕, <욕망과 예, 그리고 몸의 훈련> 『유교의 예와 현대적 해석』, 2004, 154면 참조

168) Hsei-Yung Hsu, "Confucius and Act-centered Morality", *Journal of Chinese Philosophy* 27:3, 2000, 최진덕의 논문에서 재인용.

는 바, 여기서는 후자의 입장에 대해 살펴보기로 한다. 인仁과 예禮가 정합적이지 않다는 것에 대해, 杜維明은 인仁이 내면적이고 보편적인 데 비해, 예禮는 외면적 내지 사회적이고 특수적이어서 이 둘 사이에는 "창조적 긴장관계(creative tension)가 존재한다고 하였고 최진덕도 비근한 세계의 도덕 개념인 예禮와 고원한 세계의 도덕 개념인 인仁 사이에는 심각한 괴리가 있는 듯하다고 말한다.[169]

한편으로, 인仁과 예禮의 괴리는 애초부터 선험적으로 공자의 사유 속에 존재해 있는 것으로 이해해야 한다는 견해도 있다. 김형효에 의하면, 공자의 사유 속에 순자적인 성악설의 희미한 근거를 읽을 수 있다. 군자에 의한 인仁의 덕치가 현실적으로 불가능하다고 여기게 되면, 인仁보다 현실적인 의미가 보다 강한 禮治에 희망을 걸 수 있기 때문이다.[170]

그러나 우리는 공자 사유의 모순과 괴리에 주목하기 보다는 윤리의 현실적 공능의 측면에 주목해야 한다. 앞에서 언급하였듯이 인仁과 예禮의 관계는 도덕의 내용과 형식의 관계로 요약할 수 있다. 이두 가지 도덕 개념은 공자의 사유구조 속에서 서로 표리의 관계를 이루고 있으며, 도덕적 행위자(moral agent)인 군자를 통해서 발현된다고 이해할 수 있다.[171]

공자의 사유에 통합적으로 포함된 인仁과 예禮의 도덕은 군자적인 인仁의 덕치를 강조하는 맹자의 도학道學적 입장과 성인이 제정한 제도와 예법에 의거한 예치禮治의 실학實學적 입장으로 갈라지지

---

169) Wei-ming Tu, "The Creative Tension between Jen and Li", *Philosophy East & West* 18: 36, 1968. 최진덕의 논문에서 재인용.

170) 김형효, 『물학, 심학, 실학』, 2003, 455면 참조.

171) 졸고, <寒岡 鄭逑의 도덕교육론>, 『南冥學硏究論叢』, 제12집, 2003, 251-255면 참조.

만, 공자의 사유에서의 인仁과 예禮의 갈등과 괴리, 모순은 발견하기 어렵다.

『논어』에는 하나의 문장에서 인仁과 예禮를 동시에 설명하고 있는 곳은 모두 다섯 군데이다. <팔일>, <태백>, <안연>, <위령공>, <양화> 편에 보이는 이 문장들을 통해 인仁과 예禮의 관계를 검토해보자.

"사람이 仁하지 않으면 禮를 어떻게 할 것이며 樂을 어떻게 할 것 인가?"172)는 『논어』에 등장하는 인仁과 예禮의 관계에 대한 첫 번째 문장이다. 예禮와 악樂은 한 문화의 종교와 전통, 그리고 도덕과 습 관에 관련된 한 사회의 질서와 화합을 반영한다. 예禮가 차이의 질 서라면, 악樂은 차이들의 조화라 할 수 있다. 유가적 전통에서 악樂 은 넓은 의미에서 예禮에 포함되므로, 여기서는 인仁과 예禮의 관계 에 초점을 맞추어 검토한다.

인仁과 예禮의 관계에 대해 공자는 위의 <팔일> 편의 문장을 통 해, 현실에서 예禮의 형태로 제시되는 차이의 정당성은 보편적 윤리 로서의 인仁에 의해 정당성이 확보되어야 한다고 주장한다. 예禮는 차이와 차별의 기호이다. 주자는 예禮를 '하늘의 이치가 드러나는 차이(天理之節文)'라고 정의하였다. 무늬(文)라는 말도 본래 여러 모 양이 다른 나무를 구분하는 차이의 기호를 지시이지만, 마디(節)는 관절처럼 차이를 드러내는 요인이면서 동시에 그 차이가 서로 간에 연계성을 띠고 있음을 알리는 기호이다. 예禮의 행위자인 인간의 몸 의 마디인 관절은 기능성의 차이를 알리는 불연속의 기관이면서, 동 시에 각 기능의 차이를 서로 유기적으로 연결시켜주는 다리의 역할 을 하기도 한다.173) 예禮란 인간의 도덕성의 근거인 하늘의 이치가

---

172) 『論語』<八佾>, "子曰. 人而不仁, 如禮何. 人而不仁, 如樂何."

173) 김형효, 『물학, 심학, 실학』, 2003, 428면

현실사회에 다양한 차이의 모습을 구현한다는 의미로 이해할 수 있다. 동시에 예禮는 하늘의 이치(天理)와 인간의 도덕성(仁)과 유기적으로 연결되어 있다고 보아야 한다.

두 번째, 인仁과 예禮의 관계에 대한 분석은 <태백> 편에 보인다. "공손하되 禮가 없으면 수고롭고, 삼가되 禮가 없으면 두렵고, 용감하되 禮가 없으면 어지럽고, 정식하되 禮가 없으면 각박해진다. 군자가 부모를 공경하면 백성이 인仁에서 시작하고, 옛 친구를 버리지 않으면 백성들이 각박해지지 않는다"[174] 이 문장은 공손함과 신중함, 용기와 정직이라는 구체적이고 다양한 윤리적 행위는 언제나 예禮에 의해 제어되고 관리되며 경영되어야 한다는 의미로 이해될 수 있다. 그리고 도덕성을 갖춘 통치자(君子)에 의해 예禮가 관리되고 경영되면 백성들이 仁의 마을(里仁)에서 살 수 있는 계기가 된다는 의미의 표현이라고 할 수 있다. 예禮가 구체적인 제어, 관리, 경영의 시스템이라면 인仁은 그러한 시스템이 잘 작동되도록 하는 원리라고 할 수 있다.

세 번째 등장하는 것이 바로 안연과의 대화인데, 여기서 공자는 克己復禮와 인仁을 연관시켜 설명하고 있다. 안연이 인仁에 대해 묻자, 공자가 답하였다. "자기를 이기고 예禮로 돌아가는 것이 인仁이다. 하루라도 자기를 이기고 예禮로 돌아가면 천하가 인仁으로 돌아갈 것이다. 인仁을 행하는 것은 자기로부터 시작하는 것이니, 어찌 남에게서 시작하겠는가? 안연이 그 구체적인 방법을 묻자, 공자가 답하였다. 예禮가 아니면 보고, 듣고, 말하고, 행동하지 말라. 안연이 말했다. 제가 비록 민첩하지는 않지만, 이 말을 실천하고자 합

---

[174] 『論語』 <泰伯> "子曰. 恭而無禮則勞, 愼而無禮則葸, 勇而無禮則亂, 直而無禮則絞. 君子篤於親, 則民興於仁 ; 故舊不遺, 則民不偸"

니다.175)

안연의 물음에 대한 위와 같은 공자의 대답을 근거로 채인후는 '의義는 예禮의 실질적인 모습이며, 인仁은 義의 기초이다. 인과 예, 의는 상호 순환하는데, 그 근원을 거슬러 올라가면 인仁은 예禮의 기초이며, 예禮는 인仁의 표현이다'라고 하여, 순환논리로 이들의 관계를 파악하여 '예禮를 통섭하여 인仁으로 돌아가는 것(攝禮歸仁)'이라는 용어로 설명한다.176)

이어서 <위령공편>에서 우리는 인仁과 예禮의 관계에 대한 공자의 네 번째 언표를 만날 수 있다. "지식이 미치더라도 인仁이 그것을 지킬 수 없으면 비록 지식을 얻었다 하더라도 반드시 잃게 되며, 지식이 미쳐서 인仁이 그것을 지킬 수 있더라도 엄숙함으로 임하지 않으면 백성이 공경하지 않게 되며, 지식이 미치고 인仁이 그것을 지킬 수 있고, 엄숙함으로 임하더라도 예의로서 백성들을 움직이지 않으면 완벽하지 못하다."177)

공자의 이 말은 도덕성의 확립, 덕의 확립인 인仁이 사물의 이치를 이해하는 지知보다 더 중요하며, 도덕성의 행위윤리의 규칙인 예禮가 인仁에 의지하여 작동하지 않으면 도덕의 실현은 완전하지 않다는 의미로 이해될 수 있다. 이 문장을 통해, 우리는 공자 사유에는 인仁에 근거한 덕윤리는 예禮에 의거하는 행위윤리에 의해 발동되어야 한다는 신념이 자리 잡고 있음을 알 수 있다.

---

175) 『論語』<顔淵> "顔淵問仁. 子曰, '克己復禮爲仁. 一日克己復禮, 天下歸仁焉.. 爲仁由己 而由人乎哉 顔淵曰, 請問其目. 子曰 非禮勿視, 非禮勿聽, 非禮勿言, 非禮勿動. 顔淵曰 回雖不敏 請事斯語矣."

176) 채인후 지음, 천병돈 옮김, 『공자의 철학』, 2002, 88면

177) 子曰, "知及之, 仁不能守之, 雖得之, 必失之. 知及之, 仁能守之. 不莊以涖之, 則民不敬. 知及之, 仁能守之, 莊以涖之, 動之不以禮, 未善也."

일견 이 언표는 공자가 지식의 획득을 소홀히 생각하는 입장으로 이해할 수 있으나, 이때의 지식은 오늘날의 기준으로 볼 때, 학문적 차원의 것이라 할 수 있다. 윤리 도덕과 관련되는 지식 즉 인仁의 체득과 관련된 배움의 문제에 대해 공자는 일관되게 그 중요성을 역설하고 있다. 『논어』가 배움의 문제에 대한 대화에서 시작하며, 공자가 제자들에 대한 최고의 칭찬과 평가가 바로 '배움을 좋아함(好學)'이라고 할 때, 공자가 말하는 지식의 내용과 목표는 학문적 차원의 것이라기보다는 도덕의 완성에 집중되어 있다고 할 수 있다. 공자는 논리적인 사변에 흥미를 갖지 않았으며, 순순한 지성의 영역을 개척하지도 않았다. 공자의 사유에서 지식의 기능과 목표도 인간 자체를 이해하여 인간의 도덕성을 확립하는데 도움을 주는 것에 있었다.[178]

인仁과 예禮에 관한 문답의 마지막은 <양화> 편에 보인다. 삼년상에 대한 이 논의는 다양한 인仁에 대한 정의 중에서 '愛人' 즉, 사랑의 측면과 사랑의 행위방식인 예禮에 대한 설명이라 할 수 있다. 자식의 부모에 대한 감사와 사랑으로서의 인仁이 가족의 위계질서로서의 예禮의 행위의 정당성의 근거가 된다. 제자 재아에게는 삼년상은 옛날의 제도로서 오늘날의 현실에 그대로 적용하기 어렵다는 생각이 있었다. 이에 대한 공자의 답변은 재아에게는 사랑의 마음이 없다고 지적하고, '자식은 태어나서 3년 정도 지나야 부모의 보살핌에서 벗어날 수 있다. 삼년상은 온 세상에 모두 통할 수 있는 禮이다.'[179]고 대답한다.

삼년상은 유교의 사생관과 죽음에 대한 이해방식과 밀접한 관계

---

178) 채인후 지음, 천병돈 옮김, 『공자의 철학』, 2002, 213면 참조.
179) 『論語』 <陽貨>, "子曰. 予之不仁也!子生三年, 然後免於父母之懷. 夫三年之喪, 天下之通喪也. 予也有三年之愛於其父母乎"

를 갖다. 유교에서 인간의 죽음은 자손의 몸을 통해 연속적으로 재생한다는 종교적 사유를 특징으로 하며, 윤리 도덕적 학설의 저변에 종교성이 잠재해 있다고 할 수 있다.[180] 위 문장은 얼핏 보기에 부모의 3년 동안의 자식사랑에 대한 보상차원의 의미로 파악할 수도 있지만, 가족 간의 사랑이 부모에 대한 윤리적 책임을 기꺼이 수행하게 하는 내면적 감정을 유발할 수 있다는 의미로 읽어야 한다. 이 표현은 인仁이 사람을 사랑함(愛人)이라고 정의 된다면, 인仁의 정신은 언제나 삼년상이라는 예禮로 돌아올 수 있다는 克己復禮의 다른 표현이라고 할 수 있다. 공자 사유에서 예禮의 근거에는 언제나 인仁이 자리한다.

지금까지, 『논어』에 보이는 도덕 개념들 중 인仁과 예禮를 선택하여 문자학적 설명과 현대적 해석에 의거하여 인仁과 예禮의 그 개념적 의미를 고찰하고 이를 토대로 인仁과 예禮의 관계를 살펴보았다.

공자에 의해 유학의 대표적인 도덕 개념으로 등록된 인仁은 문자학적 의미에서 '인간관계'와 '사랑'의 의미가 공존하고 있으며, 인간의 인격의 수준과 관련되어 君子(권위적인 인간)의 의미로 확대되었다. 한편 현대 윤리학의 구분을 원용한다면, 인仁은 덕윤리에 가깝다고 할 수 있다.

그런데 유학의 기본 텍스트인 『論語』에는 인仁에 대한 정의방식이 다양함을 발견할 수 있다. 그 이유는 첫째, 인仁이 본질적으로 인간이 추구해야 할 도덕적 가치들의 집합이고 포괄적인 인간의 도덕성을 뜻한다는 개념의 원초적이고 내부적인 특징에 기인한다. 둘째, 이러한 관점에서 공자 자신도 제자들과의 대화와 문답에서 인仁을

---

180) 이에 대해서는 졸고, 『論語』의 종교사상, 『논어의 종합적 고찰』, 2003, 126-130면 참조.

설명하면서, 부정적이고 비유적인 방식을 사용하고 있다. 셋째, 이러한 정의 방식은 인仁이 논리적 논변과 학설적 담화로 이해될 수 있는 성질의 것이라기보다 실천과 체득의 대상이라는 것을 암시한다.

인仁이 유학의 기본적인 도덕 내용을 담고 있는 것이라면, 예禮는 인仁의 실천을 위한 행위와 형식에 관계되는 도덕개념이라 할 수 있다. 예禮에 대한 문자학적 해독과 현대적인 해석을 통해, 우리는 이 글자가 몸(體)과 실천(履)의 뜻과 깊은 연계가 있음을 알게 된다. 그리고 예禮는 인간의 몸과 사회의 몸으로서의 조직의 형식(organic form)을 의미하는 것으로 이해할 수 있는데, 이런 점에서 이 개념은 한 사회의 전통과 관습의 의미를 지니게 된다. 언제나 예禮의 정당성은 사회 내에서만 확보될 수 있다는 점에서 인仁과 달리 예禮는 시간과 공간의 제약을 받는다고 할 수 있다. 또한 종교적 의례에 기원을 둔 유학의 예禮는 공자에 의해 행위와 실천이 중시되는 도덕적 개념으로 확실한 입지를 얻게 된다.

공자의 윤리학설 체계 내에서 인仁이 원리, 내용이라면, 예禮는 방법이고 형식이라고 할 수 있는데, 내면화된 도덕성으로서의 인仁은 언제나 외면화된 형식으로서의 예禮를 통해 발현되어야 하며, 구체적 규범과 질서로서의 예禮는 인간에 대한 사랑을 바탕으로 하는 인仁에 근거하여야 함을 알 수 있다. 공자의 사유 속에 인仁과 예禮는 서로 유기체적인 관계망을 형성하고 있으며, 이 둘의 공존, 공생 관계는 공자 이후 오래 동안 유가의 정통이론으로 인정받게 된다.

제 4 장

유가 심성론의 확립 -
맹자의 성선과 양심

1. 유가 윤리학설의 대전제 – 성선

중국적 사유의 전통에서는 인간의 본성에 관련하여 다양한 학설과 논의가 제시되어 왔다. 유가 인성론의 정통을 확립한 사상가로 평가되어 온 맹자(B.C. 372~289)의 성선설 이외에, 맹자와 동시대의 사상가로서 『맹자』에 언급되어 인간의 성품에 대해 논쟁을 벌인 <고자(告子)(생몰미상)의 <성무선무불선설(性無善無不善說)>,[181] 순자(B.C. 298~238)의 성악설, 양웅(揚雄) (B.C. 53-18)의 선악혼합설, 그리고 한유(韓愈)(768-824)의 성삼품설 등이 인간의 본질적인 성품의 문제에 대해 고대 사상가들 나름의 해답을 시도한 이론적 체계로 등장하였다.

주지하듯이, 공자의 사상을 계승하였다고 자임하면서 인간의 윤리도덕의 근거로 '인간의 본성이 착하다'는 유가 인성론의 정통적 입장인 성선설을 학설적으로 최초로 정립한 인물은 맹자이다. 공자는 윤리도덕의 실현 문제에 대해 주로 인간의 행위와 실천을 문제 삼는 방향으로 자신의 이론을 정립해 갔다면, 맹자는 윤리 도덕적 행위와 실천의 관계에 있어서 심리적이고, 철학적이며, 형이상학적인 근거를 찾아서 윤리도덕이 가능한 이유와 근원을 설명하는 방법을 정립시켰다. 이러한 방법을 통하여 그는 공자의 학설을 계승하는 동시에 다른 학파와의 학문적 경쟁력에서의 우위를 확보하려고 시도하였다. 이를 위해 맹자는 바람직하고 완전한 도덕성의 발현에 대한 이론의 정립을 시도하였으며, 성선설은 그런 학문적 고민의 결과물이라 할 수 있다. '인간의 성품이 착하다'는 윤리적 정의는 인간을

---

181) 인간을 포함한 이 세계의 존재들의 성품은 어떤 경향성으로 결정된 특성을 소유하지 않는다는 의미에서 <성무기설(性無記說)>이라고도 함.

윤리적 존재로 규정하는 선언적 의미가 강하지만, 인간의 특성(性)과 마음(心)에 대해 특별한 연계를 맺고 있다고 설명함으로써, 맹자는 인간의 성품(性)에 대한 철학적 해명을 시도하면서, '성' 개념 자체 보다 오히려 마음(心)에 집중하여 자신의 윤리학설을 전개한다.

맹자가 '인간의 본성이 착하다(性善)'는 근거로 제시된 것이 바로 인간의 도덕적 마음이다. 우물 속으로 빠지려는 어린아이에 대한 비유를 통해, 그는 인간은 누구나 태어나면서부터 <불인인지심(不忍人之心)> 즉, 타인의 고통과 불행을 보면 참아내기 어려운 동정심을 소유하고 있다는 점을 지적하면서 자신의 주장을 전개하고 있다. 도덕적 행위의 근거로서의 인간의 마음에 주목한 맹자는 <불인인지심>의 구체적 증거로 <측은(惻隱)>, <수오(羞惡)>, <사양(辭讓)>, <시비(是非)>의 마음을 제시한다.

> <공도자(公都子)가 말하였다. "이제 말씀하시기를, '성품이 착하다'라고 하였는데, 그러면 저 사람들이 다 틀렸습니까" 맹자가 말하였다. "그 (우물에 빠지려는 어린아이를 불쌍히 여기는) <감정(情)>이 <착함(善)>이 될 수 있을 것이니, 그래서 '선'이라고 말한다. 착하지 않은 행위를 하는 것은 자질의 죄가 아니다. <불쌍히 여기는 마음(惻隱之心)>을 사람들이 가지고 있으며, <부끄러워하는 마음(羞惡之心)>을 사람들이 가지고 있으며, <공경하는 마음(恭敬之心)>을 사람들이 가지고 있으며, <옳고 그름을 가리는 마음(是非之心)>을 사람들이 가지고 있으며, 불쌍히 여기는 마음은 인이고, 부끄러워하는 마음은 의이고, 공경하는 마음은 예이고, 시비를 가리는 마음은 지이니, 인과 의와 예와 지가 밖에서 나에게 녹아 들어온 것이 아니다. 내가 본래 가졌던 것이지만 생각하지 않을 따름이다.[182]

---

182) 『孟子』, <告子上>, 今曰性善, 然則彼皆非與. 孟子曰 乃若其情則可以爲善矣, 乃所謂善也. 若夫爲不善, 非才之罪也. 惻隱之心, 人皆有之, 羞惡之心, 人皆有之, 恭敬之心, 人皆有之, 是非之心, 人皆有之, 惻隱之心仁也, 羞惡之心義也, 恭敬之心禮也, 是非之心智也. 仁義禮智, 非由外鑠我也, 我固有之也, 弗思耳矣.

주지하듯이, 맹자는 고자의 학설에 대한 반론을 통해 인간 본성에 대한 본격적인 논의를 보여준다. 맹자는 이론적인 근거를 제시하면서 치밀하게 자신의 이론을 정립시켜 나간다. '인간의 본성은 착하지도 악하지도 않다'고 설명하는 고자와 달리 맹자는 인간에게만 존재하는 고유한 특수성, 즉 오직 '인간적'인 것이 존재하며, 이 특성이 바로 인간의 윤리적 실천을 가능하게 한다는 철학적 사유를 전개한다.[183] 다른 동물의 본질적 성품을 배제하고 오직 윤리적 행위의 주체자인 인간을 대상으로 학설을 전개하는 이러한 학문의 전통은 수 세기 이후 주자에게 그대로 계승된다.

송대 신유학의 완성자로 평가되는 주자(1130-1200)에 의해, 맹자가 최초로 유학사에 등록시킨 학설인 성선설은 인간의 윤리적 문제를 설명하는 핵심이론으로 완전히 자리매김하게 된다. 주자는 <대학장구서(大學章句序)>, <중용장구서(中庸章句序)> 등에서 이른바 유학의 도통론을 제기하고 있다. 주자는 공자이후의 유학사상을 다음과 같이 정리한다. 즉, 춘추전국시대 주왕조의 쇠퇴기에 공자(B.C. 551~479)가 『대학』의 내용을 정립했으며, 이 학설은 공자의 문인인 증자(B.C. 505~436)를 경유하여 공자의 손자인 자사(B.C. 483?~402?)를 거쳐서 맹자에로 전승되었다고 설명하고 있다. 자사는 또한 『중용』을 저술하여 이를 맹자에게 전해주었으나, 맹자 사후 도통이 단절되어 노장사상의 허무주의와 불교의 적멸주의와 같은 이단의 가르침이 유행하여 성인(聖人)의 인의의 도가 힘을 잃게 되어 제자백가의 학설이 점차 횡행하게 되었다는 것이다. 당대(618-

---

이하 『孟子』 원전의 인용인 경우, 『孟子』를 생략하고 편명만 제시함. 인용문의 ( )부분은 저자가 독자의 이해를 위해 보충설명하기 위해 삽입.

183) 임헌규, <맹자-고자의 인성론 논쟁에 대한 재고찰>, 『범한철학』 제39집, 2005년, 125~126쪽 참조.

907), 오대(907-960)의 시기에는 유학적 사상의 침체가 정점에 달했으나, 송왕조의 시대에 정명도(1032-1085), 정이천(1033-1107)이 등장하여, 맹자 이후 끊어졌던 유학의 도통을 부흥시키고, 자신이 이를 계승하였다고 설명하고 있다.

주지하듯이, 정자(程子)등 송대 신유학자들이 유학사상을 새롭게 정립하는 과정에서 핵심적 학설의 하나로 인정한 것이 바로 성선설이다. 주자는 공자 이후 기존의 이른바 오경 중심의 학문적 경향을 사서 중시의 유학으로 변화시키는데 결정적 기여를 한 인물이다. 그는 특히 『논어』, 『맹자』, 『대학』, 『중용』을 유학사상의 핵심을 담고 있는 네 가지 책(사서)라고 명명하고 이를 중요시하면서, 자신의 견해를 주석의 형태로 덧붙인 『사서집주』를 완성한다. 유학 사상사적 관점에서 볼 때, 이는 주자의 최대의 업적이라고 평가할 수 있는 것으로서, 이후의 유학사상은 당대까지의 『역경』, 『서경』, 『예기』, 『춘추좌씨전』, 『춘추』 등을 중시하는 이른바 '오경' 중심의 학문에서 '사서'를 유학사상의 핵심적 내용을 담고 있는 텍스트로 인정하게 되었으며, 이런 점에서 성선설과 사서 중시의 학문적 경향은 유학사상의 학술사적 대변화를 초래한 획기적인 사건이었다.

주자는 『논어』, 『대학』, 『맹자』, 『중용』의 사서의 성립에 지대한 영향을 미친 사상가로서 공자-증자-자사-맹자로 이어지는 학문적 계통을 유교의 정당성을 확보한 학문적 연계 즉 이른바 도통으로 인정하였다. 따라서 주자에 의하면, 맹자가 인간의 윤리적 행위의 근거내지 시작을 설명한 성선설이야말로 인간의 윤리적 문제들을 해명하는 최고의 이론이라는 지위를 얻게 된다. 특히 성선설의 최초 기획자로 평가되는 맹자의 본성에 대한 이론은 마음(心)에 대한 분석을 통해 전개됨으로써 유학의 학문적 깊이를 심화시켰다고 인정받게 된다. 그 이유는 바로 맹자가 인간이 선을 실현하는 심리적 근거로 좋은 마음(良心)이라는 용어를 처음 사용하여 설명하고 있다는 점에서 찾을 수 있다.

맹자가 윤리적 행위의 근거 내지 출발점으로 여기는 '양심'은 인간의 윤리 도덕적 행위의 내면적 출발점에 대한 깊이 있는 분석을 제시하였다는 점에서 성선설의 근거를 이루는 중요한 개념이라고 할 수 있으며, 이 용어의 등장은 우리들에게 맹자 윤리사상의 진면목을 발견할 수 있는 지름길을 제공해준다. 인간의 성품(性)에 대한 직접적인 설명방식을 사용하지 않는 대신, 맹자는 마음(心)에 대한 다양한 논의를 시도하고 있다. 그에 의하면, 도덕적 행위의 심리적 출발점의 소재지가 바로 선량한 마음, 착한 마음으로서의 '양심'이라는 것이다. 맹자에 의하면, 이 양심의 주재처가 '성'이라고 이름붙일 수 있는데, 그는 이 개념을 '윤리도덕을 실현할 수 있는 선험적이고 선천적인 가능근거'인 동시에 '인간 고유의 본래적인 특성'으로 정의하고 있다. 이런 점에서 '인간의 본성은 착하다'는 선언적 의미에서의 맹자의 성선설은 인간의 내면에 자리한 윤리도덕을 실현할 심리적 가능성인 '양심'에 의해 선을 추구하는 방향으로 발현되어야 한다는 주장으로 이해할 수 있다. 그는 '양심'의 구체적인 예로 불인인지심을 상정하여 다음과 같이 설명한다.

> 사람들은 모두 다른 사람에게 차마하지 못하는 마음을 가지고 있다고 말하는 까닭은, 지금 어떤 사람이 갑자기 어린아이가 우물에 빠지려는 것을 보고서 모두 깜짝 놀라고 측은해하는 마음을 가지니, 이것은 어린아이의 부모와 친분을 맺으려고 해서도 아니며, 마을사람들과 친구들에게 명예를 구해서도 아니며, 비난을 싫어해서 그러한 것도 아니다.[184]

인간은 선험적으로 선량하고 착한 마음을 소유한 도덕적 존재로서 우물에 빠져 죽으려는 어린아이를 보는 순간, 인간의 내면에서부터 도덕적인 행위를 할 수 있는 동기가 자연스럽게 발현한다는 것이다. 이 '도덕적 행위의 출발'로서의 인간의 내면적 심리는 당연히 인간의 본성이 착하다는 맹자의 윤리설과 깊은 연계를 맺는다.

윤리도덕을 실현할 동기와 시작으로서의 인간의 선량한 마음인 양심은 인의예지라는 유가 윤리도덕의 대표적 덕목들의 실현을 통해 그 존재의미가 확인된다고 맹자는 주장한다. 윤리적 행위의 가능성으로서의 착한 성품 내지 마음을 소유한 인간은 윤리적 행위의 목표 내지 덕목(인의예지)을 실현할 수 있는 존재라는 설명 방식이 바로 성선설인데, 이 학설은 인간의 성품의 착함에 대한 해명에 앞서 인간의 착한 마음(良心)에 대한 분석을 통해 얻어진 것이다. 이런 점에서 맹자 성선설은 주자 이후 유학사상에서 거역할 수 없는 대전제로 이해되어 왔다. 주자 이후 유학사상사에서 공맹을 위시로 한 도통론이 확립되자, 이에 대해 다른 해석을 시도하거나, 철학적 대전제를 부정하는 순자 등의 사상가는 정통이 아닌 이단으로 평가되어 왔다.

---

184) <公孫丑上>, 所以謂人皆有不忍人之心者, 今人乍見孺子將入於井, 皆有惻隱之心, 非所以內交於孺子之父母也, 非所以要譽於鄕黨朋友也, 非惡其聲而然也.

2. 성선설의 근거: 양심

앞 절에서 언급하였듯이, 성선설을 주창하여 유교 윤리학설의 대
전제를 확립한 맹자는 인간의 본성, 도덕적 행위의 근거를 해명하기
위해 인간의 도덕적 마음(Moral mind) 즉 '양심'이라는 용어를 최초
로 유학사에 등록시킨 사상가라 할 수 있다. '양심'이라는 언표는 『
맹자』 전편에서 오로지 <고자상>에만 등장하며,[185] 이곳이 바로 '양
심'의 어원에 해당된다. 인용문을 살펴보자.

> 사람이 보존하고 있는 것에 어찌 인의(仁義)의 마음이 없겠는가.
> 그러나 그 양심(良心)을 잃어버림이 또한 아침마다 도끼와 자귀로
> 나무를 베는 것과 같으니, 이렇게 하고서도 산이 아름다울 수 있
> 겠는가.[186]

맹자는 인간의 마음이 곧 인의의 마음이며, 이를 '양심'과 연계하
여 설명하고 있다. 산은 인간의 현실사회를, 그리고 인의의 마음과
양심은 산을 이루는 나무와 같다는 비유이다. 자신의 행위에 대해
윤리 도덕적인 선악의 문제를 인식하고 판단하는 마음으로서 맹자
는 유가사상의 윤리 도덕적 핵심 덕목인 인의의 마음이 곧 '양심'이
라고 정의한다. 주자는 이곳에 대한 집주에서 '양심'을 "본연의 선심
즉 인의의 마음"[187]이라고 보충 설명한다. 정리하자면, 맹자는 인간
의 마음에는 반드시 인의의 마음이 존재하며, 이 인의의 마음이 바로
'양심'이기도 하다고 설명한 것이다. 맹자의 언표와 주자의 주석을 통

---

185) 이 '良心'이라는 개념은 四書 가운데 『孟子』를 제외하고 『論語』, 『大學』, 『中庸』 등에는 보이
지 않는다.
186) 『孟子』 <告子上>, "雖存乎人者, 豈無仁義之心哉? 其所以放其良心者, 亦猶斧斤之於木也."
187) 주 5)의 朱子.주석 부분, "良者. 本然之善也."

해 위 인용문을 다시 요약하면, 우리는 인의의 마음과 '양심'이 다르지 않음을 확인할 수 있다.

'양심'과 인의의 마음의 연계에 대해 위 인용문을 대상으로 맹자의 사유를 따라가 보자. 맹자가 생각하기에 인간의 마음에는 본래적으로 '양심'이 있으며, 이 '양심'은 착하다. 이것이 맹자 인성론의 구조에서 성선설의 근거인 동시에 그의 윤리와 도덕에 관한 학설의 핵심을 이루는 것이다. 맹자가 처음으로 사용한 이 '양심'이라는 용어는 오늘날 철학, 윤리학, 심리학 등에서 인간의 도덕성, 심리 등을 해명하는 주요 개념으로 인정받고 있으며,[188] 인간의 윤리적 행위를 해명할 주요한 문제로 인식되고 있다. 아래 각주에 제시되어 있듯이 양심에 대한 영어, 그리스, 독일어, 라틴어의 표현은 지식 또는 인식을 의미하는 말과 그 어원을 공유하고 있다. 이런 점에서 맹자의 설명방식에서 양심은 양지(良知)와 깊이 연계되어 있음이 우연이 아니다.[189] 일반적으로 도덕적인 측면에서의 선악과 윤리적 행위에서의 <옳고 그름(正邪)>을 판단하는 의식으로서의 '양심'은 도덕의식이라고 명명된다. 이 도덕의식(Moral Conscience, Moral mind))은 도덕성을 구성하는 주요한 요소로서 도덕적인 원리와 기준에 대한 인식, 감정, 의사라는 행위들을 통합한 개념이다. 도덕의식으로서의 양심은 도덕적 행위의 내면적 동기를 뜻한다 할 수 있다.

맹자는 윤리적 행위의 결과를 중시하는 설명 방식보다는 인간이

---

188) 良心의 사전적 정의는 '善惡과 正邪를 판단하여 사악함을 물리치고, 올바른 선을 추구하려는 知 情 意의 통일적 意識'이다.『哲學事典』, 1954년, 1487A
   '良心'은 영어로는 Conscience, Proper goodness of mind, Moral consciousness 등으로, 독일어 ; Gewissen, 그리스어 ; Syneidesis 라틴어 ; conscientia로 표현된다. 한편, 四書의 대표적인 영어 번역자인 Legge는 이 良心을 "proper goodness of mind"라고 번역하였다. James Legge, *THE CHINESE CLASSICS, CONFUCIAN ANALECTS, THE GREAT LEARNING, THE DOCTRINE OF THE MEAN, THE WORKS OF MENCIUS*, 1985, p.408

189) 良心과 良知, 良能의 관계에 대해서는 다음 절에서 상세히 언급한다.

윤리를 실현하는 출발점에 대한 보다 철저한 분석을 제시하는 방법을 선호하였다. 공자로 대표되는 유교윤리의 기본구조에는 도덕의 완성을 을 위한 다양한 방법론이 제시되었는데, 공자가 윤리적 행위의 판단과 결과를 강조하였다면, 맹자는 인간이 도덕성을 제대로 구현하려면, 먼저 인간의 마음은 착한 행위를 할 수 있는 방향성을 지닌 것으로 규정하고 이를 발현하는 문제가 중요하다는 사유를 제시하였다. 공자는 도덕적 행위의 측면에 대해 논의를 집중하였는데, 맹자에 이르러 외면적 실천의 심리적 근거에 대해 철학적 검토를 시도하게 된다. 이를 위한 구체적 방법론으로 마음(心)에 대한 설명방식이 도입된 것이다. 맹자는 공자의 윤리도덕 중시의 사상과 학문을 계승하면서, 나아가 인간의 윤리 문제를 설명하면서 인간의 내면에 깊숙이 자리한 마음의 영역에 대해 보다 본질적인 측면에서의 해명을 시도한 것이다. 공자는 도덕적 행위의 측면에 대해 논의를 집중하여 인이라는 개념을 윤리사상의 핵심으로 등록하였는데, 맹자는 윤리적 실천의 이유와 근거에 대해 철학적 검토를 시도하게 된다. 이를 위해 그가 학문적 논의와 관심을 집중시킨 것이 마로 마음(心)에 대한 설명방식이라고 할 수 있으며, 그는 이 '양심'이라는 개념을 최초로 사용하여, 이 단어에 선을 추구하는 심리적이고 철학적이며, 내면적이고 선험적인 출발점(starting point)이라는 지위를 부여한다.

3. 양심과 양지양능

맹자가 생각하기에 인간의 마음(心)은 내면에 위치하고 있으면서 인간의 윤리 도덕적 행위의 출발점이라고 정의된다. 그런데 이 인간의 내면에 존재하는 마음은 두 가지 영역으로 외면으로 표출된다. 바로 지식(知)의 영역과 행위(行, 能)의 영역이다. 맹자는 '양심'과 연계되어 있으면서, 양심의 의미를 보다 구체적으로 설명하기 위해 양지, 양능의 용어를 등장시킨다.

> 배우지 않고도 할 수 있는 것, 그것이 양능이며, 생각하지 않고도 알 수 있는 것, 그것이 양지이다. 아주 어린 아이도 자기 부모를 사랑할 줄 모르는 자가 없으며, 커서는 그 형을 공경할 줄 모르는 자가 없다. 자기 부모를 사랑하는 것은 인이고 어른을 공경하는 것은 의이다. 다만 이 두 가지를 천하 모든 사람들에게 확충해 나가면 된다.[190]

두세 살 어린아이도 부모를 사랑할 줄 알며(良能), 자라서 형을 존경할 줄 안다. 맹자에 의하면, 인간이 학습하지 않고도 자연스럽게 할 수 있는 것을 양능이라 정의하고, 인간이 생각하지 않고도 자연스럽게 아는 것을 양지라고 정의하고 있는 것이다. 위 인용문을 풀이하면, 예를 들어 어린 아이가 자신의 부모를 사랑하는 것이 양능이고, 성장하면서 형을 존경하는 것이 양지라고 비유된다. '양심'과 이 둘의 관계를 구분하여 설명한다면, 양지는 양심의 지적 인식의 차원이며, 양능은 양심의 행위 능력을 담당하는 것으로 이해할 수 있다. 앞에서 살펴본 **Legge**의 번역을 원용하면, '양심'(Conscience)은

---

190) <盡心上>, 人之所不學而能者, 其良能也, 所不慮而知者, 其良知也. 孩提之童無不知愛其親者, 及其長也, 無不知敬其兄也. 親親仁也, 敬長義也, 無他, 達之天下也.

일반적으로 인간이 본래부터 소유한 '좋은 마음(proper goodness of mind)'으로 풀이될 수 있다. 그런데, '양심'과 '양지양능'이라는 복합명사에서의 앞의 문자 <양(良)>'에는 좋다, 선량하다, 뛰어나다, 아름답다, 어질다 등의 문자학적 함의가 포함된다. 이런 한자 내지 문자학적 풀이에 근거하면, '양지양능'이란 인간이 태어나면서 소유하고 있는 선량하고 자연적인 지적 인식능력과 행위의 실천능력이라고 정의할 수 있다. 다시 말해서 양지양능은 선천적(apriori) 성선으로서의 '양심'의 기능을 담당하는 것으로 이해할 수 있다. 맹자는 이 '양심'이란 개념을 인간의 성품과 윤리적 실현을 위한 가장 핵심적 문제로 인식한 것이다. 나아가 맹자는 이 '양지양능의 기능', '사단의 마음', 그리고 '인의예지 등의 윤리적 목표' 등이 '양심'을 매개로 하여 서로 연계되어 있다고 설명한다. 그리고 '양심'의 지식적이고 행위적 차원의 구체적인 표현 방법인 양지양능에 대한 설명은 결국 인간의 선천적인 도덕행위의 가능성을 인정하는 맹자 성선설로 연결되는데, 양심과 양지양능, 성선의 관계를 요약하면 다음과 같이 정리할 수 있다. 1) 양지는 인간이 태어나면서 소유하는 인식능력이다. 2) 양능은 인간이 윤리적 행위를 할 수 있는 기본자질이다. 3) 양심이 인간의 윤리실현을 위한 원리에 해당하는 것이라면, 양지와 양능은 양심의 지적이고 행위적 기능을 담당하는 것이다. 4) 양심, 양지양능은 언어로 설명하기 어려운 성품의 착함(性善)에 대한 심리적 표현의 출발점이다.[191]

또한 위 인용문에서 언급된 "어버이를 사랑하는 것이 인이며, 어른을 존경하는 것이 의이다"는 언표에서 우리는 양지양능이 윤리 도

---

191) 良心과 良知良能의 관계에 대해서는 김상래, <맹자 윤리사상의 특징-良心을 중심으로>, 『동양고전연구』(제52집), 2013. 406-409면 참조.

덕적 덕목인 인의와 연계되어 있음을 확인할 수 있다. 앞의 <고자
상> 구절의 인용 부분에 대한 설명에서 언급하였듯이 인의의 마음
은 '양심'과 다르지 않다. 이렇게 본다면, 맹자의 사유구조 특히, 성
선설에 있어서 인간의 생득적인 마음인 '양심'의 범주에 인의의 마
음이 포함되며, 이 인의는 인간이 태어나면서 소유하고 있는 선량한
것으로, 자연적인 지적 인식능력과 행위의 실천 능력인 양지양능의
각 기능과 연계되어 발휘된다고 이해할 수 있다.

맹자의 사유구조에서 그 윤리 도덕적 측면의 관계를 생각할 때 우
리는 양심과 양지양능은 인간의 도덕적 완성태라 할 수 있는 인의로
대표되는 사덕, 즉 사단과 연계되어 이해해야 한다. 성선설을 주창
하는 맹자는 인간의 본성으로 이어주는 매개체로서 마음(心)을 상정
함으로써 <마음(心)>=<성품(性)=<도덕(德)>의 윤리적 연계 구도를
완성시켰다.

> 측은지심이 없으면 사람이 아니고 수오지심이 없으면 사람이 아
> 니며, 사양지심이 없으면 사람이 아니고 시비지심이 없으면 사람
> 이 아니다.192)

앞에서 언급된 위 인용문은 다음 문장의 언표들과 함께 분석할 필
요가 있다.

> 측은지심은 인의 단서이고 수오지심은 의의 단서이며, 사양지심은
> 예의 단서이고 시비지심은 지의 단서이다. 사람이 이 사단을 가지
> 고 있는 것은 사지를 가지고 있는 것과 같은데, 이 사단을 가지고
> 있으면서도 스스로 잘 할 수 없다고 말하는 자는 자신을 해치는

---

192) <公孫丑上>, 所以謂人皆有不忍人之心者, 今人乍見孺子將入於井, 皆有惻隱之心, 非所以內交於
孺子之父母也, 非所以要譽於鄕黨朋友也, 非惡其聲而然也. 由是觀之, 無惻隱之心, 非人也, 無羞
惡之心, 非人也.

자이고, 임금이 잘 할 수 없다고 말하는 자는 그 임금을 해치는
자이다.193)

위 두 인용문을 대상으로 유추하면, 맹자가 보기에 인간의 마음에
는 '측은지심', '수오지심', '사양지심', '시비지심'의 네 가지 차원의
도덕적 심리가 내재 되어 있다. 이들 각각의 마음은 바로 인의예지
의 출발, 발생, 시작이라는 것이 맹자 윤리학적 사유의 핵심이다. 이
에 대한 분명한 이해를 위해 문자학적 설명과 대표적 주석을 원용하
자. 사단의 '단(端)'이란 글자의 의미에 대해서 조기(趙岐)는 이른바,
단수설(端首說)을 제시한다. 즉 '단'은 '시작'을 의미하는 것으로 이
해한다.194) 이에 비해 주자는 단서설(端緖說)을 주창한다.195) 이 때
'단'이라는 글자는 '실마리' 즉, '출발'이라는 의미로 이해할 수 있다.
이 두 주석가의 풀이를 종합한다면, 인간의 내면적인 도덕적 마음은
바로 모든 윤리 도덕적 행위의 시작이요, 출발점이라고 이해할 수
있다. 맹자의 윤리학설에서 인의예지의 사단(시작과 출발)이 도덕적
으로 발현된 결과가 바로 인의예지의 사덕이다. 이 부분에 대한 맹
자의 설명을 따라가 보자.

> 불쌍히 여기는 마음을 인간은 누구나 소유하고 있으며, 부끄러워
> 하는 마음을 인간은 누구나 소유하고 있으며, 공경하는 마음을 인
> 간은 누구나 소유하고 있으며, 옳고 그름을 가리는 마음을 인간은
> 누구나 소유하고 있다. 불쌍히 여기는 마음은 인이며, 부끄러워하
> 는 마음은 의이며, 공경하는 마음은 예이며, 옳고 그름을 가리는

---

193) <公孫丑上>, 無辭讓之心, 非人也, 無是非之心, 非人也. 惻隱之心, 仁之端也. 羞惡之心, 義之端
也, 辭讓之心, 禮之端也, 是非之心, 知之端也. 人之有是四端也, 猶其有四體也, 有是四端而自謂
不能者, 自賊者也, 謂其君不能者, 賊其君也.

194) 趙注, 端者首也. 人皆有仁義禮智之首. 可引用.

195) 端, 緖也.

마음은 지이다.196)

다만, 여기서 <공손추상>에서 언급되는 사양지심은 이 인용문에서 공경지심으로 변경되어 언급된다. 맹자가 말하는 본래적인 마음에는 측은, 수오, 사양, 시비의 마음이 내포되어 있으며, 지금까지의 내용을 양심과 연계하여 다시 정리하면, 불인인지심, 사단지심과 사덕지심의 발현에는 '양심'이 전제되어 있다는 것으로 요약할 수 있다.

인의예지는 바깥으로부터 들어온 것이 아니다. 내가 본래부터 소유한 것이다.197)

맹자는 마음속에 내재한 인의예지는 외부적인 영향을 받는 것이 아니라 내부적으로 인간이 본래 소유한 것, 즉 선천적인 생득원리라고 설명한다. 이런 점에서 맹자의 사유구조에 의하면, 인간의 마음의 근본에는 사덕인 인의예지의 도덕적 덕목을 실현할 심리적 가능성이 내포해 있다고 생각할 수 있다.

---

196) <公孫丑上>, 惻隱之心, 人皆有之. 羞惡之心, 人皆有之. 恭敬之心, 人皆有之. 是非之心, 人皆有之. 惻隱之心, 仁也. 羞惡之心, 義也. 恭敬之心, 禮也. 是非之心, 智也.

197) <告子上>, 仁義禮智, 非由外鑠我也, 我固有之也.

4. 양심과 인의

인간이 현실사회에서 추구해야 할 윤리적 목표와 가치에 대해 공자는 인이라는 용어를 창안해 냈으며, 『논어』에는 인과 더불어 의에 대해서도 여러 가지 윤리적 가치의 의미가 개진되어 있다. 그런데, 『논어』를 통해 공자가 제시한 인과 의는 각각 별개의 독립적 가치를 지닌 도덕개념으로 설명되고 있는데 비해, '인의'라는 복합명사 내지 결합어 형태로 유가의 문헌에 등장하는 것은 『맹자』로 부터라고 할 수 있다. 맹자는 인의로 대표되는 윤리적 가치를 양심의 발현으로 설명한다. 맹자의 '양심'과 인의 즉 인(측은)과 의(수오)등의 관계에 대해 고찰해 보자. 『맹자』 첫 페이지는 우리에게 익숙한 다음과 같은 대화가 등장한다.

> 맹자가 양혜왕을 만났다. 왕이 당신이 천리를 멀다하지 않고 방문하였으니, 우리나라에 어떤 이로움이 있겠는가? 맹자가 대답하였다. 왕은 어찌 꼭 이로움만을 말하는가? 역시 인의가 있을 따름이다.198)

주지하듯이, 맹자는 공자의 인 개념을 계승하여 인의라는 신조어를 만들어 냈다. 사상사적으로 볼 때 전국시대의 혼란은 인만으로는 해결될 수 없으며, 보다 냉철한 윤리적 덕목인 의 문제가 중요하다는 인식을 드러낸 것으로 이해된다. 인과 의가 결합된 윤리적 개념인 '인의'는 맹자의 윤리학설의 체계에서 어떤 철학적 함의를 지니는가? 맹자가 보기에, 인간의 윤리적 덕목들은 네 가지(인의예지)로

---

198) <梁惠王上>, 孟子見梁惠王. 王曰, 叟, 不遠千里而來, 亦將有以利吾國乎. 孟子對曰, 王何必曰利, 亦有仁義而已矣.

귀결되는데, 그 중에서도 인이 가장 중요한 윤리적 의미를 함유하고 있다. 인이라는 윤리적 덕목과 가치는 인간으로 하여금 선을 실천하도록 만드는 것과 관련되는 것이라면, 의는 인간의 이기심이 배제된 윤리적 당위이고 인간의 도덕적 의무를 지시하는 개념이다. 맹자 윤리학설의 구조에서 이 인과 의는 다음의 두 가지 윤리적 의미를 함유하고 있는 것으로 이해할 수 있다. 첫째, 이 두 도덕적 개념은 인간이 본래적으로 소유한 도덕적 가치라는 점이고, 둘째, 인의는 본질적으로 인간사회에서 타자와의 관계에서 성립되는 도덕적 덕목이라는 것이다. 그리고 앞에서 고찰한 바와 같이 인의를 추구하는 인간의 마음은 양심과 다르지 않다. 맹자의 윤리체계에 있어서 '양심'과 인의의 마음은 인간의 착한 마음을 의미하는 것이므로, 교육과 경험에 의해 후천적으로 얻어질 수 있는 것이 아니라 인간의 윤리 도덕적 행위의 출발, 근원의 의미를 지니고 있다.

> 인의 본질은 어버이를 모시는 것이고, 의의 본질은 형을 따르는 것이며, 지의 본질은 이 두 가지를 알아서 버리지 않는 것이고, 예의 본질은 이 두 가지를 조절하고 아름답게 꾸미는 것이다. 도는 가까이에 있는데 이를 멀리에서 구하고, 할 일은 쉬운 데에 있는데 이를 어려운 데서 구하려 한다. 사람마다 그 어버이를 친애하고, 그 어른을 공경하면 천하가 화평해질 것이다.199)

가족을 기반으로 하는 혈연공동체의 사회에서 출발한 윤리적 가치가 바로 인이며, 이를 토대로 윤리실현의 외연을 점차 확장하여 현실사회에서의 다른 사람들과 올바른 윤리 도덕적 관계를 맺는 것이 의라고 정의될 수 있다.

---

199) <離婁上>, 道在爾而求諸遠, 事在易而求之難. 人人親其親 長其長而天下平.

인은 사람의 마음이고, 의는 사람의 길이다.200)

맹자가 생각하기에 인은 인간의 마음에 본래부터 있는 것이다. 의는
인간이 밟고 걸어가야 할 바른 길이다. 이 둘은 맹자의 사유체계 속에
서 각각 측은지심, 수오지심과 다르지 않다. 또한 앞에서도 설명한바와
같이, 맹자의 사유구조에서 인의의 마음은 '양심'과 다르지 않다.

맹자는 언제나 '양심'과 인의의 관계에 대한 이해를 위해서는 먼
저 도덕적 행위의 근거로서의 인간의 심리와 윤리적 덕목 내지 목표
에 대한 연계성을 인식할 것을 주장한다. 맹자는 앞에서도 언급한
'우물에 빠지려는 어린아이'의 비유를 사용하여 인간의 착하고 선량
한 마음(양심)이 이익과 명예를 추구하는 논리를 제어하고 윤리적
실현으로 나아가게 하는 단초임을 강조한다.

> 사람이 모두 남에게 차마하지 못하는 마음을 가지고 있다고 말하
> 는 이유는 다음과 같다. 지금 어떤 사람이 어린아이가 막 우물에
> 빠지려는 것을 보고는 깜짝 놀라고 불쌍히 여기는 마음을 가지게
> 될 것이다. 어린아이의 부모와 교분을 맺으려고 해서도 아니고,
> 향당의 붕우들에게 명예를 구하려고 해서도 아니며, 구해주지 않
> 았다는 소문을 싫어해서 그런 것도 아니다. 그렇다면, 측은지심이
> 없으면 사람이 아니고 수오지심이 없으면 사람이 아니며, 사양지
> 심이 없으면 사람이 아니고 시비지심이 없으면 사람이 아니다. 측
> 은지심은 인의 단서이고 수오지심은 의의 단서이며, 사양지심은
> 예의 단서이고 시비지심은 지의 단서이다. 사람이 이 사단을 가지
> 고 있는 것은 사지를 가지고 있는 것과 같은데, 이 사단을 가지고
> 있으면서도 스스로 잘 할 수 없다고 말하는 자는 자신을 해치는
> 자이고, 임금이 잘 할 수 없다고 말하는 자는 그 임금을 해치는
> 자이다.201)

---

200) <告子上>, 孟子曰 仁, 人心也. 義, 人路也.

201) <公孫丑上>, 所以謂人皆有不忍人之心者, 今人乍見孺子將入於井, 皆有惻隱之心, 非所以內交於
孺子之父母也, 非所以要譽於鄕黨朋友也, 非惡其聲而然也. 由是觀之, 無惻隱之心, 非人也, 無羞

맹자에 의하면, 윤리적 행위를 하지 않는 사람은 인간이라고 정의할 수 없으며, 인, 의, 예, 지 네 가지 마음은 바로 '양심' 즉, 착한 마음(善心)과 다르지 않다. 인간의 네 가지 윤리적 가치이자 목표라고 할 수 있는 인의예지의 실현은 현실사회에서 오륜, 즉 가족과 사회를 아우르는 구체적인 다섯 가지 덕목으로 변화되어 설명되기도 한다. 맹자가 보기에 공자 이후 유학사상의 윤리적이고 이상적인 가치 내지 덕목의 의미를 지닌 인의예지는 추상적이고 심리적인 내용을 지시하고 있으므로, 인간이 삶을 영위하는 현실사회에서 추구할 목표로는 그 구체성과 현실성이 결여되어 있는 것으로 이해될 수 있다. 맹자는 본질적인 목표의 실현을 위한 보다 현실적인 가치들을 제시하기 위해 인의예지보다 좁은 의미의 윤리적 목표들을 상정하고 다음과 같이 설명한다.

> 사람에게는 추구해야 할 진리가 있다. 배불리 먹고 따뜻하게 입으며, 편안하게 살면서 가르침을 받지 않으면, 금수처럼 될 수 있다. 성인이 이를 걱정하여 ...... 인간의 윤리를 가르치도록 하였으니, 부자유친, 군신유의, 부부유별, 장유유서, 붕우유신이 그것이다.202)

맹자는 이른바 인간이 삶을 영위하면서 추구할 다섯 가지 윤리적 목표(五倫)로 제시된 윤리적 가치들은 윤리 실현의 최소단위라 할 수 있는 가족 등 소규모 혈연공동체에서부터 실현되고 사회적으로 보다 넓은 차원에서의 윤리가 확립되는 것이 이상적인 윤리실현의 방법론이라고 생각하였다.

惡之心, 非人也, 無辭讓之心, 非人也, 無是非之心, 非人也. 惻隱之心, 仁之端也, 羞惡之心, 義之端也, 辭讓之心, 禮之端也, 是非之心, 知之端也. 人之有是四端也, 猶其有四體也, 有是四端而自謂不能者, 自賊者也, 謂其君不能者, 賊其君者也.

202) <滕文公上>, 人之有道也, 飽食煖衣 逸居而無敎, 則近於禽獸. 聖人有憂之,...... 敎以人倫, 父子有親, 君臣有義, 夫婦有別, 長幼有序, 朋友有信.

5. 맹자 심성론의 윤리적 의미

인간은 사회를 구성하여 삶을 영위해 가는 존재이다. 그리고 인간은 사회 속에서 윤리 도덕적으로 올바른 행위를 추구하고자 끊임없이 노력한다. 이때 어떤 행위가 올바른지에 대해 윤리 도덕적 판단이 수반된다. 유가사상은 초창기부터 이런 문제들에 대해 깊이 있는 논의를 전개 해 온 학문적 전통을 지니고 있다. 공자의 학설을 정통으로 계승하였다고 인정받고 있는 맹자의 윤리사상은 인간을 윤리적 존재로 파악하는 것에서부터 논의가 전개된다. 『맹자』 첫 문장이 사회적 이익과 윤리적 인의를 대별시키고 후자를 강조하는 언표로 시작되는 것이 이를 반증해 준다.

맹자 사유의 근저에는 윤리적 존재로서의 인간은 선천적으로 도덕적 마음(良心)을 지니고 태어나는 존재라는 생각이 확고히 자리 잡고 있는 것으로 보인다. 이런 사유의 표현으로 등장된 개념이 바로 '양심'이며, 맹자에 의하면 도덕적 행위의 근거로서의 착한 마음(良心)이 바로 인간과 다른 동물을 구별하는 본질적 특징이며, 윤리 도덕을 실현할 수 있는 가장 중요한 출발과 시작이다. 맹자가 설명하는 윤리도덕의 학설과 이론을 제대로 이해하기 위해서는 맹자가 인간의 윤리도덕을 설명하는 방법에 '양심'이라는 용어를 최초로 도입하였다는 점을 주목할 필요가 있다. 그에 의하면, 이 '양심'은 인간의 마음에 본래적으로 존재하는 것으로 착하다(善)는 성격을 특징으로 하는 것으로 규정된다. 이런 사유방식을 토대로, 그는 성선설로 자신의 윤리적 논의를 확대시킨다. 맹자 윤리설의 핵심을 형성하는 성선설은 '양심'이라는 논리적 근거와 설명에 의해 그 학설적 정당성이 확보된다. 또한 앞에서 살펴본 바와 같이 맹자 윤리사상의 구조 속에서 '양심'과 성선설의 관계는 인의예지라는 도덕적 가치와도 밀접하게 연계되어 있다. 즉, 마음-성품-도덕의 일관된 연계를 강조하는 것이 맹자 윤리학설의 특징이라고 할 수 있다. 이상의 내용을 한마디로 요약하면, 맹자의 윤리설은 인간의 내면에는 도덕의식으로서 '양심'이 선험적으로 존재함을 확인시키는 것에서 시작하여, 인간의 본질적 성품은 착하다는 것으로 전개되며, 인의예지라는 인간의 대표적인 도덕적 덕목들을 실현하는 것이 삶의 목표가 되어야 한다는 것으로 마무리 된다고 할 수 있다.

이 글은 오늘날에도 자주 사용되는 철학적, 윤리적, 심리학적 용어인 '양심'에 주목하여 맹자 윤리학설의 구조와 특징에 관한 논의를 전개하였다. 그 결과 맹자의 윤리사상의 체계 속에서는 '양심', 성선, 그리고 인의예지 등과 도덕적 개념들이 서로 밀접한 관계를 맺고 있음을 고찰하였다. 오늘날 일상에서 자주 사용되는 용어인 '양심'은 『맹자』에 최초로 등장하며, 맹자는 이 개념에서부터 자신의 윤리적 학설들을 해명하고 있음을 설명하였다. 그리고 '양심'은 성선설의 윤리학설을 지탱하는 가장 중심적인 위치 즉, 심리적, 철학적 근거를 차지하고 있음을 논증하였다. 이를 토대로 맹자는 인간의 윤리도덕에 관한 개념들(성, 성선, 양지, 양능, 사단, 사덕)을 '양심'과 연계하여 설명하는 방법론 즉, 확충의 이론(인간의 내면에 존재하는 윤리적 도덕성을 계발, 발현하면 외면의 사회가 윤리 도덕적으로 완성될 수 있다)을 제시하는 윤리학적 특징을 보여준다.

맹자에 의하면, 인간의 마음은 윤리적 실현을 위한 구체적 행위를 담당하는 주체이다. 그에 의하면 '양심'은 본래적으로 착한 윤리 도덕적 행위를 위한 선천적인 심리상태라고 규정할 수 있는데, 이는 인간이 윤리도덕을 실현할 수 있는 구체적 출발점이기도 하다. 맹자는 인간의 마음은 본질적으로 선을 지향한다는 윤리적 사유를 제시하면서, 인간의 본성은 본질적으로 착하다는 것을 증명하기 위해 인간의 마음과 네 가지 도덕적 가치(인의예지)를 접목하여 설명하는 방법을 정립하였다. 사단은 인간의 윤리적 행위의 네 가지 심리적 '시작'과 '출발'의 의미한다. 맹자가 보기에, 인간이 추구할 가치가 있는 인의예지는 인간의 현실적인 삶의 차원에서는 '양심의 발현'으로 이해할 수 있다는 것이다.

맹자의 윤리학설에 의하면, 윤리적 행위의 출발점으로서 '양심'을 소유한 인간은 타인의 불행을 견디기 어려운 마음(불인지심), 불쌍히 여기는 마음(측은지심)을 비롯한 네 가지 도덕의식을 소유한 존재이다. 성선설을 주창한 맹자는 본래적 인간의 마음에는 측은, 수오, 사양, 시비의 심리가 존재하며, 이들이 인의예지의 사덕으로 발현된다고 설명한다. 맹자가 창안해 낸 이 '양심'에 대한 개념과 이를 토대로 한 인간의 윤리적 문제들을 설명하는 방식은 유학사상에서 인간 이해를 위한 가장 특징적 의미를 지닌 것으로 평가되는 성선설의 실제적 내용을 이루는 것이라 할 수 있다. 이런 점에서 맹자가 창출한 개념인 '양심'은 성선설로 대표되는 유학사상의 윤리적 문제에 대한 해명 뿐 아니라 인간의 윤리 도덕적 행위의 심리적 근거를 설명하는 학문분야인 윤리학, 철학, 심리학적 측면에서 적지 않은 의의와 가치를 지닌 개념으로 평가될 수 있다.

제5장

순자의 맹자비판

1. 순자 윤리사상의 기본 입장

주지하듯이, 공자는 인仁으로 대표되는 윤리적 덕목을 현실사회에서 인간이 구체적으로 어떤 행위를 통해 실현할 것인가 하는 문제에 집중하여 학설을 전개하였다. 윤리적 문제와 관련된『논어』에 보이는 대화의 주요 주제는 공자가 생각하는 인간의 이상적인 윤리적 목표인 인仁에 해당하는 구체적 행위들에 관한 것이다. 안연을 비롯한 제자들의 질문들은 효孝, 제悌, 충忠, 신信 등과 같은 윤리적 행위가 과연 공자가 생각하는 인仁에 해당하는가에 관한 문제를 다루고 있다. 이에 대해 공자는 '仁과 거리가 멀다', '仁이 아니다'는 표현을 사용하면서 질문에 대답한다. 이는 공자와 제자들이 생각하는 인仁의 내포와 외연이 다를 수밖에 없었을 것이므로, 당연한 질문과 대답의 모습이라 할 수 있다. 요컨대, 공자 자신은 제자들이 이해하지 못하는 차원의 윤리적 정답을 알고 있다고 생각할 수 있지만, 공자 자신만의 인仁에 어울리는 구체적인 행위를 상정하고 있다는 점이다. 요컨대 공자는 당시 혼란한 현실사회에서의 윤리적 행위의 실천에 관한 다양한 대답을 보여주고 있다.

공자의 사상을 계승, 발전한 사상가로 인정되는 맹자(B.C. 372－289)는 성선설을 주창함으로써, 인간의 본질적 특성은 선을 지향하도록 규정된 존재라는 이해방식을 확립하였다. 그가 유학사상사에 최초로 등록시킨 '성선'이라는 개념은 인간은 누구나 착한 행위를 할 가능성을 선험적으로 소유한 존재라고 정의하기 위해 사용된 용어이다. 맹자의 사유방식에 의하면, 인간이 착한 성품(性善)을 지닌 것으로 상정되어야만 자신의 내면에 소유한 도덕성을 발현하고 계발하면 윤리적 이상형인 성인聖人, 군자君子와 같은 인격에 도달할 수 있다고 설명한다. 이 성선의 윤리학설은 인간에 대한 기초적인 이해를 제공하는 개념인 동시에 맹자가 자신의 윤리 실현의 방법론과 내용에 대한 논의를 전개하는 출발점의 역할을 한다.

반면, 순자(B.C. 313?-238)는 인간의 내면에 자리한 순수한 도덕성으로서의 착한 성품(性善)의 존재를 인정하지 않는다. 그는 <영욕>편에서 "사람은 태어나면서 본래부터 소인이다"203)고 선언하였다. 그에 의하면, 인간은 윤리 도덕적으로 완벽한 인간형인 성인군자의 차원이 아니라, 악을 행할 가능성이 높은 소인의 차원으로 규정된다. 윤리도덕을 실현할 가능근거로서의 착함(善)이 바로 인간의 본래적 특성이라는 맹자의 생각과 다른 인간이해의 사유를 보여주고 있다. 윤리도덕을 실현할 주체자는 바로 인간이라는 사유는 유학사상의 근본에 해당된다. 공자가 이러한 이해방식을 제시한 이후, 맹자와 순자 모두 이러한 사유에 대해서는 커다란 견해 차이를 발견할 수 없다. 다만, 공자의 경우 인간의 윤리도덕에 관한 설명방식이 구체적인 윤리적 행위라는 측면에 초점이 맞추어져 있었다고 한다면, 맹자와 순자에 이르러 윤리 도덕적 행위 자체보다는 그 내면적이고 추상적인 측면을 설명해내는 것으로 논의가 확대된다. 따라서이 두 사상가는 구체적인 윤리적 행위 자체를 문제 삼기보다는 인간의 윤리 도덕적 행위의 근거와 인간이 행하는 윤리적 가치의 상관관계에 대한 해명을 시도하게 되는데, 이에 대한 견해 차이를 드러내면서 맹자와 순자의 윤리학설은 다른 길을 가게 된다.

---

203) 『荀子』, <榮辱>, "人之生故小人." 『荀子』 인용문에 대한 번역서는 다음을 참조함. 『순자』, 김학주 옮김, 2008. 이하 동일.

2. 맹자 성선설의 비판

공자의 윤리설을 계승했다고 평가받는 맹자는 윤리적 행위의 실천을 가능하게 하는 근거 즉, 인간이 현실사회에서 윤리도덕을 실천해야만 하는 당위성을 인간의 내면에 대한 심리적 분석과 행위의 동기에 집중하여 논의를 전개하였다. 이러한 노력의 결과가 윤리적 행위의 출발점과 가능근거를 '인간의 본래적 특성(性)'으로 파악하고, 그 인간의 본래적 특성은 착하다(性善)는 성선설로 성립된 것이다. 성선설을 해명하기 위해 그는 인간의 윤리적 목표라 할 수 있는 인의예지(사덕, 사단)와 측은지심, 수오지심, 사양지심, 시비지심 등 인간의 내면에 관한 다양한 연계를 설명하고 있다. 한편, 맹자는 측은지심, 수오지심, 사양지심, 시비지심, 불인이지심 등의 도덕적 심리를 양심이라는 개념과 연계하여 설명한다. 성선설을 주창함으로써 유교 윤리학설의 대전제를 확립한 맹자는 인간의 본래적 도덕성, 도덕적 행위의 근거를 해명하기 위해 인간의 내면적 마음을 '양심'이라고 정의하였다. '양심'이라는 언표는 『맹자』 <고자 상>에 유일하게 등장하는데, 바로 오늘날 심리학, 윤리학, 철학 등에서 사용하는 '良心(moral mind)'의 어원에 해당된다.

> 사람이 보존하고 있는 것에 어찌 인의(仁義)의 마음이 없겠는가. 그러나 그 양심(良心)을 잃어버림이 또한 아침마다 도끼와 자귀로 나무를 베는 것과 같으니, 이렇게 하고서도 산이 아름다울 수 있겠는가.204)

---

204) 『孟子』 <告子 上> 雖存乎人者, 豈無仁義之心哉? 其所以放其良心者, 亦猶斧斤之於木也. 『孟子』인용문에 대한 번역은 성백효 역주, 『孟子集註』, 전통문화연구회, 2000.를 참조. 문맥상 의미 전달을 명료하기 위해 논자가 수정하기도 함. 이하 동일

그에 의하면, 인의예지라는 도덕적 선의 실현은 양심의 발현으로 성립된다. 양심의 대표적인 비유가 바로 우물에 빠지려는 아이이다.

> 사람들은 모두 다른 사람에게 차마하지 못하는 마음을 가지고 있다고 말하는 까닭은, 지금 어떤 사람이 갑자기 어린아이가 우물에 빠지려는 것을 보고서 모두 깜짝 놀라고 측은해하는 마음을 가지니, 이것은 어린아이의 부모와 친분을 맺으려고 해서도 아니며, 마을사람들과 친구들에게 명예를 구해서도 아니며, 비난을 싫어해서 그러한 것도 아니다.205)

인간은 선험적으로 도덕적으로 선량한 마음, 즉 착한 도덕의식으로서의 양심을 소유하고 있으며, 우물에 빠져 죽으려는 어린아이를 보는 순간, 차마 그 어린아이의 곤경을 무시하지 못하는 마음(不忍人之心)이 발현되고, 아이를 구하는 윤리적 행위(善)를 실천하게 된다고 그는 설명한다. 맹자에 의하면, 인간의 내면에는 선험적으로 도덕적인 행위를 할 수 있는 도덕의식으로서의 양심이 존재하며, 이 도덕적 마음이 윤리도덕을 실현하는 시작, 출발(端)이다.

> 불쌍히 여기는 마음은 인(仁)의 실마리이고, 부끄러워하고 미워하는 마음은 의(義)의 실마리이고, 사양하는 마음은 예(禮)의 실마리이고, 옳고 그름을 분별하는 마음은 지(知)의 실마리이다. 사람이 이 네 가지 실마리를 가지고 있다는 것은 사지(四肢)를 가지고 있는 것과 같다.206)

인간은 본래부터 윤리도덕을 실현할 가능근거로서 선량한 마음

---

205) 『孟子』, <公孫丑上>, "所以謂人皆有不忍人之心者, 今人乍見孺子將入於井, 皆有惻隱之心, 非所以內交於孺子之父母也, 非所以要譽於鄕黨朋友也, 非惡其聲而然也."

206) 『孟子』, <公孫丑上>, "惻隱之心, 仁之端也, 羞惡之心, 義之端也, 辭讓之心, 禮之端也, 是非之心, 知之端也. 人之有是四端也, 猶其有四體也."

(良心)-도덕의식-를 소유하고 있으며, 이 내면적 마음은 인의예지라는 윤리도덕의 가치들과 논리적으로 연계되어 있다는 것이 도덕적 인간이해의 관점을 견지하는 맹자 사유의 기본 논리이다. 인간의 특성(性)은 도덕의식(moral mind, 良心)을 지니고 있다는 것에 있으며, 이것이 바로 다른 동물과 다른 인간의 고유한 특성이다. 인간은 내면에 선을 지향할 수 있는 가능성을 선험적으로 소유하고 있다는 것이 성선설의 주된 내용이라 할 수 있다. 앞에서 언급하였듯이, 맹자의 성선설은 인간이해에 관한 유학사상의 대전제이며, 유학사상의 윤리도덕설의 출발점으로 인정받고 있으며, 인간의 윤리 도덕적 문제를 해명하는 정통적이며 기본적 사유구조라고 평가되어 왔다.

맹자는 성선설이라는 이론으로 인간의 도덕적 마음(良心)의 존재를 확립하고 나아가 이 마음의 소재지를 性이라 규정한 다음, 인의예지로 대표되는 윤리적 가치들과 인간의 마음과 성품의 연계에 대한 확고한 설명방식을 구성해 낸 것이다. 이러한 맹자의 인간과 윤리에 대한 사유방식에 대해 순자는 성악설을 개진하면서 비판의 논리를 제시한다. 순자는 <비십이자>편에서 유가, 묵가 등 주요 철학 사상가들을 비판한다. 이들이 인간과 윤리의 문제들에 대해 잘못된 인식을 지니고 있다는 것이다. 그는 혼란한 사회를 극복하기 위해서는 무엇보다 인간에 대한 올바른 이해가 중요하다는 입장을 개진하며 다음과 같이 말한다.

> 오늘날 혼란한 세상을 틈타 사악한 학설을 꾸미고, 간사한 말을 그럴듯하게 만들어 온 세상을 어지럽히며, 과장된 말과 간사한 행동으로 세상 사람들을 혼란스럽게 만들어 옳고 그른 것이 무엇이며, 사회질서와 혼란을 야기하는 원인이 어디에 있는지를 알지 못하도록 하는 사람들이 있다.[207]

순자는 윤리적 실현의 주체자인 인간에 대한 맹자의 설명방식을
비판하면서 자신의 학문적 경향성이 맹자와 다른 길을 가고 있음을
알려준다. 공자의 사상을 이어받았다고 자임하면서 순자는 한편으로
공자의 손자인 자사를 맹자와 함께 비판 대상에 포함시킴으로써 후
대의 유학자들에 의해 '별자(別子), '이단(異端)'이라고 불리는 계기
를 제공하고 있다. 그는 유학사상사에서 누구도 부정할 수 없다고
여겨져 온 성선설을 주창한 맹자에 대한 최초의 비판자 역할을 담당
하였다.

> 맹자는 "인간의 본성은 선한데, 모두 그 본성을 잃기 때문에 악
> 한 것이다"라고 말하였다. 나는 그것은 잘못된 말이라고 생각
> 한다.208)

맹자의 성선설이 잘못된 학설이라는 언표는 공자로부터 자사, 그
리고 맹자로 이어지는 이른바 유학의 도통을 전면 부정한 것으로 평
가되며, 순자는 인간과 윤리 문제에 대해 기존의 유학사상가들과 다
른 새로운 사유의 길을 제시하게 되었다. 그 다른 길의 첫걸음은 인
간의 본래적 특성에 대한 도덕적인 측면에서의 정의를 부정하고, 악
의 관점에서 인간을 해명하는 것이었다. <성악>편은 다음과 같은 주
장으로 시작된다.

> 인간의 본성은 악한 것인데, 선은 인위적으로 된 것이다. 인간의
> 본성은 나면서부터 이익을 좋아하게 되어 있다. 이런 까닭으로 쟁
> 탈이 생기고 사양하는 것이 없게 된다. 또 나면서 질투하고 미워

---

207) <非十二子>, "假今之世, 飾邪說, 文姦言, 以梟亂天下, 矞宇嵬瑣, 使天下混然, 不知是非治亂之
　　 所存者, 有人矣."
208) 『荀子』 <性惡>, "孟子曰, 今人之性善, 將皆失喪其性, 故惡也, 曰, 若是則過矣"

하는 마음이 생기는데, 이것을 따르기 때문에 남을 해치고 상하게 하는 일이 일어나며, 충성(忠)과 믿음(信)이 없게 된다. 또 태어나면서 귀와 눈(耳目)의 욕망이 있어, 그것은 아름다운 소리와 빛깔(聲色)을 좋아하게 되어 있으므로, 지나친 혼란(淫亂)이 생기게 되고 예의와 아름다운 형식(禮儀文理)이 없게 된다. 그래서 인간의 본성과 그 감정을 따르게 되면 반드시 서로 쟁탈하는 일이 일어나고, 분수를 어기고 이치를 어지럽히게 되어 난폭함으로 귀결된다.209)

순자는 맹자와는 상반된 입장에서 윤리적 존재로서의 인간에 대해 설명하고 있다. 즉, 윤리도덕을 실현할 가능성으로서의 선을 내면에 소유한 인간이 아닌, 이익과 욕망(利欲)을 추구하는 인간의 모습을 해명하고 있는 것이다. 그에 의하면, 맹자는 도덕의 출발점으로서의 성선과 윤리의 목표로서의 인의예지 등의 가치를 연계함으로써 오히려 공자 학설의 올바른 의미를 왜곡하였다고 하면서, 『순자』<비십이자>편에서 그는 '맹자의 죄'에 대해 다음과 같이 언급한다.

대략 옛 임금들을 법도로 삼기는 하지만 그 정통을 알지 못하며, 점잖은 체하지만 성질을 격하고 뜻은 크며 듣고 보는 것이 잡되고도 넓다. 옛날 일을 참고해 자기의 학설을 만들고 그것을 오행이라 부르고 있다. 매우 편벽되고 어긋나 규범이 없으며, 깊이 숨겨져 있어 설명되지 않으며, 닫히고 맺혀져 있어 해설할 수 없다. 그래도 그의 말을 꾸며 가지고 공경하면서 말하기를 이것이야말로 참된 군자의 말이라고 한다. 자사가 이것을 주창했고, 맹자가 이에 따랐다. 세상의 어리석고 미련한 선비들은 왁자지껄하고 있으나 그것의 그릇된 바를 알지 못하고 있다. 마침내는 그것을 배워 받아 전하면서, 공자와 자유(子游)가 이들 때문에 후세에 존경을 받는다고 생각하게 되었다. 이것이 곧 자사와 맹자의 죄이다.210)

<비십이자>에서 순자는 묵가 등 이전의 사상가들에 대한 비판을 전개한 다음 맹자에 대해 공격하고 있다. 원문에 포함된 내용을 정리하면, 맹자에 대한 순자의 비판의 요지는 다음과 같다. 첫째, 몇몇 유가들이 선왕을 계승한다고 주장하면서 오행五行을 제시하고 있으나, 그 설명과 해설은 편벽되어 규범이 없어서 이해할 수 없다. 둘째, 자사와 맹자가 공자의 학설을 이어받아 존경을 받는다고 여기지만, 이는 공자 학설의 요지를 잘 못 파악한 것으로, 모두 자사와 맹자의 잘못에서 유래되었다는 것이다. 여기서 우주의 존재를 다섯 가지 상징으로 분류하여 설명하는 학설에서 사용되는 용어인 오행은 음양오행陰陽五行 내지 목화토금수木火土金水라는 우주 자연의 순환, 생성, 소멸을 뜻하는 개념이다. 그런데 이 용어가 '인간이 항상 추구해야 할 다섯 가지 윤리적 가치'라는 의미에서 오상五常, 즉 인의예지신仁義禮智信을 지시하는 것처럼 오해하도록 한 것은, 자사와 맹자의 잘못이라는 것이다. 이러한 해석의 근거를 순자 주석가들을 통해 살펴보자. 양경의 『순자주』에는 "오행은 오상이다. 인의예지이다(五行,五常. 仁義禮智者也.)"라 하였으며, 『한서』동중서전에는 "인의예지신은 오상의 도이다(夫仁誼禮知信, 五常之道)"라는 언급이 보인다. 또한 왕선겸의 『순자집해』에는 양경의 주석에서는 네 가지 덕목이 제시되었는데, 왕선겸은 다섯가지 항목을 충족시키기 위해 仁義禮智에 信을 첨가하고 나서, 그의 해석이 옳다(是)고 하였다.

한편 맹자는 <등문공 상>에서 인간이 가정과 사회에서 다른 사람과의 윤리적 관계를 형성하는 다섯 가지 윤리적 방법론을 제시한 이

---

210) 『荀子』, <非十二子>, "略法先王而不知其統, 猶然而材劇志大, 聞見雜博. 案往舊造說, 謂之五行, 甚僻違而無類, 幽隱而無說, 閉約而無解, 案飾其辭而祗敬之曰 此眞先君子之言也. 子思唱之. 孟子和之, 世俗之溝猶瞀儒, 嚾嚾然不知其所非也. 遂受而傳之以爲仲尼子游爲茲厚於後世, 是則子思孟軻之罪也."

른바 '父子親有 君臣義有 夫婦別有 長幼序有 朋友信有'의 五倫을 제시하고 있다. 그런데, 맹자는 자신의 사상을 '오행'이라는 용어로 설명하지 않았으며, 木火土金水와 仁義禮智信을 연계하여 설명하는 체계적인 이론도 제시하지 않았다. 『맹자』본문에는 이와 같이 五로 대별되는 개념들은 五倫이외에 '五不孝', '五敎' 등이 등장한다.[211] 이렇게 본다면, 순자가 보기에 五常, 즉 仁義禮智信의 설정은 공자-자사의 학통을 전수받았다고 자부하는 맹자의 창작물에 불과하며, 그 학설은 인간이해를 위한 규범을 잘 갖추지 못한 것이다. 순자가 생각하기에, 五常이나 五倫의 내용은 공자가 언급하지 않은 것인데, 자사와 맹자가 자신의 학설로 만들고, 참된 군자(공자)의 말로 치부했다는 것이다. 이렇게 본다면 맹자가 주창한 성선설에서 '성'이라는 개념도 오행, 오상, 오륜처럼 공자로 부터 유래된 근거를 찾을 수 없으므로, 유가적 정통을 지니지 못했다는 것이 순자 비판의 요지이다. 나아가 순자의 맹자 비판은 공자가 인간의 본질적 성품에 관한 구체적인 언급을 하지 않았는데도 불구하고,[212] 맹자가 어떤 근거와 정통을 제시하지 않고 인간의 본성이 착하다(性善)는 주장과 학설을 만들어 냈다는 것으로 연결된다. 이런 점에서 순자는 맹자 성선설에 대해 다음과 같이 통렬한 반론을 제기한다.

> 맹자는 "사람이 배우는 것은 그의 본성이 선하기 때문이다." 라고 말하였다. 내 생각은 그렇지 않다. 그것은 사람의 본성을 제대로 알지 못해 본성과 작위의 구분을 잘 살피지 못한 때문이다. 본성 이란 하늘로부터 타고난 것이어서 배워서 행하게 될 수 없는 것이

---

211) 신정근, <맹자와 순자 사상의 결정적 차이>, 『東洋哲學硏究』 제67집, 124쪽 참조.

212) 『論語』, <公冶長>, "子貢曰 夫子之文章 可得而聞也. 夫子之言性與天道不可得而聞也." <陽貨>, "子曰 性相近, 習相遠也."

며, 노력으로 이루어질 수 없는 것이다. 예의란 성인이 만들어 낸 것이어서 배우면 행할 수 있는 것이며, 노력하면 이루어질 수 있는 것이다. 배워서 행할 수 없고 노력해 이루어질 수 없는데도 사람에게 있는 것을 본성이라 하고, 배우면 행할 수 있고 노력하면 이루어 질 수 있는 사람에게 있는 것을 작위라 한다. 이것이 본성과 작위의 구분이다.213)

순자에 의하면, 맹자는 인간의 본성을 잘 이해하지 못하고 있으며, 인간의 본성과 후천적인 작위의 차이에 대해 분명한 인식도 갖추지 못하였다는 것이다. 위 인용문을 통해 우리는 순자가 맹자가 주장하듯이, 인간이 본래적으로 소유하고 있다고 여겨지는 도덕적 가능성, 도덕의식 등의 의미로서의 본성(性)의 의미를 인정하지 않고, 이 개념을 오로지 생물학적 본능의 의미로 설명하는 입장을 보이고 있다. 순자가 보기에, 인간의 자연적 특성은 이익과 욕망을 추구하는 특성을 지닌 존재라고 정의되어야 하며 이러한 인간의 본성은 후천적인 학습이나 노력으로도 해결될 수 없는 것으로, 인간은 자신의 이익과 욕망을 추구하는 악한 본성을 타고났다고 보아야 한다는 의미에서 성악설을 제시한다. 그런데 악한 본성은 그대로 현실 사회의 윤리 도덕적 시스템에 의해 교정되어야 하는데, 예의에 근거한 성인의 가르침을 실천하려는 노력이 필요하다고 주장한다. 다시 말해서 순자는 윤리도덕의 실현을 위한 대표적인 제도인 禮儀는 성인이 만든 것으로, 이 윤리적 시스템에 의거하여 인간은 학습과 노력 등의 인위(人爲) 내지 작위(作僞)를 통해 개인의 윤리도덕적 완성을 지향해야한다는 윤리학설을 제시한다.

---

213) 『荀子』, <性惡>, "孟子曰 人之學者, 其性善. 曰是不然. 是不及知人之性而不察乎人之性僞之分者也. 凡性者, 天之就也. 不可學, 不可事. 禮義者, 聖人之所生也. 人之所學而能, 所事而成者也. 不可學, 不可事之在天者, 謂之性. 可學而能, 可事而成之在人者, 謂之僞. 是性僞之分也."

맹자에 있어서 善은 인간이 본래부터 소유하고 있으며, 윤리도덕을 할 수 있는 가능성으로서의 선천적인 원리이며 인간의 동일성을 담보하는 근거 등으로, 정의되지만, 순자는 善을 후천적인 작위(학습과 노력의 결과)의 소산으로 설명한다. 유가사상가인 맹자와 순자 모두 惡을 제거하고 善을 실현하는 방법론에 대한 윤리학설을 제시하는 점에서는 큰 차이가 없다. 다만, 맹자는 '하늘'이 부여한 인간의 선한 본성을 회복하고 인간의 도덕적 자아수양을 계발(발현)하는 윤리적 방법론을 주창하였으며, 순자는 인간의 본능과 연계된 윤리적 문제들은 후천적인 인간의 노력(人爲)의 교정을 통해 해결해야한다는 학설을 견지하였다. 이런 점에서 맹자의 방법론은 계발형(development model)이며, 순자의 관점은 교정형(re-formation model)라고 규정될 수 있다.214) 순자는 인간을 다른 생물과 동일한 본능을 소유한 존재로 파악하고 있다. 이익과 욕망으로 대표되는 이 생물학적 본능은 모든 인간이 공통으로 소유하고 있다는 것이 순자 인간이해의 핵심적 내용이다. 순자는 이러한 생물학적 욕망과 본능의 관점에서 보면 선을 실현한 성인으로 평가받는 우임금과 악의 대표자로 인정되는 군주 걸 사이에 아무런 차이도 없다고 주장한다.215) 순자는 이들의 본성이 같다고 설명하고 있다. 맹자와 달리 이러한 의미에서의 '본성'은 바로 생물학적 인간의 특성(본능)을 의미하는 것이다. 그는 윤리도덕의 실현과 획득은 인간에 의해 가능한 것은 분명하지만, 선천적인 인간의 본성은 악의 경향성을 지닌다고 파악한 것이다.216) 물론 순자가 이 惡의 방치를 주장하는 것은 아니다. 그는 작위(僞)를 통한 교정에 의해 다시 만들어 가는(re-formating) 방법을 주창하고 있다.

---

214) 필립 아이반호 지음, 신정근 옮김, 『유학, 우리 삶의 철학』, 2008년, 43면 참조.

215) 『荀子』 <榮辱>편 참조.

216) 박재주, 『동양의 도덕교육 사상』, 2000년, 260-261면 참조.

3. 인간 : 욕망의 소유자

맹자가 주장하는 선험적인 도덕의식의 가능근거로서의 본성(性)의 착함에 대해 순자는 그 존재와 의미를 인정하지 않는다. 오히려 그는 인간의 윤리도덕은 후천적인 학습과 노력이라는 인위적 작위 행위에 의해 완성된다고 주장한다. 맹자가 설명하는 도덕적 내면의 마음과 본성(心性)의 자연스러운 발현으로는 예의로 대표되는 윤리 도덕이 형성되지 않는다고 주장한 것이다. 이런 점에서 순자는 <성악>편을 시작하는 첫 번째 문장에서 다음과 같이 선언한다.

> 인간의 본성은 악하다. 그 착한 것은 작위(僞)다.[217]

인간의 생물학적 특성으로서의 본성은 이익과 욕망을 추구하는 것이라는 표현들은 『순자』<성악>편을 위시로 하여 여러 곳에서 자주 등장한다. 순자는 인간의 본성이 악함을 설명하면서 이익(利)과 욕망(欲)을 제시하면서 논의를 전개한다. 대표적 구절들을 살펴보자.

> 인간의 성품은 태어나면서 이익을 좋아한다.[218]

> 인간의 성품은 굶주리면 먹고자 하고, 추우면 따뜻하고자 하며, 힘들면 쉬고자 한다. 이것이 인간의 감정이고 본성이다.[219]

> 모든 인간에게 같은 것이 있다. 굶주리면 먹고자 하고, 추우면 따

---

217) 『荀子』, <性惡>, "人之性惡, 其善者僞也."
218) 『荀子』, <性惡>, "今人之性, 生而有好利焉."
219) 『荀子』, <性惡>, "今人之性, 飢而欲飽, 寒而欲煖, 勞而欲休, 此人之情性也."

뜻하고자 하며, 힘들면 쉬고자 하고 이익을 좋아하고 손해를 싫어
한다. 이것은 사람이 태어날 때부터 소유한 것이다.[220]
눈은 아름다운 색을 좋아하고, 귀는 아름다운 소리를 좋아하고,
입은 맛있는 것을 좋아하고, 마음은 이익을 좋아하며, 육체는 편
안함을 좋아한다. 이것은 모두 인간의 감정과 본성에서 나온 것
이다.[221]

순자는 모든 인간은 '욕망'을 소유하고 '이익'을 추구하는 것이 바
로 인간의 본성(本性)이라고 주장한다. 위 인용문 등에서 제시된 '性'
자의 의미는 인간이 생존을 유지하기 위해 필요한 이익과 신체적이
고 생리적인 욕망의 의미로 이해될 수 있다. 즉, 순자는 인간의 생리
적 욕망이 바로 인간의 성품(性)이며 인간의 본질적인 측면이라고
설명한다. <성악>편의 다음 두 인용문을 살펴보자.

인간의 본성은 태어나면서 그 순박함을 떠나고, 그 바탕을 떠난다.
반드시 순박함과 바탕을 빠트리고 잃게 된다. 이렇게 본다면, 인
간의 본성이 악하다는 것은 분명하다.[222]

모든 인간이 선을 하고자 하는 것은 본성이 악하기 때문이다. 얇
은 것은 두텁기를 원하고, 미운 것은 아름답기를 원하며, 좁은 것
은 넓기를 원하고, 가난한 사람은 부유하기를 원하며, 천한 사람
은 고귀하기를 원한다. 이중에 없는 것은 반드시 바깥에서 구한다.
그러므로 부유하면 재물을 원하지 않고, 고귀하다면 저장하기를
원하지 않게 된다. 가지고 있는 것은 반드시 바깥에서 구하지 않
게 된다.[223]

---

220) 『荀子』, <榮辱>, "凡人有所一同, 飢而欲食, 寒而欲煖, 勞而欲息, 好利而惡害, 是人之所生而有
也, 是無待而然者也, 是禹桀之所同也."

221) 『荀子』, <性惡>, "若夫目好色, 耳好聲, 口好味, 心好利, 骨體膚理好愉佚, 是皆生於人之情性者也."

222) 『荀子』, <性惡>, "人之性, 生而離其朴, 離其資, 必失而喪之. 用此觀之, 然則人之性惡明矣."

223) 『荀子』, <性惡>, "凡人之欲爲善者, 爲性惡也. 夫薄願厚, 惡願美, 狹願廣, 貧願富, 賤願貴, 無之
中者, 必求於外. 故富而不願財, 貴而不願藏, 有之中者, 必不及於外."

순자는 인간의 성품을 '욕망으로서의 性'으로 규정하고 나서, 인간의 신체는 '이익을 좋아하고(好利)', '악을 미워하며(疾惡)', '좋은 소리와 아름다움을 좋아한다(好聲色)'는 특성을 지니고 있으며, 이 욕망은 필연적으로 '다투고 빼앗으며(爭奪), 죽이고 훔치며(殘賊), 음란하고 어지러움(淫亂)으로 연결된다.224)고 설명한다. 따라서 욕망을 소유한 인간의 육체는 악을 발생시키는 근본적 원인이다. 이런 점에서 순자는 이익과 욕망을 추구하는 특성을 지닌 인간은 惡으로 귀결될 수밖에 없다고 설명한다. 그렇다면, 善의 추구 내지 善의 획득을 위해 순자가 제시한 구체적인 방법론은 무엇일까? 윤리적 善은 인간의 내면에 선험적으로 자리한 도덕적 가능성의 자연스러운 발현으로 실현될 수 있다는 맹자의 견해에 대해 비판하면서, 순자는 후천적인 교정의 방법론을 제시한다.

유학사상가인 맹자와 순자는 둘 다 선이 무엇이고 악이 무엇인가에 관한 윤리도덕적 문제들에 대해 현실세계에서 인간이 어떻게 악을 극복하고 제거할 수 있는가는 문제에 관심을 집중시켰다. 맹자는 선천적인 인간의 본성과 별개로 이익과 욕망을 추구하는 마음(利欲心)은 후천적 경향으로 파악하는 것에 비해서 순자는 이런 심리를 선천적 본성에 포함시키고 있다는 점에서 두 사상가의 학설은 성선과 성악으로 극명한 차이를 보이게 되었다. 특히 인간 사회의 기본적 구성원인 자기자신에게 초점을 맞추어 윤리를 실현하는 방법을 설명할 때, 맹자는 자신의 마음으로 돌아가는 방법론(求放心)을 강조한 반면, 순자는 사회 속에서 구성원으로 살아가는 현실적 인간의

---

224) 『荀子』, <性惡>, "今人之性, 生而有好利焉. 順是, 故爭奪生而辭讓亡焉. 生而有疾惡焉. 順是, 故殘賊生而忠信亡焉. 生而有耳目之欲, 有好聲色焉. 順是, 故淫亂生而禮義亡焉. 然則從人之性, 順人之情, 必出於爭奪, 合於犯文亂理而歸於暴."

교정을 강조하고 있다. 따라서 순자와 맹자의 사유에서 선을 증진하고 악을 제거하는 유학사상의 근본적 목표에 대해 두 사상가의 이해 방식은 선한 본성을 소유한 도덕성을 회복하는 방법과 사회적 인간의 교육을 통한 인간의 노력이라는 점으로 대별된다. 즉, 이 두 사상가의 선악에 대한 이해방식의 근원에는 내재적 도덕성을 회복할 것인가, 외재적 사회성을 수정할 것인가 하는 학문적 경향성의 차이가 존재한다.[225] 순자는 악의 극복을 위한 인간들의 노력의 결과가 바로 윤리 도덕적 제도인 禮儀라고 생각하였다. 다음 절에서 이 문제에 대해 설명하고자 한다.

---

225) 김형효, 『孟子와 荀子의 哲學思想』- 哲學的 思惟의 두 源泉』, 1990년, 18면 참조.

4. 예의를 통한 악의 극복

맹자는 모든 인간이 도덕성을 회복하는 이상적인 도덕의 나라를 희망하면서 이른바 '군주는 백성들과 함께 즐거움을 공유해야 한다(與民同樂)'는 것에 관해 다양한 방법론을 제시하며, '요순과 보통 사람은 같다고 선언(堯舜與人同)'하면서, 모든 인간이 '도덕의 나라'의 시민이 될 수 있는 이상을 실현가능하다고 생각하였다. 그러나 당시 전국시대라는 사회현실에서 이상적 인간형인 요순의 나라, 도덕의 나라는 인간의 언어로는 설명하기 어려운 인간의 추상적 도덕성에 대한 막연한 신뢰를 남기는 교훈을 제공할 뿐이었다.226) 맹자가 자신의 학설의 근거로 여긴 본성의 착함(性善)은 그가 기획하는 도덕의 나라를 가능하게 하는 기본 전제이다. 이에 비해 성악설을 주장하는 순자는 성인의 교육(師)과 사회 규범(禮)에 의한 교화와 교정을 통한 사회적 악의 극복 방법을 강조한다. 맹자는 인간 행위의 출발점으로 '도덕적 마음(良心)'의 존재에 주목하면서 심리적인 분석을 통하여 인의의 도덕이 실현가능하다는 사유를 피력한다. 반면 순자는 인간의 내면, 도덕적 순수성 등 존재의미에 대한 미련을 보이지 않는다. 그는 <예론> 첫머리에서 다음과 같이 말한다.

> 예는 어디서 생기는가? 내가 생각하건대 인간은 태어나면서 욕망을 가지며, 무엇을 소유하려 욕구하되 얻지 못하면, 곧 추구하지 않을 수 없다. 추구함에 일정한 기준과 한계가 없다면, 다투어 어지러워지고, 어지러워지면 생활이 궁핍해 진다. 선왕은 그러한 어지러움을 싫어했기 때문에 예의를 제정하여 이들의 나눔을 정함으로써 인간의 욕망을 충족시켜주고 사람들이 원하는 것을 공급

---

226) 김형효, 위의 책, 41-43면 참조.

하게 하였던 것이다. 그리하여 욕망은 반드시 물건에 의해 궁해지
지 않도록 하고, 물건은 반드시 욕망에 부족함이 없도록 하였다.
이 두 가지 (욕망과 물건)가 서로 균형 있게 발전해 나가게 하였
는데, 이것이 예가 생겨난 이유이다.227)

　　순자에 있어서, 윤리의 실현은 맹자가 인간의 내면에 자리한 네
가지 도덕의식(四端)의 발현으로 성립되는 것이 아니라, 혼란과 무
질서의 사회악을 경험한 이후 인간의 반성적 자각(작위)의 결과로
가능한 일이다. 순자가 말하는 '예'는 맹자가 설명하는 개인의 도덕
적 자아나 내면적 정신주의를 겨냥하는 입장을 비판하고 부정하는
의미를 담고 있다. 이런 점에서 성선설로 대표되는 맹자의 윤리설은
인간의 내면에 소재하는 것으로 여겨지는 마음과 도덕성의 획득을
겨냥하는 내면적 도덕주의와 연계되어 있다면, 순자의 윤리설은 인
간의 내면에 대한 분석에 집중하기보다 사회와 제도의 외면성에서
윤리실현의 가능성을 발견하고자 한다. 순자에 의하면, 인간의 도덕
적 악은 인간의 생물학적 특성(性)으로서의 욕망의 활동으로 생기게
된다. 즉, 욕망이 생기게 되는 근거는 바로 인간의 육체에서 기인한
다는 것이다. 따라서 이런 순자의 논리에 의거하면, 맹자가 주장하
는 것처럼 인의의 윤리적 덕목은 인간이 태어나면서 본래부터 인간
의 내면에 존재하는 도덕의식(良心, 不忍人之心 등)의 발현으로 달
성되는 것이 아니라, 이상적 인간형인 성왕이 자기의 체험과 윤리실
현의 주체자로서의 인간의 도덕적 삶을 위해 다양한 노력(작위)을
통해 만들어낸 것이므로 인간의 외부에 존재하며, 꾸준한 학습과 노
력을 통해 달성되는 것이다. 따라서 순자가 보기에 인간이 실현할

---

227) 『荀子』<禮論>, "禮起於何也. 曰, 人生而有欲, 欲而不得, 則不能無求, 求而無度量分界, 則不能
　　不爭. 爭則亂, 亂則窮, 先王惡其亂也, 故制禮義以分之, 以養人之欲, 給人之求, 使欲必不窮乎物,
　　物必不屈於欲, 兩者相持而長, 是禮之所起也"

도덕적 목표는 인간의 도덕성이라는 의미가 강한 인의라는 윤리적 가치와 연계되어 이해해서는 안되고, 인간사회의 규범 내지 제도의 의미로서의 현실적이고 구체적인 방법론의 집합인 예로 대체되어 추구되어야 한다. 순자가 <예론>편을 통해 집중적으로 예의의 문제를 설명하는 이유가 바로 여기에 있었다.

유가적 이상형인 성인은 완벽한 지식과 다양한 삶의 경험을 축적하여 우리에게 어떤 삶을 영위할 것인가를 알려주는 인간형이다. 순자가 보기에 현실세계에서 사회인으로 살아가기 위해서는 적합한 교육을 습득하는 것이 중요한데, 그 내용이 바로 예와 악이라는 용어에 집약되어 있다는 것이다. 순자에 의하면, 인간이 욕망과 이익의 자연 상태를 벗어나기 위해서는 부단하고 어려운 과정을 지나야 한다. 다시말해서 인간의 욕망을 극복하고 선을 실현하는 과정은 '인간이 자신의 본성을 다시 고치고 새로운 경험과 습관을 획득하는 노력(re-form)'을 의미한다고 볼 수도 있다.[228] 이러한 인간의 노력(교정을 위한 작위)에는 예의에 대한 이해가 선행되어야 한다는 점에서 그는 교육의 기능에 희망을 걸고 있다.

> 지금 인간의 본성이 악한 것은 반드시 스승과 법도의 가르침이 있은 뒤에라야 다스려지는 것이다.[229]

순자는 성인이 제정한 예의가 유학의 본질이므로, 우리는 이를 잘 본받아야 한다는 논저를 저술하였는데, 그것이 바로 <유효> 편이다. 이곳에서 그는 악한 "본성은 우리가 어찌할 수가 없지만 교화시킬

---

228) 필립 아이반호 지음, 신정근 옮김, 『유학, 우리 삶의 철학』, 2008년, 97면 참조
229) 『荀子』, <性惡>, "今人之性惡, 必將待師法然後正, 得禮義然後治."

수는 있다. 노력을 쌓아 가는 일은 우리가 본래 지니고 있는 버릇은 아니지만 노력할 수는 있다. 노력으로 습속을 바로잡아 가게 되면 본성을 교화시키게 된다."230)고 설명하고 있다. 악한 인간의 본성은 인간의 노력을 통해 변화와 교화가 가능하다는 것이다. 악한 본성 자체는 인간의 어떤 인위적인 노력이 개입될 여지가 없는 것이지만, 사회적 제도를 조성함으로써 인간의 본성을 변화시킬 수 있다고 설명한다. 이것이 화성(化性), 본성의 교화 내지 변화에 대한 정의이다. 또한, <예론> 편에서 그는 "본성이란 시작의 근본이며 소박한 본질이요, 작위란 형식과 무늬가 융성된 것이다. 본성이 없다면 작위가 가해질 곳이 없고 작위가 없다면 본성은 스스로 아름다울 수가 없다."231)고 하였다. 본성의 변화와 교화는 인간의 작위, 즉 노력을 통해 달성될 수 있다는 것이다. 이를 순자는 '화성기위(化性起僞)'라고 불렀다. 이렇게 본다면 순자의 인간이해의 설명방식에서는 도덕적 행위의 가능성으로서의 본성이 거부되고 윤리적 행위들의 과정과 방법으로서의 의미가 부여된다. 맹자가 인간의 본성에 내재한 도덕성의 확충을 통해 윤리실현의 방법론을 정립했다면, 순자는 본성에 대해 변화, 교정 등의 논리를 적용하고 있는 것이다. 즉, 인간의 악한 본성은 교육과 제도라는 작위를 통해 변화될 수 있다는 의미이다. 순자에 의하면, 성인은 사람들의 본성을 교화시켜 작위를 일으키고, 작위를 일으켜 예의를 만들어 내고, 예의를 만들어 내어 법도를 제정한다. 순자는 인간의 윤리를 실현하기 위해 반드시 필요한 제도적 장치가 바로 예의 또는 한 글자로 예라고 주장하였다. 그는

---

230) 『荀子』 <儒效>, "性也者, 吾所不能爲也, 然而可化也. 情也者. 非吾所有也. 然而可爲也. 注錯習俗, 所以化性也."

231) 『荀子』, <禮論>, "性者, 本始材朴也. 僞者, 文理隆盛也. 無性則僞之無所加, 無僞則性不能自美."

'예의는 다스림의 시작이다'232)라고 정의한다. 예의 의미를 통치행위와 관계시키고 있으며, 통치의 출발점으로 이해하고 있는 것이다.

> 예의는 나라를 잘 다스리는 규범이며, 강하고 굳세지는 근본이며, 위세를 펴는 길이며, 공적과 명성을 올리는 요체이다. 임금이 예의를 따르면 천하를 얻는 방법이 될 것이며, 예의를 따르지 않으면 나라를 망치는 근거가 될 것이다. 그러므로 튼튼한 갑옷이나 예리한 무기만으로는 승리할 수가 없고, 높은 성이나 해자만으로는 굳건히 지킬 수가 없으며, 엄한 명령이나 번거로운 형벌만으로는 위세를 떨칠 수가 없다. 올바른 도를 따르면 정치가 잘 되지만, 올바른 도를 따르지 않으면 멸망하게 된다.233)

예는 나라를 다스리는 질서의 궁극점이며, 나라를 강고하게 하는 근본이며, 나라의 권위를 발휘하는 방법이며, 공명을 이끌어내는 요점이라는 것이다. 이렇게 본다면 순자가 생각하는 예는 국가의 통치 원리의 모든 것을 담고 있다는 의미가 된다. 즉, 현실 사회에서 인간이 추구할 모든 윤리 도덕적 목표가 바로 예라는 개념에 응집되어 있다는 것이다. 그의 언표를 따라가 보자.

> 인간의 목숨은 하늘에 달려있고, 나라의 목숨은 예에 달려있다234)

> 나라에 예의가 없으면 바르게 다스려지지 않으니, 예라는 것은 나라를 바르게 다스리는 근본이다.235)

---

232) 『荀子』, <王制>, "禮義者, 治之始也."

233) 『荀子』, <議兵>, "禮者, 治辨之極也, 强固之本也, 威行之道也, 功名之總也, 王公由之所以得天下也, 不由所以隕社稷也. 故堅甲利兵不足以爲勝, 高城深池不足以爲固, 嚴令繁刑不足以爲威. 由其道則行, 不由其道則廢."

234) 『荀子』, <彊國>, "故人之命在天, 國之命在禮."

235) 『荀子』, <王覇>, "國無禮則不正. 禮之所以正國也."

순자가 보기에 예야말로 나라를 바르게 하고 국가의 생존을 결정 짓는 유일하고 절대적인 근거이다. 나라는 이 예라는 원리에 지탱되고 유지될 수 있다. 또한 예는 "몸을 바르게 하는 근거가 되고, 스승은 예를 바르게 하는 근거가 된다"[236] 라는 언표에서 알 수 있듯이 공동체를 구성하는 인간의 신체를 바르게 하는 근거이기도 하다. 지금까지의 내용을 요약하면 순자가 생각하는 예는 국가와 그 구성원의 삶의 공간인 공동체를 통치하고 유지하는 근본원리의 집합체라고 규정할 수 있다.

---

236) 『荀子』, <修身>, "禮者, 所以正身也, 師者, 所以正禮也."

5. 윤리의 실현

맹자는 다양하고 적절한 비유를 통해 상대방의 심리를 자극하고 자신의 논리를 수용하도록 하는 방법을 사용한다. 이에 비해 순자는 자신의 생각을 언어논리에 근거하여 차분히 진술하는 경향성을 보인다. 맹자가 대화의 철학자라면, 순자는 논리의 사상가라고 할 수 있다. 맹자는 "우물에 막 빠지려고 하는 어린아이"나 "종 메우기에 끌려가는 소의 모습" 등의 비유를 사용하여 상대방의 고통과 어려움에 대해 '차마하지 못하는 마음(不忍人之心)'에 호소하는 것으로 인간의 내면적인 도덕성의 존재를 설명하면서 성선의 근거와 윤리실현의 논리를 주장한다. 이에 비해 순자는 윤리의 실현은 인간의 내면적 측면에 대한 가능성에 대해 기대하기보다 성인이 제정한 내용(禮樂)의 학습을 통해서 인간의 도덕적 가치를 실현해야 한다는 입장을 견지한다. 바로 예악으로 대표되는 다양한 사회제도와 관습의 기능이 인간의 윤리실현을 위한 주된 내용이라는 학설을 제시하고 있는 것이다. 예악으로 대표되는 윤리 도덕의 실현을 위한 구체적 제도는 이익과 욕망 추구라는 인간의 기본적 본성(性惡)을 전제로 하여 설명되고 있는데, 성악의 내면은 예의의 외면으로 교정해야 윤리적 사회가 달성될 수 있다는 것이다. 순자 윤리학설에 의하면, 이익과 욕망 추구의 현실적인 갈등과 충돌을 방지하는 모든 행위를 작위(僞)라는 용어에 포함시켜서 이해해도 큰 무리가 없다. 작위는 인간의 본성을 교정하고 교화시키려는 인간의지의 모든 행위를 포괄하는 개념이다. 이러한 성인의 의도적인 노력(僞)에 의해 예악이 생겨나는 것이기 때문에, 예악은 인간의 본성을 올바로 고치고 사회의 질서를 바로 잡는 규범이 될 수 있는 것이다. 앞에서 살펴보았듯이 순자는 맹자와 자사를 비판하는 입장에서 자신의 윤리학설을 전개하였다. 자사의 저술이라고 전해지는 『중용』은 '성(性)'과 '천(天)'에 대한 정의로부터 시작된다. 맹자는 『중용』의 사상을 이어받아 『맹자』의 많은 부분에서 이 두 개념에 대한 설명을 시도하고 있다. 맹자는 『중용』에서 언급된 "하늘이 명한 것을 본성이라고 한다(天命之謂性), 성실성이 바로 하늘의 진리이다. 하늘의 성실성을 본받는 것이 인간의 길이다(誠者, 天之道也, 誠之者, 人之道也)" 등의 구절에 근거하여 하늘로부터 부여받은 인간의 내면적 "본성은 선하다(性善)"는 윤리학설을 주창한 것이다. 이러한 맹자의 학문적 근거에 대해 순자는 비판하면서 우리에게 본래부터 하늘로부터 자연스럽게 부여받은 본성은 어떠한 도덕적 내포를 지니지 않는 상태로서, '백지'와 같다고 설명하였다. 인간의 윤리실현은 하늘과 별개로 인간이 현실 사회에서 노력을 통해 이룩해야 할 것이므로, 순자는 하늘과 인간의 구분(天人之分)의 사유를 드러내 보이고 있다. 맹자가 인간의 본성을 형성하는 형이상학적 근거로 도덕적인 의미의 하늘(Heaven)을 제시하였다면, 순자는 선험성을 부정한 자연적인 의미의 하늘(Sky)을 주장한다. 하늘에 대한 기본적 생각의 차이, 이것이 바로 두 사상가의 철학적 변별성을 초래한 출발점이라 할 수 있다. 하늘과 인간의 도덕적인 연계를 인정하는 맹자는 "마음에 내재된 도덕적인 내용을 다 발휘하면 본성이 선하다는 것을 알게 되고, 더 나아가 하늘을 알게 된다(盡心知性知天)"고 말하여 "하늘을 본받아야 한다(事天)"고 주장하고 있다.[237] 반면에 순자는 하늘은 기계처럼 단순한 기계적

---

237) 『孟子』 <盡心上>, "孟子曰 盡其心者, 知其性也. 知其性則知天矣. 存其心, 養其性, 所以事天也. 妖壽不貳, 修身以俟之, 所以立命也."

운동만을 반복한다고 주장하여 "자연이 부여한 것을 이용하라(制天命而用之)"라고까지 주장한다. 즉, 천명도 제어하고 이용할 대상에 불과하다는 생각을 제시한 것이며, 그자가 보기에 도덕적인 의미의 하늘이 인간에게 선험적으로 윤리도덕의 가능성을 부여하였다는 맹자의 학설은 논리적으로 비판받아야 한다는 것이다. 순자는 도덕성뿐 아니라 예의의 근거에 대해서도 하늘과 인간의 연계를 인정하지 않고, 예의는 도덕적 인간들의 작품으로 인정하면서, 다음과 같이 맹자를 비판한다.

> 예부터 지금까지 온 천하의 사람들이 '선'이라고 일컫는 것은 바르고 이치에 맞으며, 고르며 질서 있는 것이다. '악'이라고 일컫는 것은 치우치고 험난하며, 어그러지고 어지러운 것이다. 이것이 선과 악의 구분일 뿐이다. 오늘날 정말로 인간의 본성이 본래 바르고 이치에 맞으며 고르고 질서 있는 것이라면, 또한 어찌 성왕을 필요로 하며, 어찌 예의를 필요로 하겠는가! 비록 성왕과 예의가 있다 할지라도 장차 어찌 바르고 이치에 맞으며, 고르고 질서 있는 것에 그것을 가하겠는가! 이와 같지 않다. 인간의 본성은 악하다. 그럼으로, 옛날에 성왕은 인간의 본성이 악하기 때문에 치우치고 험난하여 바르지 않고, 어그러지고 어지러워 다스려지지 않는다고 생각하였다. 그럼으로 사회질서를 위하여 군주의 권세를 세워서 험난하고 어지러운 사회혼란에 직면하여 질서 있게 다스렸으며, 예의를 밝힘으로써 악한 본성을 교화시켰고, 법정을 일으킴으로써 험난하고 혼란한 상황을 다스렸으며, 형벌을 무겁게 함으로써 험난하고 어지러운 행위를 금지하여 천하의 사람들이 다스림에 나가고 선에 부합되도록 만들었다.[238]

여기서 주목할 것은 선과 악에 대한 규정이다. 순자는 맹자의 동

---

238) 『荀子』 <性惡>. "凡古今天下之所謂善者, 正理平治也, 所謂惡者, 偏險悖亂也.是善惡之分也已. 今誠以人之性固正理平治邪? 則有惡用聖王, 惡用禮義矣哉! 雖有聖王禮義, 將曷加於正理平治也哉! 今不然, 人之性惡. 故古者聖人以人之性惡, 以爲偏險而不正, 悖亂而不治, 故爲之立君上之執以臨之, 明禮義以化之, 起法正以治之, 重刑罰以禁之, 使天下皆出於治, 合於善也."

기주의와 달리 결과주의의 관점에서 선과 악에 대해 정의를 내린다. 맹자는 인간의 내면에 자리한 도덕의식의 근거라는 의미에서 성선에 주목하고 윤리적 행위의 시작, 동기를 중시하는 윤리이론을 제시한 반면, 순자는 인간의 윤리 도덕적 순수성을 비판하고, 윤리적 행위의 결과로서의 선에 초점을 맞추어 논의를 전개하는 것이 문제 해결의 올바른 방법이라고 주장하고 있다. 즉, 그는 예라는 개념으로 대표되는 사회질서에 부합되는 행위는 선이고, 부합되지 않는 행위는 악이라고 정의한다. 그에 의하면 인간 사회의 윤리적 제도나 도덕규범 등은 인간의 필요에 의해 성인으로 대표되는 인간 스스로 만든 것이지, 하늘로부터 부여받은 선물이 아니다. 이런 점에서 맹자와 순자는 '성인'의 의미와 역할에 있어서, 약간의 다른 입장을 취하고 있음이 발견된다. 맹자는 '성인'을 하늘로부터 내재적으로 부여받은 '도덕성'을 먼저 깨우친 도덕의 화신(化身)으로 묘사한다.[239] 반면에, 순자는 '성인'을 후천적인 인위활동에 의해 외재적인 '선'을 내재화시킨 자로 표현한다.[240] 특히, 순자는 "성(聖)이란, 윤리도덕과 만물의 이치에 정통한 자이고, 왕(王)이란, 사회정치제도에 정통한 자이다."[241] 라고 하여, '성왕(聖王)'이라는 표현을 즐겨 쓰고 있다. 이처럼, 순자철학에 있어서, 성인은 도덕적인 인격체일 뿐만 아니라, 동시에 사회나 국가의 윤리도덕을 관리하고 경영하는 주체로 정의되고 있다. 순자는 맹자의 성선설에 의한 인간의 윤리 도덕적 문제의 해결은 당시의 혼란한 사회현실에 부합되지 않는 공허한 소리로서 "앉아서 말하지만, 일어나선 적용할 수 없고, 펼쳐서 시행할 수

---

239) 『孟子』, <告子上>. "聖人先得我心之所同然耳."

240) 『荀子』, <儒效>. "積善而全盡, 謂之聖人."

241) 『荀子』, <解蔽>. "聖也者, 盡倫者也; 王也者, 盡制者也."

없다"고 비판한다. 순자는 사회질서에 부합되는 인간의 윤리 도덕적 행위의 결과와 사회시스템의 공리성을 중시하는 입장을 견지하고 있다. 그러므로 이런 점에서 순자는 내면적이고 심리적인 요소에 근거하고 있는 맹자의 성선설을 비판하고 있는 것이다. 앞에서 이와 같은 맹자와 순자의 윤리학설을 각각 윤리적 동기주의와 결과주의라는 입장에서 해독해 낼 수도 있음을 언급하였는데, 전자의 철학적 입장을 도덕에 근거한(virtue-based) 윤리이론을 제시한 사유로 해석하고, 후자의 윤리적 태도를 규칙에 근거한(rule-based) 윤리학설을 주창하는 입장으로 해명할 수도 있다.[242]

인간의 내면에 자리한 도덕의식과 인의예지의 연계를 인정하지 않는 순자의 윤리이론은 현실사회에서의 윤리도덕의 실현은 禮에 의해 제어되고 통치되는 공동체를 실현하는 것을 목표로 한다. 순자는 자신이 생각하는 이상적인 공동체를 '여러 사람이 사회를 형성하고 삶을 영위하면서 하나로 조화되는 것(群居和一)'이라고 표현하였다. 반면 맹자는 인간에게 고유한 도덕성의 발현을 통해 획득되는 인의예지의 도덕만으로 인간사회의 윤리도덕은 실현될 수 있다는 이른바 '계발'과 '확충의 윤리학'을 주창하였다. 이런 맹자의 윤리적 견해를 비판하는 순자의 시대에 이르면, 개인과 가족의 범위를 넘어서는 국가적 규모를 겨냥한 보다 확대된 공동체를 유지하고 통치하는 체계로서 유효한 방법의 정립이 필요했을 것으로 보인다. 순자는 이에 대한 해답으로 내재적 도덕성의 개념인 '인의' 보다 '외재적 사회성의 의미가 강한 '예의'를 주창하면서 개인의 도덕성에 근거한 도덕의 나라는 성립될 수 없다고 생각하고, 규칙의 사회성에 의거한

---

242) David E. Soles, "The Nature and Grounds of Xunzi's Disagreement with Mencius", *Asian Philosophy*, Vol. 9, No. 2, Jul 1999. p. 124

사회, 문화의 나라를 그리고 있다.

지금까지 순자가 인간과 윤리도덕의 연계 문제에 관한 맹자의 이론에 대해 어떠한 윤리학적 관점에서 그리고 어떠한 의도를 가지고 비판했는지 고찰하였다. 맹자와 순자의 사유는 현실사회에서의 윤리실현의 주체자인 인간을 어떻게 이해해야 하는가? 에서부터 그 사상적 변별성이 드러난다고 볼 수 있다. 순자는 맹자가 주장하듯이 인간의 '내재적 도덕성'에 대한 계발과 발현, 확충으로는 인간의 윤리실현이 불가능하다는 사유를 드러내고 있으며, 오히려 성인에 의해 만들어진 예의와 교육의 시스템에 의한 '외재적 사회성'으로 인간의 윤리적 갈등이 조절될 때 비로소 윤리적 사회가 실현 가능하다는 견해를 제시하고 있는 것이다. 순자가 보기에 인간은 맹자가 주장하듯이 하늘로부터 부여받은 윤리적 도덕성의 순수함과 착함을 지닌 존재가 아니라, 사회적 관계망을 형성하여 고난한 삶을 영위해 가는 존재이다. 그러므로 인간이 윤리도덕을 실천하면서 살아가는 원리는 내적 도덕성에서 찾기보다는 인간의 사회적 제도에서 찾아야 한다는 것이다. 순자가 강조하는 '예'는 한마디로 정리하면, 인간의 욕망을 조절하는 사회의 윤리적 장치 내지 제도의 기능을 의미한다고 할 수 있다. 이런 점에서 성악설로 대표되는 순자의 인성론에는 인간의 본질적 특성(本性)은 욕망(欲)을 소유하고 있다는 것을 인정하고, 이 욕망의 문제에서부터 인간을 이해하는 것이 올바른 인간이해의 방법론이며, 인간사회의 윤리를 확립시키는 핵심이라는 논리가 자리한다.

공자로부터 시작하여 맹자, 순자로 이어지는 유교철학의 근저에는 언제나 악의 제거와 선의 증진이라는 도덕적 목표를 추구하는 정신이 자리 잡고 있다. 유교사상가라는 점에서 순자도 이점에서는 예외가 아니다. 그러나 현실의 인간사회에서 선을 실현하는 방법론에 있어서 순자는 맹자가 시도한 것처럼, 인간의 내재적 도덕성에 기대와 희망을 거는 철학적 태도를 비판하고 '욕'의 조절과 제어의 결과를 중시한다. 인간의 내면적 도덕성이 사회의 윤리를 실현하는 출발점이라는 맹자의 논리를 비판하면서, 순자는 윤리실현을 위한 인간의 끊임없는 노력(作僞)에 의한 행위의 결과를 중요시하는 윤리적 입장을 견지하였다. 순자는 생래적으로 악한 성품을 지닌 인간은 의도적인 노력(僞)과 '욕'을 조절하는 과정을 통해 '성'의 변화를 기약하고 선을 획득할 수 있다고 설명한다. 윤리적 사회를 실현하기 위한 구체적인 방법론으로 순자는 악한 성품을 타고난 인간은 이상적 인격을 지닌 도덕적 완성자인 성인의 가르침(교육 제도)과 예의(사회 제도)의 시스템을 통해서 '욕'의 조절과 '성'의 변화(化性起僞)를 기약할 수 있다고 주장한다. 이를 위해 그는 악의 제거를 위한 교육과 예의의 기능을 강조한 것이다. 순자는 맹자가 주장하는 내재적 도덕성의 발현이라는 설명방식으로는 인간사회의 윤리실현을 기약할 수 없다는 철학적 근거를 토대로 자신의 윤리적 입장을 피력한다. 다시 요약하면, 순자는 맹자 윤리사상의 핵심내용인 인의예지의 도덕적 가치가 자발적으로 발현될 수 있다는 것을 비판하고, 인간의 욕망을 조절하는 사회적 시스템과 제도가 윤리적 장치의 기능을 해야 한다는 논의를 제시하였다. 순자는 윤리실현의 가능성을 인간의 내면에서 찾기보다, 외면적이고 사회적인 의미에서의 윤리를 지향하는 논리를 제시하고 있다. 이런 점에서 사회 윤리적 시스템이라 할 수 있는 예의의 기원을 인간의 도덕적 마음(良心)에서 찾는 맹자의 사상에 비해, 순자 윤리학설은 훨씬 외면적이고 사회적이라 할 수 있다. 앞에서 고찰하였듯이 윤리도덕을 실현할 존재로서의 인간에 대한 이해와 윤리도덕의 실현에 관해 순자와 맹자는 다른 방법론을 제시하였다. 지금까지의 논의를 토대로 맹자와 순자의 윤리학설의 의미를 다음과 같이 요약할 수 있다. 맹자의 설명방식은 인간의 도덕성을 심리적으로 파악하여 내면의 순수성을 근거로 하는, 윤리적 동기주의의 입장을 견지하고 있다. 또한 맹자는 도덕에 근거한 도덕성(良心)의 발현이 바로 선이라는 계발주의적 방법(method for development)을 제시하면서 인간사회가 '도덕의 나라'가 될 수 있다는 사유방식을 나타내고 있다. 이에 비해 순자는 내면의 도덕적 순수성을 부정하고 윤리적 행위를 중시하는 결과주의의 입장에서, 맹자를 비판하고 있다. 그는 인간을 이익과 욕망을 추구하는 존재로 규정한다. 선의 실현은 이익과 욕망의 제거와 극복을 위한 인간의 노력에 의해서 가능하다는 의미에서 순자는 교정주의적 방법(method for re-formation)을 제시하는 한편, 또한 외부적 예의의 제도에 의해 인간의 악한 성품을 변화시키는 윤리적 방법론을 제시하였다.

제6장

맹자와 순자의 윤리적 변별성

1. 도덕적 마음 – 양심과 현실적 인간 – 욕망

맹자는 인간의 윤리실현에 대해 윤리적 동기주의의 입장을 취하고 볼 수 있다. 즉, 이 견해에 의하면 인간의 윤리적 행위는 도덕 행위자의 내면적 마음의 상태에서부터 그 논의를 시작해야 한다. 성선설을 설명하기 위해 사용되는 사단四端, 양심良心 등의 용어가 인간의 마음 즉, 도덕적 행위의 출발점 내지 시작처와 관련되어 이해되고 설명하는 이유가 여기에 있다. 맹자가 주창하는 성선설에 의하면 인의예지(四德)와 측은지심, 수오지심, 사양지심, 시비지심 등 사단이 인간의 내면에 본래적으로 존재하기 때문에, 필연적으로 인간은 현실사회에서 윤리 도덕적으로 선한 행위를 해야만 한다고 설명한다.

맹자에 의하면, 인간은 윤리 도덕적으로 선한 행동을 할 수 있는 내면적이며 도덕적인 마음을 소유하고 있는 존재이다. 그에 의하면 인간의 내면에 자리한 도덕적 마음이 바로 '양심'인데, 이 양심은 인간의 본질적 성품이 드러나는 출발점이다. 도덕행위의 근거와 출발을 인간의 마음에서 찾으려고 하는 맹자의 동기주의적 윤리관은 기본적으로 덕윤리를 지향하는 논의와 밀접한 관계를 맺고 있다. 유가적 전통에서 '덕德'이라는 문자는 다양한 의미로 파악될 수 있는 개념이다.243) 유교윤리학설은 덕德의 획득(得)을 위한 구체적이고 다양한 방법론을 제시해 온 전통을 지니고 있다. 인간에게 덕의 형태

---

243) 이 문자에 대해 각종 사전과 주석서에는 "德, 得也"라는 표현이 자주 등장하며, '德'을 정의하여 "通得" 즉 '得과 서로 통한다'는 풀이가 많다. 인간의 사고가 반영되는 언어에 대한 풀이에 의거해 볼 때 德이라는 명사적 의미가 동사적 의미인 얻다(得)로 이해되는 것은 인식론적으로 우연이 아닌 것이다. 德과 得은 음성학의 차원에서 <de>라고 발음되고, 의미학적으로도 '마음<心> 속에 무엇인가를 얻은<得> 것'이 바로 德이라고 풀이되는 것이 일반적이다. 이상의 설명을 종합하면, '德'이란 "외면으로 부터 내면에 존재하면서 얻은 도덕을 실행할 수 있는 가능성"의 의미정도로 정의할 수 있다.

로 내재된 도덕성을 제대로 구현하려면, 먼저 인간의 마음은 착한 성향을 지닌 것으로 규정해야 하는 사유가 전제되어야 한다. 유가 윤리사상사의 전통에서 볼 때, 이런 윤리사상을 최초로 제안한 인물이 바로 맹자라 할 수 있다. 그 대표적인 용어가 바로 '착한 마음'인 양심이다.[244] 사서를 영어로 번역한 제임스 레게James Legge는 이 양심이라는 개념에 대해 '인간의 마음에서 생기는 고유의 선'을 의미한다고 설명하였다.[245] 이렇게 본다면 맹자가 설명하는 '양심'은 인간의 도덕적 행위의 출발점으로서의 근거를 제시하는 것이라는 점에서, 맹자 윤리사상의 기본적 특징을 알려주는 중요한 요소이자 주요 개념이라고 평가할 수 있다. 한편 맹자의 윤리학설에서 마음과 본성의 관계를 살펴보면, 그는 이 양심, 즉 착한 마음의 소재지가 바로 본성이라고 말한다. 본성(性)이란 용어의 문자적 의미는 '사물이 본래부터 지니고 있는 고유의 독특한 성질 내지 특성'을 지시한다고 보고, 맹자는 이 개념을 '선험적으로 윤리도덕을 실현할 수 있는 능력'과 연계하여 인간의 내면에 존재하는 '선험적인 도덕 능력'을 인간의 '본래적인 특성'으로 정의하고 있다. 인간의 본성이 착하다는 맹자의 성선설은 단순히 내면적 특성의 착함을 선언하는 의미가 아니라, 인간의 내면에 자리한 심리적 경향성은 도덕적으로 선을 추구하는 방향으로 구조화되었음을 뜻한다. 그는 이러한 심리적 경향과 도덕적 성향이야말로 인간의 고유한 특성이라고 설명한다. 잘 알려진 참아내지 못하는 마음(불인지심不忍之心)의 존재를 우물의 비유

---

244) 양심良心이라는 이 용어는 四書 중에서는 『孟子』에만 보이고, 다른 유가적 사상가의 저술에서는 찾을 수 없다.

245) Legge는 '良心'을 "proper goodness of mind"라고 번역하였다. James Legge, *THE CHINESE CLASSICS, CONFUCIAN ANALECTS, THE GREAT LEARNING, THE DOCTRINE OF THE MEAN, THE WORKS OF MENCIUS*, 1985, p.408

를 통해 제시하고 있다.

> 사람들은 모두 다른 사람에게 차마하지 못하는 마음을 가지고 있
> 다고 말하는 까닭은, 지금 어떤 사람이 갑자기 어린아이가 우물에
> 빠지려는 것을 보고서 모두 깜짝 놀라고 불쌍히여기는 마음을 가
> 지니, 이것은 어린아이의 부모와 친분을 맺으려고 해서도 아니며,
> 마을사람들과 친구들에게 명예를 구해서도 아니며, 비난을 싫어해
> 서 그러한 것도 아니다.[246]

맹자에 의하면, 인간은 선험적으로 선량한 마음을 지니고 있는데,
우물에 빠져 죽으려는 어린아이를 보는 순간, 인간의 내면에서 심리
적이고 도덕적인 경향성이 저절로 드러난다는 것이다. 이 '도덕적
경향성'은 인간의 본성이 착하다는 맹자의 윤리설과 깊은 연계를 맺
는다. 그런데, 이 도덕적 경향성은 인간이 타고날 때부터 소유한 성
향이지만, 이 자체가 완성된 상태의 도덕성을 의미하지는 않는다.
이 도덕적 경향성은 윤리도덕을 실현하는 처음 내지 시작[端]의 의
미로 이해해야 한다.

> 불쌍히 여기는 마음은 인(仁)의 실마리이고, 부끄러워하고 미워하
> 는 마음은 의(義)의 실마리이고, 사양하는 마음은 예(禮)의 실마리
> 이고, 옳고 그름을 분별하는 마음은 지(知)의 실마리이다. 사람이
> 이 네 가지 실마리를 가지고 있다는 것은 사지(四肢)를 가지고 있
> 는 것과 같다.[247]

윤리도덕을 실현할 가능성으로서의 선량한 마음(良心)은 인의예

---

246) 『孟子』, <公孫丑上>, 所以謂人皆有不忍人之心者, 今人乍見孺子將入於井, 皆有惻隱之心, 非所
以內交於孺子之父母也, 非所以要譽於鄕黨朋友也, 非惡其聲而然也.

247) 『孟子』, <公孫丑上>, 惻隱之心, 仁之端也, 羞惡之心, 義之端也, 辭讓之心, 禮之端也, 是非之心,
知之端也. 人之有是四端也, 猶其有四體也.

지라는 윤리도덕의 대표적 가치들과 논리적으로 연계되어 있다는 것이 맹자의 주장이다. 이 네 가지 도덕적 가치는 모두 인간의 도덕적 마음의 발현을 통하여 실현될 수 있는 것인데, 맹자는 인간이 두 손과 두 발을 소유하고 있는 것처럼 모든 사람들이 인의예지를 실행에 옮길 수 있는 도덕적 마음(moral mind)을 가지고 있다고 설명한다. 인간의 육체는 필연적으로 도덕적 행위를 추구하도록 되어있는데, 그 시작과 처음은 내면에 존재하는 도덕적으로 착한 마음을 통해 증명할 수 있다는 것이다.

인간이 선을 지향하고 이를 실현할 수 있는 존재이며, 그 가능성과 출발점은 인간의 심리적 내면을 통해 보증된다고 주장하는 맹자의 성선설은 공자 이래의 정통유학의 거역할 수 없는 대전제로 이해되어 왔다. 맹자 이후의 대부분의 유학사상가들은 이 학설이 바로 인간의 정신과 신체를 이해하는 기본적 사유 패러다임, 즉 윤리도덕에 관한 이론을 정립시키는 출발점이 되여야 한다고 생각하였다. 맹자는 인간을 '윤리도덕을 행할 수 있는 신체를 지닌 존재'로 규정하고, 인의예지로 대표되는 윤리적 덕목은 나의 신체(몸)안에 본래적으로 존재한다는 입장을 피력하고 있는데, 이 규정과 입장은 '본성이 착하다(性善)'는 도덕적 명제와 밀접하게 연계된다. 맹자 성선설은 '인간이 도덕적 행위(仁義禮智)를 할 선험적 가능성(性)은 착하다(善)'는 문장으로 정리할 수 있는데, 이를 요약하면 그는 인간의 본성(人性)=인간이 추구해야 할 네 가지 도덕적 가치 또는 목표(仁義禮智)=선(善)이라는 논리구조를 확립시킨 것이다.

앞에서 살펴 보았듯이 인간의 윤리적 행위와 도덕적 가치 등을 설명하면서, 맹자는 인간의 내면적 마음에서부터 논의를 전개한다. 이른바 양심이 인간의 성품(人性)의 핵심이며, 인간이 선을 행할 수 있는 선험적 가능성과 출발점으로 작용한다.

반면 유학사상사에서 공맹유학의 비판자로 평가받은 순자는 맹자의 인간이해에 관한 학설에 대해 최초로 비판의 논리를 제기하였다. 앞 장에서도 언급한 인용문이지만, 이 몇구절은 맹자와 다른 인간관을 보여주는 순자 학설의 핵심적 내용을 보여준다. 순자는 <성악편> 첫머리에서 다음과 같이 선언한다.

> 인간의 본성은 악하다. 그 착한 것은 인위(僞)다.[248]

그는 악한 인간의 본성을 논증하기 위해 욕망과 연계하여 설명하는 방법을 사용하고 있다. 다음의 인용문들은 그 예들이다.

> 인간의 성품은 태어나면서 이익을 좋아한다.[249]

> 인간의 성품은 굶주리면 먹고자 하고, 추우면 따뜻하고자 하며, 힘들면 쉬고자 한다. 이것이 인간의 감정이고 본성이다.[250]
> 모든 인간에게 같은 것이 있다. 굶주리면 먹고자 하고, 추우면 따뜻하고자 하며, 힘들면 쉬고자 하고 이익을 좋아하고 손해를 싫어한다. 이것은 사람이 태어날 때부터 소유한 것이다.[251]

> 눈은 아름다운 색을 좋아하고, 귀는 아름다운 소리를 좋아하고, 입은 맛있는 것을 좋아하고, 마음은 이익을 좋아하며, 육체는 편안함을 좋아한다. 이것은 모두 인간의 감정과 본성에서 나온 것이

---

248) 『荀子』, <性惡>, 人之性惡, 其善者僞也. 『荀子』 인용문은 다음의 번역서를 참조하여 번역하였다. 의미가 크게 변경되지 않은 범위 내에서 논자가 수정하였다. 『순자』, 김학주 옮김, 2008. 이하 동일.

249) 『荀子』, <性惡>, 今人之性, 生而有好利焉.

250) 『荀子』, <性惡>, 今人之性, 飢而欲飽, 寒而欲煖, 勞而欲休, 此人之情性也.

251) 『荀子』, <榮辱>, 凡人有所一同, 飢而欲食, 寒而欲煖, 勞而欲息, 好利而惡害, 是人之所生而有也, 是無待而然者也, 是禹桀之所同也.

다.252)

이상의 인용문을 정리해 보면, 순자는 모든 인간은 '욕망'을 소유하고 있으며, 욕망을 추구하려는 특성 이것이 바로 인간의 본성(本性)이라고 주장한다. 즉, 순자가 사용한 '性'자의 의미는 인간이 생존을 유지하기 위해 필요한 신체적이고 생리적인 욕망과 연계되어 있다. 따라서 순자는 인간의 생리적 욕망을 인간의 성품으로 정의하는 동시에, 이것이야말로 인간의 본질적인 측면이라고 설명한다. 이와 같이 인간은 악한 존재라고 한다면 선은 어떻게 달성되는가. 선의 획득에 대한 그의 보완적 설명이 포함되었다고 할 수 있는 인용문, <성악>편의 두 문장을 따라가 보자.

> 인간의 본성은 태어나면서 그 순박함을 떠나고, 그 바탕을 떠난다. 반드시 순박함과 바탕을 빠트리고 잃게 된다. 이렇게 본다면, 인간의 본성이 악하다는 것은 분명하다.253)

> 모든 인간이 선을 하고자 하는 것은 본성이 악하기 때문이다. 얇은 것은 두텁기를 원하고, 미운 것은 아름답기를 원하며, 좁은 것은 넓기를 원하고, 가난한 사람은 부유하기를 원하며, 천한 사람은 고귀하기를 원한다. 이중에 없는 것은 반드시 바깥에서 구한다. 그러므로 부유하면서 재물을 원하지 않고, 고귀하다면 저장하기를 원하지 않게 된다. 만일 이 중에 있는 것은 반드시 바깥에서 구하지 않게 된다.254)

위 두 인용문을 정리하면, 욕망을 본질로 하는 인간의 성품은 부

---

252) 『荀子』, <性惡>, 若夫目好色, 耳好聲, 口好味, 心好利, 骨體膚理好愉佚, 是皆生於人之情性者也.

253) 『荀子』, <性惡>, 今人之性, 生而離其朴, 離其資, 必失而喪之. 用此觀之, 然則人之性惡明矣.

254) 『荀子』, <性惡>, 凡人之欲爲善者, 爲性惡也. 夫薄願厚, 惡願美, 狹願廣, 貧願富, 賤願貴, 無之中者, 必求於外. 故富而不願財, 貴而不願藏, 有之中者, 必不及於外.

족한 것이 있으면, 이를 충족시키는 심리적 지향성으로 이해될 수 있다. 앞에서 잠시 인용하였듯이 <성악>편의 두 번째 구절에서 순자는 인간의 성품을 '욕망으로서의 본질적 특성(性)'으로 정의한다. 즉, 인간의 신체는 '이익을 좋아하고(好利), 악을 미워하며(疾惡), 좋은 소리와 아름다움을 좋아한다(好聲色)'는 특성을 지니고 있으며, 이 욕망의 진행상태는 '다투고 빼앗으며(爭奪), 죽이고 훔치며(殘賊), 음란하고 어지러움(淫亂)이라는 악한 행위와 연계를 형성하게 된다.255) 따라서 욕망을 소유한 인간의 육체가 바로 악을 발생시키는 근본적 원인이다.

한편 『순자』에는 '性'을 '欲'과 연계하여 설명하는 언표들이 많이 등장하는데, 欲의 측면에서의 접근이 바로 인간의 본성을 해명하는 지름길이라는 것이다. 따라서 '欲'에 대한 순자의 여러 가지 설명을 이해하면, 그가 인간을 어떤 존재로 파악하는가에 대한 보다 분명하고 정확한 해답을 얻을 수 있다. 또한 순자의 '性'에 관한 논의에 대해 그 윤리적이고 철학적인 측면에서의 특징을 제대로 이해하기 위해서도 '欲'에 대한 그의 사유와 논리를 검토할 필요가 있다. 맹자는 성선설에 기초하여 인간을 설명하는 사유구조를 확립하였는데, 맹자에 있어서 성선이라는 말의 의미는 '성'의 차원에서는 인간은 평등하여 누구나 착한 행위를 할 가능성과 성인이 될 가능성을 지닌 존재라는 것을 함의한다. 순자도 "무릇 사람의 본성은 요임금과 순임금, 걸임금과 도척이 그 본성은 같다. 군자와 소인도 그 본성은 같다"256)고 선언한다. 그리고 <영욕>편에서 순자는 "사람은 태어나면

---

255) 『荀子』, <性惡>, 今人之性, 生而有好利焉. 順是, 故爭奪生而辭讓亡焉. 生而有疾惡焉. 順是, 故殘賊生而忠信亡焉. 生而有耳目之欲, 有好聲色焉. 順是, 故淫亂生而禮義亡焉. 然則從人之性, 順人之情, 必出於爭奪, 合於犯文亂理而歸於暴.

256) 『荀子』, <性惡>, 凡人之性者, 堯舜之與桀跖, 其性一也. 君子之與小人, 其性一也.

서 본래부터 소인이다"257)고 선언하였다. 순자가 생각하기에 인간은 윤리 도덕적으로 완벽한 인간형인 군자의 차원이 아니라 악을 행할 가능성이 높은 소인의 차원에서 평등한 존재라는 전제에서 인간을 이해해야 한다는 것이다. 이것이 욕망을 소유한 현실적이고 사회적인 측면에서 인간을 제대로 보는 관점이라고 그는 주장한 것이다. 이것은 맹자가 인간의 본성을 설명하면서, 요순과 같은 성인을 기준으로 파악하는 방식258)과 완전히 다르다. 이렇게 본다면, 맹자와 순자는 인간의 본래성, 사회성 등에 관련하여 완전히 정반대의 인간이해의 시점과 학설을 제시하고 있는 것이다.

---

257) 『荀子』, <榮辱>, 人之生故小人.
258) 『孟子』, <盡心下>, 堯舜性者也.

2. 윤리학설의 핵심 : 인의예지와 예의

인간이 추구해야 할 윤리적 가치는 무엇을 근거로 어떻게 규정되는가? 유가사상사에서 이 문제의 해명을 시도하면서 인간의 윤리도덕에 대해 최초로 정리된 답변을 제시한 것은 공자이다. 주지하듯이 공자의 중심사상은 인仁이라는 용어로 귀결되며, 『논어』에는 인에 대한 언급이 많이 등장한다. 또한 같은 텍스트에는 義에 대해서도 여러 가지 윤리적 가치에 대한 설명이 개진되어 있다. 그런데, 『논어』를 통해 공자가 제시한 인과 의는 각각 별개의 독립적 가치를 지닌 도덕개념으로 설명되고 있다. '인의'라는 복합명사의 의미를 지닌 용어가 유가의 문헌에 등장하는 것은 『맹자』로 부터이다. 인과 의가 결합된 윤리적 개념인 '인의'는 어떤 철학적 함의를 지니는가? 또 '인의'가 확장된 도덕적 가치인 '인의예지'와 윤리도덕을 할 수 있는 가능성으로서의 도덕적 마음의 관계는 어떻게 이해하여야 할까? 먼저, 인의의 마음이란 어떤 함의를 가지는가에 대해 분석해보자.

맹자는 인간의 내면에는 인의를 추구하려는 마음이 있다고 주장한다. 이 인의를 실천하려는 마음은 선량한 마음(良心)을 의미하는 것이라고 설명한다. 『맹자』를 검토해보면, 양심이라는 용어는 이 <고자 상>의 용례가 유일하다. 또한 맹자 이전의 사상가들의 문헌에서 '양심'의 형태로 표현된 근거를 찾을 수 없다. 따라서 이미 언급하였듯이 양심이라는 언어적 표현은 맹자가 최초로 사용하였으며, 인간이 윤리도덕적 행위를 하는 근거에 대한 설명방식에서 이 개념은 그의 독창적 표현이라고 할 수 있다. 맹자에 의하면 인간의 마음에는 본질적으로 양심이 존재한다. 이 선량한 마음은 선을 지향하도록 선험적으로 결정되어 있다. 후세의 유학자들은 이런 인간이해방식을 '성선설'이라고 이름 붙였는데, 이 학설은 맹자의 윤리사상의 근간이라 할 수 있다.

맹자가 보기에, 인간이 추구할 모든 윤리적 가치는 네 가지(仁義禮智)로 수렴가능한데, 맹자 윤리사상의 이론구조에서 이 인과 의는 다음과 같은 두 가지 윤리적 의미를 함유하고 있는 것으로 이해된다. 첫째, 둘 다 생득적으로 부여받은 도덕적 가치라는 점이고, 둘째, 인의는 본질적으로 타자와의 관계에서 성립되는 도덕적 덕목이라는 것이다. 이렇게 본다면, 인의의 마음 즉, 양심은 단지 개인윤리의 차원이 아니라, 사회윤리의 측면에서 핵심적인 성격을 지닌 것이라 이해할 수 있다. 그러면서도 맹자의 윤리체계에 있어서 양심과 인의의 마음은 인간의 선한 마음을 의미하는 것이므로, 교육과 경험에 의해 후천적으로 얻어질 수 있는 것이 아니다.

맹자에 의하면 인간과 윤리도덕의 관계는 다음과 같이 요약될 수 있다. 첫째, 윤리도덕은 인간의 내면에서부터 설명되어져야 한다. 둘째, 인간이 추구해야 할 윤리도덕적 가치는 인간 본성의 발현이다. 셋째, 윤리도덕을 실현할 수 있는 가능성은 인간에게 선천적으로 부여되어 있다. 즉, 맹자에 의하면 윤리도덕은 인간에게 본질적인 것이며, 인간은 윤리도덕을 실천해야 하는 존재이다. 인간이 추구해야 할 윤리 도덕적 가치(仁義禮智)는 네 가지 출발점(四端)을 통해 발현되는데, 이 네 가지 도덕적 출발점은 인간이 보편적으로 부여받은 네 가지 도덕적 마음(惻隱, 羞惡, 辭讓, 是非之心)을 지시한다. 맹자의 윤리이론에 있어서 이 네 가지 도덕적 마음은 선후와 우월을 가름하기 어려운 성격을 지닌 도덕적 개념이라 할 수 있지만, 맹자는 '인'의 덕목을 초래하는 측은지심이 다른 세 가지 마음에 비해서 가장 중요하다는 사유를 드러내 보인다. 맹자가 보기에, 나 아닌 다른 사람의 여러 가지 윤리적 상황에 대해 배려하는 마음이 바로 이 측은지심인데, 그는 인간에게 가장 중요한 것은 타자와의 윤리 도덕적 공감을 형성하는 마음이 중요하다는 철학적 입장을 보이고 있는 것이다. 이러한 윤리관은 개인주의적인 경향이 아니라 공동체의 도덕적 실현을 지향하는 논리와 잘 어울리며, 타자와의 조화적 관계가 성립하지 않고는 이런 윤리관이 성립되거나 실현될 수 없다.

인간이 도덕적 행위를 하는 근거라던가 출발점을 상정하고 그것에 대해 선의 경향성을 부여하는 맹자의 사유를 비판하는 순자는 인간에 대한 내면적 해명 보다 제도적 접근을 통해 개인과 사회의 윤리가 실현될 수 있다는 의미에서 예의 기원을 '욕망'의 조절과 관련하여 설명한다. 다음 두 인용문을 살펴보자.

> 예는 어디서 생겨났는가? 사람은 나면서부터 욕망이 있는데, 바라면서도 얻지 못하면 추구하지 않을 수 없고, 추구함에 일정한 기준과 한계가 없다면 다투지 않을 수 없게 된다. 다투면 어지러워지고 어지러워지면 궁해진다.259)

> 천하의 폐해는 욕망을 마음대로 부리는 데서 생겨난다. 사람들이 바라는 것과 싫어하는 대상은 같은데, 바라는 것은 많고 그 대상은 적은 것이 실정이다. 그 대상이 적으면 반드시 서로 다투게 된다.260)

순자에 의하면, 인간의 욕망은 자기실현을 위해 무한히 이욕을 추구하는 특성과 방향성을 구비한 것이며, 세계에는 그 욕망을 채울

---

259) 『荀子』, <禮論>, 禮起於何也? 曰人生而有欲, 欲而不得則不能無求. 求而無度量分界, 則不能不爭則亂, 亂則窮.

260) 『荀子』, <富國>, 天下害生縱欲. 欲惡同物, 欲多而物寡, 寡則必爭矣.

수 있는 사물들이 언제나 부족할 수밖에 없으므로, 필연적으로 다툼이 발생하게 된다. 그래서 순자는 본질적으로 충돌과 갈등을 야기할 수밖에 없는 고유한 욕망의 움직임이 초래하는 자연스러운 지향점을 악이라고 판단한 것이다. 그 자체로는 선하지도 악하지도 않은 인간의 욕망은 움직임과 방향성의 차원에서 악으로 귀결된다는 것이 순자 성악설의 핵심내용이라 할 수 있다. 이런 점에서 볼 때, 순자 사상은 인성론의 차원에서 접근하기 보다는 욕망론의 입장에서 접근하여 해명하는 것이 그 진면목을 이해하기에 좋은 방법이라고 생각한다.

> 모든 인간에게 같은 것이 있다. 굶주리면 먹고자 하고, 추우면 따뜻하고자 하며, 힘들면 쉬고자 하고 이익을 좋아하고 손해를 싫어한다. 이것은 사람이 태어날 때부터 소유한 것이다. 이것은 상대에 따라서 그런 것이 아니다. 이것은 우임금, 걸임금이 같은 것이다.261)

라는 언표 뒤에서 순자는 다음과 같이 말한다.

> 눈은 희고 검은 것과 아름답고 추한 것을 가려내고, 귀는 소리와 가락과 맑은 소리 탁한 소리를 가려내고, 입은 신 것과 짠 것과 단 것과 쓴 것을 가려내고, 코는 향기로운 냄새와 비린내 누린내를 가려내고, 육체와 피부는 추위와 더위와 아픔과 가려움을 가려낸다. 이것들도 사람들이 나면서부터 지니고 있는 것이다. 이것들은 다른 영향에 의해 그렇게 된 것이 아니며, 우임금이나 걸임금이 모두 같다.262)

---

261) 『荀子』, <榮辱>, 凡人有所一同, 飢而欲食, 寒而欲煖, 勞而欲息, 好利而惡害, 是人之所生而有也, 是無待而然者也, 是禹桀之所同也.

262) 『荀子』 <榮辱>, 目辨白黑美惡, 而耳辨音聲淸濁, 口辨酸鹹甘苦, 鼻辨芬芬腥臊, 骨體膚理辨寒暑疾養, 是又人之所常生而有也, 是無待而然者也, 是禹桀之所同也. 可以爲堯禹, 可以爲桀跖, 可以爲工匠, 可以爲農賈, 在勢注錯習俗之所積爾, 是又人之所生而有也, 是無待而然者也, 是禹桀之

생리적이고 신체적인 욕망의 근원인 인간의 육체는 <눈은 희고 검은 것과 아름답고 추한 것을 가려내는> 방향성을 생래적으로 소유하고 있다. 이러한 차원의 욕망은 다른 동물도 소유한 것이라고 할 수 있는바, 순자는 다른 동물과 다른 인간의 고유한 특징으로 도덕적 선악을 판단할 수 있는 분별능력을 추가하고 있다. 다음 인용문에서 이를 확인할 수 있다.

> 사람을 사람이라 할 수 있는 근거는 무엇인가? 사람에게는 분별능력이 있다는 것이다. 굶주리면 먹을 것을 바라고, 추우면 따뜻한 것을 바라며, 수고로우면 쉬기를 바라고, 이익을 좋아하고 손해를 싫어하는데, 이것은 사람들이 나면서부터 가지고 있는 것이다. 그것은 외부의 영향으로 그렇게 되는 것이 아니며, 성왕인 우임금이나 폭군이 걸임금이 모두 같다. 그러니 사람을 사람이라 할 수 있는 근거는 그들이 두 다리를 가지고 있고 털이 나지 않은 동물이라는 특징이 아니라 분별이 있다는 것이다.[263]

순자에 의하면, 넓은 의미에서 사회의 혼란이라고 규정되는 악을 초래하는 것은 바로 욕망의 움직임이다. 그리고 욕망이 생기게 되는 근거는 인간의 육체에 기인한다는 것이다. 그런데 욕망의 방향성을 지닌 인간의 육체는 다행스럽게도 선악을 변별하는 능력을 갖추고 있다고 설명한다. 순자에 있어서 선과 예의 실천자로서의 군주는 인간의 귀와 눈과 입의 욕망을 채워주는 역할을 수행하는 인물로 이해된다. 이렇게 함으로써 성인과 군주의 제어와 관리를 통해 인간의 욕망을 제어하고 선으로 유도하는 구조가 제시된다. 순자의 윤리이

所同也.

263) 『荀子』 <非相>, 人之所以爲人者, 何已也? 曰以其有辨也. 飢而欲食, 寒而欲煖, 勞而欲息, 好利而惡害, 是人之所生而有也, 是無待而然者也, 是禹,桀之所同也. 然則人之所以爲人者, 非特以二足而無毛也, 以其有辨也.

론에 있어서 선의 상태는 '정리평치正理平治'라는 용어로 악의 상태는 '편험패란偏險悖亂'이라는 표현으로 규정된다. 다시 말하여 선은 성인과 군주에 의해 잘 다스려진 치治의 상태이고, 악은 욕망이 성인군주에 의해 제어되고 관리되지 않은 어지러운 상태라 할 수 있다. 즉, 순자는 선악의 기준을 인간의 내면에서 찾는 것이 아니라 현실사회의 정치적 결과의 상태인 치란에서 발견하는 것이다. 순자가 현실사회의 치란을 평가하는 기준이 바로 예라고 할 수 있으며, 이 예에 대한 논의에는 성인과 성인에 의한 교육과 변화(敎化)라는 개념이 포함되어 있다. 순자에 의하면, 이 예는 성인이 작위를 통하여 만들어낸 예의와 제도이며, 성인의 체험과 작위를 세상의 언어로 종합하여 나타낸 것으로 이해될 수 있다. 또한, 순자는 "예의란 귀하고 천한 등급을 매겨 주고, 나이 많은 이와 적은 이의 차등이 있게 하고, 가난하고 부유한 사람과 신분이 가볍고 무거운 사람에 따라 모두 어울리는 대우를 하는 것이다"264)라고 언급하고 있다. 순자에 의하면, 성인의 노력에 의해 제정된 예는 인간사회를 유지하기 위해 귀천, 장유, 부귀, 경중이라는 구별을 설정하여 인간의 욕망을 제한하는 장치라고 할 수 있는데, 인간의 욕망이 내재한 신체에 어울리도록 만들어 졌다는 것이다. 따라서 이런 순자의 논리에 의거하면, 맹자가 주장하는 것처럼 인의의 윤리적 덕목은 인간이 태어나면서 본래부터 소유하는 도덕적 특성과 감정이 아니라, 성왕이 자기의 체험과 작위를 통해 만들어낸 것이므로 인간의 외부에 존재하는 것이 된다. 또한 그에 의하면 "예는 몸을 바르게 하는 근거가 되고, 스승은 예를 바르게 하는 근거가 된다"265)라는 표현에서 알 수 있듯이,

---

264) 『荀子』, <富國>, 禮者 貴賤有等, 長幼有差, 貧富輕重皆有稱者也

265) 『荀子』, <修身>, 禮者, 所以正身也, 師者, 所以正禮也.

예의 존재양식은 인간의 내부에 도덕적 행위를 할 수 있는 가능성이라는 차원에서 이해될 것이 아니고, 인간의 바깥으로부터 자신의 신체를 바르게 하는 근거이며 방법이라 할 수 있다. 순자는 또 나아가 "나라에 예의가 없으면 바르게 다스려지지 않으니, 예라는 것은 나라를 바르게 다스리는 근본이다. 그것은 마치 저울이 무겁고 가벼운 것을 가늠하는 근본이 되고, 먹줄이 곧고 굽은 것을 가늠하는 근본이 되며, 그림쇠와 굽은 자가 네모와 동그라미를 가늠하는 근본이 되는 것과 같다. 이미 그런 근본이 놓여 있으니 사람이라면 아무도 그것을 속일 수 없다."266)고 말한다.

예는 인간의 내면적 도덕성으로부터 유래되는 개념이 아니라 외부적인 제어장치로 존재하는 것이므로, 인간과 나라를 바르게 하는 근거이며 방법이기도 함을 분명히 밝히고 있다. 즉, 성인의 체험과 작위로 만들어진 예는 인간의 생존에 관련된 모든 것들과 관계를 맺고 있는 동시에, 나라를 지탱하고 유지하게 하는 공동체적 원리이며 체계라고 주장하고 있다.

지금까지의 설명을 요약하면 순자의 사유구조에서 예는 인간의 내면적 도덕성에 근거한 것이 아니라, 사회의 통치원리와 통치체계라는 두 가지 기능을 하는 것으로 파악된다. 물론 통치원리로서의 예는 구체적인 제도와 법률과 연계될 수밖에 없으므로 통치체계의 예와 밀접하게 연계되어 있다. 이런 점에서 순자 사상의 후예들이 법가의 이론을 정립시킨 것도 우연이 아니며, 자연스러운 논리의 전개요 그 결과라고 할 수 있다.

---

266) 『荀子』, <王霸>, 國無禮則不正. 禮之所以正國也, 譬之猶衡之於輕重也, 猶繩墨之於曲直也, 猶規矩之於方圓也, 既錯之而人莫之能誣也.

3. 윤리도덕의 실현 방법 : 수양과 확충을 통한 정리평치

인간이 추구할 윤리도덕적 가치는 인간의 내면(心)을 기준으로 그 공간적 거리가 가까운 곳에서부터 실현되어야 한다는 것이 공자로 부터 비롯된 유가 윤리학설의 중요한 관점이다. 맹자도 예외가 아니다. 그는 이른바 윤리적 확충의 방법론을 제시한다.

> 인의 실상은 어버이를 섬기는 것이고, 의의 실상은 형을 따르는 것이다.267)

유가윤리사상의 이론체계 속에서 인간이 추구해야 할 네 가지 도덕적 가치의 대표적 위치를 차지한 것으로 여겨지는 인과 의는 가족 간의 윤리 도덕적 덕목인 효와 제로부터 시작되어 타자에게로 나아가는 확충의 길을 가야한다고 맹자는 주장하였다. 이런 점에서 맹자의 양심과 인의의 관계에 대한 이해는 인仁(惻隱之心의 발현으로 이루어진 윤리적 가치)과 의義(羞惡之心의 발현으로 성립하는 윤리적 가치)에 대한 관계를 해명하는 것에서 시작해야 한다. 즉, 도덕적 가치와 마음의 관계에 대한 설명이 중요하다. 맹자는 <공손추 상>편에 서,'우물에 빠지려는 어린아이'의 예를 들어 인간이 측은지심을 소유하고 있다는 논리적 근거를 내세움으로써 인을 추구할 수 있는 현실성을 증명해 보이려고 시도하였다.

> 측은지심이 없으면 사람이 아니고 수오지심이 없으면 사람이 아니며, 사양지심이 없으면 사람이 아니고 시비지심이 없으면 사람

---

267) 『孟子』, <離婁上>, 仁之實, 事親是也, 義之實, 從兄是也.

이 아니다. 측은지심은 인의 단서이고 수오지심은 의의 단서이며, 사양지심은 예의 단서이고 시비지심은 지의 단서이다. 사람이 이 사단을 가지고 있는 것은 사지를 가지고 있는 것과 같은데, 이 사 단을 가지고 있으면서도 스스로 잘 할 수 없다고 말하는 자는 자 신을 해치는 자이고, 임금이 잘 할 수 없다고 말하는 자는 그 임 금을 해치는 자이다.[268]

맹자의 윤리학설의 구조 속에서 인의예지 이 네 가지 마음은 바로 양심과 다르지 않으며, 착한 마음(善心)을 의미한다고 볼 수 있다. 그런데, 맹자의 설명에 의하면, 이 양심은 인의예지의 도덕을 달성 하기 위한 '싹' 즉, 네 가지 시작, 또는 실마리의 모습으로 모든 인간 에게 부여된다. 그런데 그에 의하면 인간은 이런 도덕적 마음을 유 지하기 어렵기 때문에 함양과 수양의 노력이 필요하다.

이 수양의 방법론으로 맹자는 두 가지를 제시한다. 첫째, 적극적 인 방법이다. 인간은 사단을 확충하고 '호연지기'를 길러야 한다. 둘 째, 소극적인 방법이다. 인간은 착한 본성을 잃지 않도록 '야기'를 보 존하고, 욕망을 줄여야 한다. 이러한 두 가지 수양에 의해 인간은 이 상적인 인간형 즉 양심을 소유한 사람이 될 수 있다고 맹자는 설명하 였다. 이런 점에서 양심과 수양의 방법의 관계도 맹자의 윤리이론 체 계에 있어서 매우 밀접하게 연계되어 있는 것으로 이해할 수 있다.

즉, 수양은 양심에 기초해야 하며, 양심은 수양에 의해 전개되어 야 한다. 이는 다른 식으로 설명하면, 악의 침입을 차단하고, 선을 증진하는 목적으로 양심에 근거한 수양이 필요하다. 이 가운데 맹자

---

268) 『孟子』, <公孫丑上>, 所以謂人皆有不忍人之心者, 今人乍見孺子將入於井, 皆有惻隱之心, 非所 以內交於孺子之父母也, 非所以要譽於鄕黨朋友也, 非惡其聲而然也. 由是觀之, 無惻隱之心, 非 人也, 無羞惡之心, 非人也, 無辭讓之心, 非人也, 無是非之心, 非人也. 惻隱之心, 仁之端也, 羞 惡之心, 義之端也, 辭讓之心, 禮之端也, 是非之心, 知之端也. 人之有是四端也, 猶其有四體也, 有是四端而自謂不能者, 自賊者也, 謂其君不能者, 賊其君者也.

는 후자의 방법론을 선호하고 있는 것으로 이해할 수 있다. 즉 인의 착함의 출발점을 넓혀 나가는 것이 그의 수양이론의 핵심적 내용을 형성한다. 이런 점에서 양심의 보존과 수양의 확충은 윤리적 가치를 실현하는 방법론의 핵심이라 할 수 있다. 맹자의 언표들을 따라가 보자.

> 인은 사람의 마음이고 의는 사람의 길인데, 그 길을 버리고 따르지 않으며, 그 마음을 잃고 찾을 줄을 모르니, 슬프다. 사람들은 닭이나 개가 도망가면 찾을 줄을 알면서, 마음을 잃고서는 찾을 줄을 모른다. 학문하는 방법은 다른 것이 없으니 그 잃어버린 마음을 찾는 것일 뿐이다.[269]

윤리도덕적 가치가 나로부터 타자에게로 확충되어 가는 것이 가장 이상적인 모습이라고 생각하는 맹자는 구체적인 실현방법으로 '다섯 가지 윤리'를 제시한다. 다시 말해서 맹자의 인의예지에 관한 윤리사상은 실제 현실사회에서 추구될 덕목으로 오륜이라는 용어로 대체된다. 맹자가 보기에 인의예지는 개념의 성격상 오륜보다 추상적이어서 현실사회에서 삶을 영위하는 인간이 추구할 구체적 목표로는 적당하지 않은 것으로 이해될 수 있다. 맹자는 이를 위해 인의예지 보다 훨씬 실현하기 좋은 좁은 의미의 윤리적 방법론으로 다섯 가지 윤리적 원칙을 상정하고 있다. 맹자는 '오륜'은 인간의 문화적 삶을 영위하기 위해 성인이 제공한 것이라고 설명한다.

> 사람에게는 추구해야 할 진리가 있다. 배불리 먹고 따뜻하게 입으며, 편안하게 살면서 가르침을 받지 않으면, 금수처럼 될 수 있다.

---

269) 『孟子』, <告子上>, 仁, 人心也, 義, 人路也, 舍其路而不由, 放其心而不知求, 哀哉. 人有鷄犬放, 則知求之, 有放心而不知求. 學問之道, 無他, 求其放心而已矣."

성인이 이를 걱정하여 사도인 '설'로 하여금 인간의 윤리를 가르
치도록 하였으니, 부자유친, 군신유의, 부부유별, 장유유서, 붕우유
신이 그것이다.270)

맹자는 오륜으로 제시된 윤리적 가치들은 가족으로부터 시작되는
혈연공동체에서부터 추구되는 것이 이상적인 방법으로 생각하였다.
이것이 바로 인과 의라는 윤리적 가치를 실현하기 위한 구체적이고
확실한 방법이며, 윤리적 확충의 논리라고 규정 할 수 있다. 인간의
윤리 도덕적 행위의 출발점 내지 가능성에 대한 논의를 집중한 사상
가가 맹자라면, 순자는 현실사회에서의 인간의 모습을 직시하고 외
면의 변화를 통한 윤리 도덕의 실현을 추구해야 한다고 주장하였다.
인간의 본성에 대해 윤리 도덕적 선의 근거를 부여하지 않는 순자
는 인간사회의 윤리 실현을 어떻게 설명하고 있을까? 즉, 악의 제거
와 선의 증진이라는 유학의 기본적 패러다임과 도덕적 목표 대해 순
자는 어떤 사유방식으로 설명해 내고 있는지 이해해 보자. 먼저, 그
는 교육의 기능에 희망을 걸고 있다.

지금 인간의 본성이 악한 것은 반드시 스승과 법도의 가르침이 있
은 뒤에라야 다스려지는 것이다.271)

인간의 본질적 특성을 악과 연계하여 이해하는 순자는 맹자의 확
충이론을 대체할 새로운 논리를 제시하지 않으면 안되었다. 순자는
다음과 같이 말한다.

---

270) 『孟子』, <藤文公上>, 人之有道也, 飽食煖衣 逸居而無敎, 則近於禽獸. 聖人有憂之, 使契爲司徒,
敎以人倫. ——父子有親, 君臣有義, 夫婦有別, 長幼有序, 朋友有信.
271) 『荀子』, <性惡>, 今人之性惡, 必將待師法然後正, 得禮義然後治.

> 본성이란 하늘로부터 타고난 것이어서 배워서 행하게 될 수 없는
> 것이며, 노력으로 이루어질 수 없는 것이다. 예의란 성인이 만들
> 어낸 것이어서 배우면 행할 수 있는 것이며, 노력하면 이루어질
> 수 있는 것이다. 배워서 행할 수 없고 노력해서 이루어 질 수 없
> 는데도 사람에게 있는 것을 본성이라 하고, 배우면 행할 수 있고
> 노력하면 이루어질 수 있는 것으로서 사람에게 있는 것을 작위라
> 한다. 이것이 본성과 작위의 구분이다.[272]

본성이란 하늘이 만들어낸 것으로 인간에 내재한 것이다. 그런데
순자는 하늘과 연계된 개념인 본성에 대해 '인간을 초월하는 절대적
타자'로서 정의하고 있다. 이 본성은 인간의 인위적인 노력으로 변화
시킬 수 있는 대상이 아니라는 의미이다. 한편, 순자는 "본성은 우리
가 어찌할 수 가 없지만 교화시킬 수는 있다. 노력을 쌓아 가는 일은
우리가 본래 지니고 있는 버릇은 아니지만 노력할 수는 있다. 노력으
로 습속을 바로잡아 가게 되면 본성을 교화시키게 된다."[273]고 하여
본성은 인간의 어떤 인위적인 노력이 개입될 여지가 없는 것이지만,
사회적 환경을 제대로 조성하면 본성의 변화를 기대할 수 있다고 설
명한다.

또한, "본성이란 시작의 근본이며 소박한 본질이요, 작위란 형식
과 무늬가 융성된 것이다. 본성이 없다면 작위가 가해질 곳이 없고
작위가 없다면 본성은 스스로 아름다울 수가 없다."[274]고 하여 악을
초래할 가능성을 내포한 욕망으로 정의되는 인간의 본성은 아름다
운 것(美)으로 변화할 소재인 동시에 선을 실현하는 바탕이 된다고

---

272) 『荀子』, <性惡>, 凡性者, 天之就也. 不可學, 不可事. 禮義者, 聖人之所生也. 人之所學而能, 所事
而成者也. 不可學, 不可事而在人者, 謂之性. 可學而能, 可事而成之在人者, 謂之僞. 是性僞之分也.

273) 『荀子』, <儒效>, 性也者, 吾所不能爲也, 然而可化也. 情也者. 非吾所有也. 然而可爲也. 注錯習
俗, 所以化性也.

274) 『荀子』, <禮論>, 性者, 本始材朴也. 僞者, 文理隆盛也. 無性則僞之無所加, 無僞則性不能自美.

설명하고 있다. 순자의 인성론의 설명방식에서는 도덕적 행위의 가능성으로서의 본성이 거부되는 대신 윤리적 행위들의 자료로서의 의미가 부여된 것이다. 이러한 본성은 가변적인 개념으로 파악되어야 한다는 것이 순자의 생각이다.

맹자는 인간의 본성에 내재한 도덕성의 확충을 말하였다면, 순자는 본성에 대해 변혁의 논리를 적용하고 있는 것이다. 인간의 본성을 변화의 대상으로 규정하는 순자는 변화하는 주체로서 마음(心)을 상정한다. 순자는 본성, 감정, 욕망에 대해 다음과 같이 분명한 정의를 제시하고 있다.

> 본성이란 하늘에 의해 주어진 것이고, 감정이란 본성의 실질이며, 욕망이란 감정의 반응이다.275)

다시 순자는 "본성으로 나타나는 좋아함과 싫어함, 기쁨과 노여움, 슬픔과 즐거움을 감정이라고 한다. 감정이 그러하여 마음이 그것을 선택하는 것을 생각(慮)이라 한다. 마음이 생각해 그것을 위해 움직일 수 있는 것을 작위(僞)라 한다. 생각이 쌓이고 능력이 익숙해진 다음에 이루어지는 것을 인위라 한다."276)고 하여 본성과 감정, 생각을 통해 행동으로 이루어지는 인간의 심리구조를 설명하고 있다. 인간의 도덕적 선은 작위의 결과로서 인간의 행위(僞)는 마음이 주체가 되어, 신체를 제어하는 모든 행위의 축적이라고 말하고 있는 것이다. 순자의 사유방식에서 이 작위는 "성인은 사람들의 본성을 교화시켜 작위를 일으키고, 작위를 일으켜 예의를 만들어 내고, 예

---

275) 『荀子』, <正名>, 性者, 天之就也, 情者, 性之質也, 欲者, 情之應也.

276) 『荀子』, <正名>, 性之好惡喜怒哀樂謂之情. 情然而心爲之擇謂之慮. 心慮而能爲之動謂之僞. 慮積焉, 能習焉而後成謂之僞.

의를 만들어 내어 법도를 제정한다. 예외와 법도는 성인이 생겨나게 하는 것이다."277) 이라고 말할 때의 '본성의 교화(化性)'와 밀접한 연계를 이룬다. 인간의 노력을 통해 본성의 교화를 이룩한 다음 순자는 윤리적 선의 종착역으로 사회원리가 올바로 정립되고 잘 다스려진 사회, 즉, '정리평치'를 상정하여 설명하고 있는데, 이런 모습의 사회를 실현하기 위해 반드시 필요한 윤리적 장치가 바로 예의 또는 예라고 주장하였다. 그는 예의에 대해서 '예의는 다스림의 시작이다'278)라고 정의한다. 예의 의미를 통치행위와 관계시키고 있으며, 통치의 출발점으로 이해하고 있는 것이다.

> 예의는 나라를 잘 다스리는 규범이며, 강하고 굳세지는 근본이며, 위세를 펴는 길이며, 공적과 명성을 울리는 요체이다. 임금이 예의를 따르면 천하를 얻는 방법이 될 것이며, 예의를 따르지 않으면 나라를 망치는 근거가 될 것이다. 그러므로 튼튼한 갑옷이나 예리한 무기만으로는 승리할 수가 없고, 높은 성이나 해자만으로는 굳건히 지킬 수가 없으며, 엄한 명령이나 번거로운 형벌만으로는 위세를 떨칠 수가 없다. 올바른 도를 따르면 정치가 잘 되지만, 올바른 도를 따르지 않으면 멸망하게 된다.279)

위 인용문에 의거하면 예는 나라를 다스리는 질서의 궁극점이며, 나라를 강고하게 하는 근본이며, 나라의 권위를 발휘하는 방법이며, 공명을 이끌어내는 요점이라는 것이다. 이렇게 본다면 순자가 생각하는 예는 국가의 통치원리의 모든 것을 담고 있다는 의미가 된다.

---

277) 『荀子』, <性惡>, 聖人化性而起僞, 僞起而生禮義, 禮義生而制法度. 然則禮義法度者, 是聖人之所生也.

278) 『荀子』, <王制>, 禮義者, 治之始也.

279) 『荀子』, <議兵>, 禮者, 治辨之極也, 强固之本也, 威行之道也, 功名之總也, 王公由之所以得天下也, 不由所以隕社稷也. 故堅甲利兵不足以爲勝, 高城深池不足以爲固, 嚴令繁刑不足以爲威. 由其道則行, 不由其道則廢.

인간의 목숨은 하늘에 달려있고, 나라의 목숨은 예에 달려있다[280]

나라에 예의가 없으면 바르게 다스려지지 않으니, 예라는 것은 나라를 바르게 다스리는 근본이다.[281]

예야 말로 단지 개인적 차원에서 도덕을 완성시키는 것에 그치지 않고, 나라를 바르게 하고 국가의 생존을 결정짓는 유일하고 절대적인 근거이다. 순자가 보기에 나라는 이 예라는 원리에 의해 지탱되고 유지될 수 있다. 또한 예는 "예는 몸을 바르게 하는 근거가 되고, 스승은 예를 바르게 하는 근거가 된다"[282] 라는 언표에서 알 수 있듯이 공동체를 구성하는 인간의 신체를 바르게 하는 근거이기도 하다. 이런 점에서 순자가 이해하는 예는 국가와 그 구성원의 삶의 공간인 공동체를 통치하고 유지하는 근본원리라고 규정할 수 있다. 순자는 예에 의해 지탱되는 이상적인 사회를 '군거화일'이라는 용어로 설명한다.

그러므로 옛 임금은 생각 끝에 이를 위해 예의를 제정하고 분별을 마련해서, 귀하고 천한 등급이 있게 하고, 어른과 아이의 차별을 두게 하고, 지혜 있는 이와 어리석은 자와 능력 있고 능력 없는 사람의 분별을 마련하였다. 언제나 사람들로 하여금 그들의 일을 맡아 하게 함으로써 각기 그에게 합당한 일을 갖게 하였다. 그런 뒤에야 녹으로 받는 곡식이 많고 적고 두텁고 엷은 균형이 있게 되었다. 이것이 곧 여러 사람이 모여 살면서 하나로 조화되는 도이다.[283]

---

280) 『荀子』, <彊國>, 故人之命在天, 國之命在禮.

281) 『荀子』, <王霸>, 國無禮則不正. 禮之所以正國也

282) 『荀子』, <修身>, 禮者, 所以正身也, 師者, 所以正禮也.

283) 『荀子』, <榮辱>, 故先王案, 爲之制禮義以分之, 使貴賤之等, 長幼之差, 知賢愚能不能之分, 皆使人載其事而各得其宜, 然後使慤祿多少厚薄之稱, 是夫群居和一之道也.

인의예지의 도덕성을 인정하지 않는 순자의 윤리이론에서 현실사회의 윤리도덕의 실현은 인간의 행위를 구체적으로 규정하는 예에 의해 제어되고 통치되는 공동체를 상정할 수밖에 없을 것이다. 이 이상적인 공동체를 순자는 여러 사람이 모여 살면서 하나로 조화되는 상태, 군거화일이라고 표현하였다. '여러 사람이 모여 살면서 하나로 조화되는' 사회는 선왕이 만들어낸 것인데, 위 인용문에 의하면 이 사회는 가족 구성원의 범위를 넘어서 분업의 조직체를 설명하고 있다. 주지 하듯이 그리고 이 책에서 이미 설명한 바와 같이 맹자는 가족 윤리의 근간인 인의의 도덕만으로 충분히 천하를 잘 다스릴 수 있다는 이른바 '확충의 윤리학'을 주창하였다. 순자 시대에 이르면, 가족의 범위를 넘어서는 보다 확대된 공동체를 유지하고 통치하는 체계로서 유효한 방법의 정립이 필요했을 것이다. 순자는 이에 대한 해답으로 내재적 도덕성의 개념인 '인의' 보다 '외재적 사회성의 의미가 강한 '예의'를 주장한 것이다.

4. 윤리적 변별성

유학사상은 다른 어떤 사유체계보다 인간의 윤리를 실현하는 문제에 대해 다양하고 깊이 있는 설명과 답변을 준비하고 있다. 이 장에서는 맹자와 순자가 제시하고 있는 인간의 윤리도덕을 설명하는 사유체계에 대한 두 사상가의 윤리적 변별성을 고찰하였다. 맹자의 인간이해와 윤리사상의 특징은 인간의 마음에 대한 심리적 분석을 시도하면서 자신의 학설을 전개하는 것에서 찾을 수 있다. 그 결과 맹자의 인성론과 인간이해의 사유체계에는 양심, 성선, 인의예지 등과 같은 도덕적 개념들이 서로 밀접한 관계를 맺고 있다.

다시 말해서 맹자의 사유의 근저에는 인간은 선천적으로 윤리도덕을 실천할 수 있는 가능성으로서의 '도덕적 마음(良心)'을 타고난 존재라는 인식이 자리하고 있다. 그에 의하면, 이것이 바로 인간과 다른 동물을 구별하는 본질적 특징이며, 윤리도덕을 실현할 수 있는 가장 중요한 동기이다. 그리고 이 양심은 인간의 마음에서 나오는 것. 즉, 생득적이며 본래적으로 선한 것으로 규정된다. 도덕적 마음에 대한 존재를 긍정함으로써, 맹자는 성선설로 자신의 윤리적 논의를 확대시킨다. 이렇게 본다면 맹자의 윤리설은 양심에 대한 존재를 확인시키는 것에서 시작하여, 인간의 본질적 성품은 착하다는 것으로 전개되며, 인의예지라는 인간의 대표적인 도덕적 덕목들을 실현하는 것이 삶의 목표가 되어야 한다는 것으로 요약될 수 있다.

순자는 맹자가 이해하듯이 인간의 윤리 실현은 '내재적 도덕성'에 대한 발현으로는 불가능하다는 사유를 드러내고 있으며, 오히려 성인에 의해 만들어진 예의와 교육의 시스템에 의한 '외재적 사회성'

으로 조절될 때 가능하다는 견해를 보이고 있는 것이다. 순자가 강조하는 '예'는 한마디로 정리하면, 인간의 욕망을 조절하는 사회의 윤리적 장치의 기능을 의미한다고 할 수 있다. 성악설로 대표되는 순자의 인성론에는 인간의 본질적 성품(本性)은 욕망(欲)을 소유하고 있다는 것을 인정하고, 이 욕망의 문제에서부터 인간을 이해하는 것이 올바른 인간이해의 방법론이며, 인간사회의 윤리를 확립시키는 핵심이라는 논리가 자리한다. 따라서 맹자와 순자의 인간이해에 관한 기본적 논리인 인성론을 제대로 이해하기 위해서는 '성'에 대한 철학적이고 윤리적인 해명과 함께 인간과 사회를 형성하는 윤리적 문제들에 대한 그들의 사유구조를 명확하게 비교하고 해독하는 일 또한 중요하다.

공자로부터 시작하여 맹자, 순자로 이어지는 유교철학의 근저에는 악의 제거와 선의 증진이라는 도덕적 목표가 자리 잡고 있다. 유교사상가의 계보에 속하는 사상가인 순자도 이점에서는 예외가 아니다. 그러나 현실의 인간사회에서 선을 실현하는 방법론에 있어서 순자는 맹자가 시도한 것처럼, 인간의 내재적 도덕성에 기대와 희망을 걸기보다는 '욕'의 조절과 제어의 결과를 중시한다. 순자는 생래적으로 악한 성품을 지닌 인간은 의도적인 노력(僞)과 '욕'을 조절하는 과정을 통해 '본성'의 변화를 기약하고 선을 획득할 수 있다고 설명한다. 구체적인 윤리적 방법론으로 악한 성품을 타고난 인간은 도덕적 완성자인 성인의 가르침과 예의의 시스템을 통해서 '욕'의 조절과 '性'의 변화를 기약할 수 있다고 주장한다. 한마디로 정리하자면 악의 제거를 위한 교육과 예의의 기능을 강조한 것이다. 순자는 맹자 윤리사상의 핵심내용인 인의예지의 도덕적 가치가 자발적으로 발현될 수 있다는 것을 비판하고, 인간의 욕망을 조절하는 사회적 시스템과 제도가 윤리적 장치의 기능을 해야 한다는 논의를 제시하였다.

제7장

주자와 다산의 윤리설 비교

1. 인간과 세계의 설명방식

주자학의 학문적 체계에서 인仁은 인간의 윤리도덕과 관련되는 모든 문제를 해명하는 개념인 동시에 자연의 생성의 원리를 지칭하는 개념으로 그 의미가 확대된다.

주자는 43세-47세 사이에 여러 학자들과의 논변을 통해 공자 이후 유학사상의 핵심개념으로 자리한 인에 대한 자신의 논설을 정리한 <인설>의 초고를 완성하였는데, 그는 이 논저 속에서 인을 사용하여 인간과 세계를 설명하는 두 가지 원리인 '이기', 인간의 도덕적 행위의 내면적 심리상태를 설명하는 용어인 '심성정'을 통합하는 관점에서 자신의 입장을 설명하고 있다. 인에 관한 논의와 설명이라는 제목의 이 글에는 유학사상의 개척자인 공자와 인간의 윤리적 문제에 대해 최초로 심리적 분석을 시도한 사상가 맹자, 그리고 송대 성리학의 체계를 완성하는데 기초를 마련한 학자 정자(明道)[284]의 사유가 녹아들어 있다.

공자의 사유구조에 있어서 모든 도덕적 가치의 총합으로서의 성격을 지닌 '인'은 맹자와 정자 등을 경유하면서 보다 구체화된 개념으로 변환된다. 맹자는 '인'을 마음의 차원에서 해석하였고, 정자는 '본성'의 차원에서 해명하고 있다.[285] 그리고 정자는 천지만물과 인과의 관계에서 대해서 천명하였는데, 이 역시 주자의 사유에 큰 영향을 주게 된다.[286]

---

[284] 明道와 伊川 형제 중 주로 仁에 관한 학설은 명도로부터 전승되었다고 할 수 있다. 이 장에서 정자는 명도를 지칭한다.

[285] 『朱子全書』卷 四十七, <性理> 六, 仁 荅呂伯恭. "仁字之義. 孟子言心該貫體用統性情而合言之也. 程子言性剖析疑似分體用而對言之也"

[286] 공자, 맹자, 주자로 이어지는 仁개념의 이해방식에 대한 논의는 다음의 논문이 참고할 만하다.

정명도와 정이천 형제는 주자학 형성에 큰 영향을 미쳤는데, 정명도의 "인이란 천지만물을 일체로 여긴다"[287]는 설명이 대표적이다. 인간과 세계 즉, 모든 존재자들에 대한 유학적 관점에서의 체계화된 설명양식을 고민하고 나름의 논리를 전개한 것이 송대 유학(성리학)의 가장 큰 특징이라 할 수 있다. 주자의 학문적 선구자인 정자는 인간의 윤리도덕과 관련된 개념인 인과 만물의 유기적 관계로 파악하면서 서로 다른 의미를 지닌 것으로 여겨지던 두 개념을 '일체一體'라고 하였고, 나아가 그는 생성의 의미와 연계하여 이 개념을 설명하였다.

정자는 <식인識仁 편>에서 다음과 같이 말한다.

> 학자는 반드시 먼저 인을 깨달아야 한다. 인은 만물과 혼연히 동체를 이룬다. 의예지신은 모두 인이다.[288]

인간의 삶의 과정에서 발생되는 모든 도덕적 덕목과 가치의 종합으로서의 개념인 인은 송대 성리학의 선구자 정자를 경유하면서 천지자연의 존재원리까지 설명하는 원리로 확대된 것이다.

정자와 주자의 계통을 잇는 송대 유학자들에 의하면 천지자연은 '만물을 생성하는 것'을 그 기본 속성으로 하고 있다고 이해한다. 이런 점에서 인은 만물의 생성 원리로 설명되기도 한다. 정명도의 인이 천지만물의 생성원리라는 견해는 주자에게 큰 영향을 미친다.

주자학의 설명방식의 근거에는 '이기'와 '심성'이라는 네 개의 글

임헌규, <儒家 仁개념의 변환구조 : 孔子, 孟子, 朱子를 중심으로>, 『범한철학』, 제34집, 2004년 가을

287) 『二程全書』 遺書 第二上 二先生語二 上 "仁者以天地萬物爲一體"

288) 『二程全書』 遺書 第二上
"學者須先識仁. 仁者渾然與物同體. 義禮知信皆仁也."

자로 인간과 세계를 포함하는 모든 존재자를 설명할 수 있다는 사유가 자리한다. 인간의 윤리적 문제에 대한 맹자의 심리적 해명과 정자의 존재론 내지 생성론적 해설을 근거로 하면서, 주자는 여기게 다시 '이기'의 용어를 사용하여 인을 해명하는 방법을 동원한다.

2. 주자 인설의 주요내용

인을 사랑의 원리(愛之理)로 설명하는 것이 대표적인 예이다. 주자학의 중심적 개념인 '이(理)'는 객관적 사실에 대한 설명으로 사용되는 것 뿐 아니라 주관적 감정의 측면을 포괄하는 개념으로 변환된다. 주자에 의하면 하늘의 원리(生成之理)와 인간의 원리(愛之理)는 천지가 만물을 낳는 마음(天地生物之心)을 그 공통분모로 하고 있다는 것이다.

> 천지는 사물을 생성하는 것을 마음으로 여긴다. 인간과 사물이 생겨나면 각각 천지의 마음을 얻어서 마음으로 여기게 된다. 그러므로 마음의 덕이라고 말하는 것이며, 비록 전체를 통괄하고 관통하여 갖추어지지 않음이 없으니, 한마디로 인仁이라고 말할 따름이다.[289]

이와 같이 주자는 인을 천지자연의 생성의 원리로 규정하고, 인간과 사물이 공유한다고 설명한다. 주자의 이기론을 통해 인간과 사물을 통일적으로 설명하는 방식의 필요에 의해 윤리 도덕적 개념에 한정되었던 인이 존재의 원리로도 등록하게 된 것이다. 그 과정을 살펴보자.

주자는 공자가 생각하는 모든 도덕의 총합으로서의 인仁의 성격을 다음과 같이 표현한다.

> 인이 의예지신 네 가지 덕을 포괄하고 있는 것은 총재가 육관을 통괄하고 있는 것과 같다.[290]

---

289) 『朱子全書』卷四十七 性理六 仁, "天地以生物為心者也. 而人物之生. 又各得夫天地之心以為心者也. 故語心之德雖其總攝貫通無所不備. 然一言以蔽之則曰仁而已矣."

주자는 공자이후 맹자는 물론이고, 당나라 때 한유와 이고에 이르기까지의 유학사상을 집대성한 인물로 평가된다. 그는 유가이론의 핵심 개념인 인에 관해서도 기존의 학설을 종합하고, 자신보다 백년 정도 이전의 송학의 주요 이론가인 양귀산(1053-1135)과 사상채(1050-1103)의 견해를 비판하면서 자신의 입론을 밝히고 있는데, 그 논의는 <인설>에 집약되어 있다. 공자이후의 인에 대한 정통적 학문을 계승하였다고 자부하면서 동시에 단편적 측면에서의 인에 대한 이해방식을 거부하면서 그는 다음과 같이 말한다.

> 인이 마음의 덕이고 사랑의 이치라는 것에 대해 묻습니다. 주자가 말했다. 마음의 덕은 젖는 것이 물의 덕이고, 말리는 것이 불의 덕이라고 말하는 것과 같다. 사랑의 이치는 나무의 뿌리와 물의 근원을 말하는 것과 같다. 이를 계기로 잘 생각해보아라.291)

이 인용문에서 주자는 인이란 사랑을 근원으로 하며, 그 사랑은 마음에서 말미암는다는 것을 강조하고 있다. 인간과 세계를 아우르는 설명방식이 이기론으로 정리되었는데, 그가 보기에 인간의 문제와 세계의 문제는 각각 독립된 실체가 아니라 서로 유기적인 관계를 맺고 있다는 것이다. 세계의 존재에 대한 해명을 위해 등장한 개념인 '리(理)'는 인간의 본성을 해명하는 '성(性)'과 원리적으로 연계되어 있다고 보는 것이 바로 성즉리(性卽理)의 사유방식이다.

공자 사상의 핵심 가치인 인을 해명하는 데도 주자는 자연의 원리를 도입하여 설명한다. 정자의 학설을 계승하여 천지의 마음과 인간

---

290) 『朱子全書』 卷四十七 性理六 仁, "仁之包四德猶冢宰之統六官"

291) 『朱子全書』 卷四十七 性理六 仁 答曾擇之
"問仁者心之德愛之理也. 曰仁者心之德猶言潤者水之德 燥者火之德 愛之理猶言木之根. 水之源. 試以此意思之."

의 마음에 공통분모로서 인이 자리한다고 보는 것에서 나아가 한편, 주자는 정자의 이론을 수용하여 인을 단순히 사람과의 윤리적 관계를 넘어서는 형이상학적인 원리로 설명한다. 자연 세계의 생성 이론과 인간 차원의 윤리 학설을 동일한 구조로 설명할 수 있다는 주자의 사유는 정자의 생각에서 그 유래를 찾을 수 있다. '생성'의 관점에서 유학사상을 설명하는 학문적 전통은 정자에게서 비롯되었다고 할 수 있다. 정자의 말을 들어보자.

> 마음은 '생성하는 도리(生道)'이다. 이 마음이 있어야 형태가 갖추어진다. 측은지심을 생성하는 것이 인간의 '생성하는 도리'이다.292)

이러한 정자의 견해를 계승하여 주자는 다음과 같이 말한다.

> 마음이 바로 생성의 도리이다, 측은지심은 인간의 생성의 도리이며, 바로 하늘의 마음을 얻어야 한다. 만물을 생성하는 것, 바로 이것이 하늘의 마음이다.293)

앞에서 언급하였듯이 인간과 세계를 포괄하는 모든 문제에 대해 주자는 이기, 심성의 용어로 설명할 수 있다고 주장하였는데, 위에서 살펴보았듯이 주자학적 체계에서의 '이'는 천지자연의 구조를 설명하는 원리인 동시에 인간의 윤리적 의미를 밝히는데도 사용되는 개념이다. 인이 '천지가 만물을 생성하는 마음(天地生物之心)'이라는 것은 천지가 만물을 생성하는 창조의 정신을 지니고 있다는 의미로

---

292) 『二程遺書』, 卷二十一下 附師說後, "心生道也. 有是心. 斯具是形. 以生惻隱之心. 人之生道也"
293) 『朱子語類』, 卷九十五, <程子之書一>, "心乃生之道. 惻隱之心. 人之生道也. 乃是得天之心. 以生生物便是天之心"

서, 주자는 인간도 이러한 창조와 생성의 마음을 지니고 있다고 보았다. 공자에 의해 윤리적 최고 개념으로서의 인에 대해, 주자는 맹자와 정자를 경유하면서 인간과 자연을 포괄하는 원리로 그 의미와 역할을 확대시킨 것이다.

주자는 우주만물의 생성원리(천지생물)의 근거인 동시에 인간의 본질과 행위 원리(心之德, 愛之理), 두 가지 차원을 인으로 통설명하는 방법을 취하고 있다. 즉, 주자가 생각하기에 인은 우주의 원리(天)와 인간의 원리(人)을 포괄하는 공통의 원리라는 것이다.

공자에게서 인간의 윤리적 행위와 관련된 도덕적 가치를 설명하는 것으로 정립된 인仁은 주자에 이르면, 인간의 도덕적 행위에 관한 설명방식인 동시에 우주자연의 생성의 원리로 이해되기에 이른다. 이런 점에서 주자는 인을 하늘의 원리(天理), 이치(理), 마음(心), 생성(生成) 등의 용어를 통괄하는 개념으로 인식하고 있는 것이다.

유가 학설과 경전 해석에 있어서 전체의 체계를 정합하는 학문적 경향성을 드러내는 것이라 할 수 있다. 요약하면 '인'에 관한 주자의 사유는 인에 대한 형이상학적, 관념적인 해명방식이라 할 수 있다.

3. 사서중심의 경학설과 인론

인간의 자각적 행위로부터 생겨난 모든 아이디어(idea)들의 집합
을 뜻하는 개념이 '사상'이라면, 이 사상 중에서 논리적이고 체계적
인 측면을 강조한 용어가 '철학'이라 할 수 있다. 따라서 철학은 모
든 사상의 정점에 자리하며, 사상의 본질과 핵심을 담고 있는 것이
라 할 수 있다. 즉, 인간과 세계에 관한 다양한 생각과 문제들에 대
한 깊이 있는 성찰이 철학이라 할 수 있다. 전통적으로 유학은 세계
의 본질문제 보다 인간의 문제를 해명하는데 그 사상적 내지 철학적
관심을 집중시켜왔다. 특히 유학은 공자를 비롯한 인물들의 사상과
철학이 담긴 경전에 대한 해석학 즉, 경학과 밀접한 관계를 맺으면
서 다양한 이론을 전개해 온 특징이 있다. 따라서 유학사상가들에게
'경학'은 인간의 삶과 세계의 문제에 대한 다양한 해답이 망라된 백
과사전의 의미를 지닌다. 세계의 문제보다 인간의 삶의 문제에 대한
해명에 집중적 관심을 보이는 학문적 특성을 지닌 것으로 평가받는
유학은 공자로부터 기원하여, 맹자를 경유하고, 근세 대표적인 유학
자인 주자에 이르러 그 학문적 범위와 논리적 깊이의 차원에서 최고
의 황금기를 누린다. 수천 년의 시간을 지나면서 유학은 다양한 면
모로 그 학문적 경향성을 드러내 보이고 있다. 공자는 '인'이란 개념
에 윤리 도덕적 의미를 부여하여 인간과 사회의 윤리도덕의 실천을
중시하는 학설을 최초로 언급하였다면, 맹자는 유가 이외의 학파들
로부터의 비판을 극복하면서 인을 심리적, 감정적 차원에서 해명함
으로써 공자 사상의 발전을 추구하였다고 볼 수 있다. 공자는 인을
이론적으로 분석하기보다 윤리적 행위의 측면에 초점을 맞추어 설

명하였다. 공자를 계승하였다고 자임한 맹자는 이 도덕실천과 관련된 개념인 인을 설명하면서 '불쌍히 여기는 마음(惻隱之心)' 등 인간의 내면적 마음의 세계에 관련하여 논의를 전개하고 있는데, 이는 인을 비롯한 유가 윤리이론에 대한 최초의 심리학적 분석이라 할 수 있다. 그리고 주자에 이르면 불교의 관련 논의를 수용하면서 유가 사상 체계 내에서의 종합적이고 체계적인 규모를 확립하기 위해 다양한 학설과 이론이 성립되는데, 앞에서도 언급하였듯이 이 시기의 유학에는 인간과 세계의 문제를 동시에 해명하는 설명방식으로 '이기론'과 '심성론'의 논리구조가 확립된다. 주자는 인을 마음의 덕 '心之德', 사랑의 원리 '愛之理'라는 말로 요약함으로써 한편으로 맹자의 심리적 분석을 계승하면서, 나아가 '원리(理)'의 차원에서 인간의 윤리를 사물의 이치와 연계시킴으로써 인간과 세계를 포괄하는 설명방식을 완성시킨다.

조선 후기에 서구의 사상과 과학기술의 발달을 목격한 다산은 기본적으로 유학의 본래 정신으로 돌아가야 한다는 학문관을 지니고 있는데, 그는 인이란 인간과 세계를 포괄하는 원리로 설명되기 보다는 '행사(行事)' 즉, 윤리도덕의 실천과 연계해야 이해하는 것이 유학의 진정한 정신이라고 생각하였다. 다산 정약용(1762-1836)은 한편으로 주자의 학설을 어느 정도 수용하면서도 이른바 실학적인 관점에서 자신의 윤리학설을 전개한다. 다산의 인에 관한 학설은 경전에 대한 해석의 경향에서 그 특징이 잘 드러난다.

유가경전의 핵심내용에는 현대적 학문분류로 볼 때 윤리학이 자리하고 있다. 유학의 기본 텍스트에 관한 학문 즉, 경학은 구체적인 표현으로는 주석학이라고 이름붙일 수 있다. 경학은 유가경전에 대한 해석학이다. 공자시기의 주요 유가경전의 핵심에는 인간이 현실

사회에서 윤리도덕을 실현하는 것을 이상으로 여기는 사유가 자리
한다. 이런 점에서 결국 유학은 현대적 학문분류로 '윤리에 대한 해석
과 윤리의 실현에 관한 문제를 다루는 학문'이라고 정의 할 수 있다.
유가 윤리의 핵심에는 인이라는 개념이 자리한다. 그리고 인은 공자
사상의 중심이며, 그의 사상은 『논어』로 대표되는 사서에 집약되어
있다.

그러므로 인에 대한 주자와 다산의 학설의 차이는 사서에 관한 그
들의 이해방식을 통해 드러나게 된다. 인에 관한 이론의 차이와 특
징을 살펴보기 전에 주자와 다산의 기본적 경전이해의 태도에는 어
떤 변별성이 존재하는지 살펴보자.

> 육경과 사서로써 자기를 수양하고, 일표이서로써 천하국가를 (다
> 스리기)위해야 한다. 그래야 본말이 갖추어진다.294)

다산이 보기에, 유학의 근본에 관해 설명한 것이 육경 등의 경서
와 송대 성리학의 학문적 성과가 반영된 유학의 기본 텍스트 사서는
인간의 수양을 위해 필요한 서적이며, 일표이서로 대표되는 자신이
세상의 경영과 관리에 대해 저술한 경세서는 유학의 이상사회를 위
해 필요한 결과물인 것이다. 그는 '자기 수양'과 '국가 통치'를 본말
의 문제로 이해한다. 이런 점에서 그는 자신의 아들들에게 저술의
원칙을 다음과 같이 제시하였다.

> 대체로 책을 저술하는 법은 경서를 으뜸으로 삼고, 그 다음에 세
> 상을 경영하고 백성들에게 혜택을 주는 학문으로 해야 한다.295)

---

294) 『與猶堂全書』第1集, 卷16, <自撰墓誌銘>, "六經四書. 以之修己. 一表二書. 以之爲天下國家.
所以備本末也"

다산은 52세 무렵 여러 유가 경전 주석서를 저술하고, 57세때『목민심서』를 다음해에『흠흠신서』를 저술한 것도 그의 이러한 학문관과 무관하지 않다. 한편, 다산은 기본적으로 유학의 근본을 설명하는 텍스트는 송학의 학문이 주석으로 집대성되어 새로운 유학 텍스트로 등장한 사서보다 공자시기의 사상이 망라된 경서가 더 중시되어야 한다는 경학관을 지니고 있다. 그가 사서보다 경서를 중시하는 주된 이유는 공자시대의 儒學을 복원하는 것과 깊은 관련이 있다. 다산에 의하면, 바로 공자의 학문, 즉 유학의 본질은 '성현의 유훈, 학문의 종지, 수사의 진원'이라는 말로 표현할 수 있는데, 이것들은 사서가 아니라 십삼경에 그 진면목이 담겨있다고 생각한 것이다. 이런 점에서 다산은

> 오늘날의 학자들은 다만 칠서(四書三經)와 대전(『性理大全』과 『朱子大全』)만 있는 줄 알고, 『십삼경주소』가 있는 줄을 알지 못한다296)

고 하여 송대에 이루어진 성리학만을 추존하는 것은 유학의 진정한 모습이 아니라는 인식을 드러내고 있다. 즉, 다산은 기본적으로 유학의 근본정신은 공자의 사상에서 비롯되는 것이므로, 공자의 학설이 집성된 십삼경에 대한 이해가 더 중요하다고 생각하였다.

다산은 '유학의 근본정신'을 기준으로 한대 이후 송명청 시대를 아우르는 경전해석학의 장단점을 평가한다. 그가 보기에 유학의 근본정신 내지 본질은 바로 '윤리도덕의 실천'이며, 이러한 근본정신은 공자시기를 전후한 경서에서 찾아야 한다는 것이다.

---

295)『與猶堂全書』, 第一集, 卷18, 家誡, 示二子, "大較著書之法. 經籍爲宗. 其次經世澤民之學."
296)『與猶堂全書』第1集, 卷8, <十三經策>, "今之學者 徒知有七書大全 不知有十三經注疏"

일반적으로 유학의 경전은 첫째, 한대의 한자의 기본적 자의와 역사적 사실에 충실한 훈고학적 경전이해 방식, 둘째, 송대의 형이상학적이고 개념화된 설명 방식에 의한 성리학적 경전이해 방식, 셋째, 한대의 훈고학을 계승한 청대의 고증학적인 경전 이해 방식의 세 가지 주석에 의거하여 진행되어 왔다. 다산은 경전해석에 있어서, 한대이후 청대에 이르기까지 다양한 학자들의 주석을 <용안> <고이> <인증>의 형식을 사용하여 그 문헌학적 전거를 제시하고 자신의 학설을 지탱하는 근거를 세우는 태도를 보인다.

따라서 다산 경학의 기본 입장은 문헌학적 근거와 수사학적 본의로 요약될 수 있다. 오랫동안 유학의 정통 해석으로 인정되어 온 주자의 학설에 대해서도 그는 무조건 긍정하거나 부정하지 않는 중립적 평가를 보이고 있다. 어디까지나 유학의 근본정신에 어울리는 해석과 주석이 그의 판단이 기준이 된다.

기본적으로 다산은 주자가 공자 이후의 유학을 집대성하여 하나의 통일적 체계를 세웠다는 점에 대해서는 긍정적인 평가를 내리고 있는데, 특히 주자의 인심도심에 관한 학설에 대해서는 맹자 이후 유가의 도통을 이은 것이라 극찬하고 주자를 '오도중흥지조'라고 인정[297]하면서도 주자의 경전해석만을 정통으로 여기는 권위주의적 학풍을 비판하였다.

『사서집주』로 대표되는 주자의 경전해석은 명대이후 학교 교육과 과거제도에서의 사서삼경(칠서) 위주의 교과목, 그리고 왕조의 통치 이념에의 적용을 통하여 독보적인 권위를 행세해 왔다. 교육, 정치, 학문에서의 독점적 지위는 명나라 때 호광에 의해『사서대전』『성

---

297) 『與猶堂全書』, <論語古今註>, 卷六, "朱子之爲吾道中興之祖者. 亦非他故. 其作中庸之序. 能發明此理故也."

리대전』이 간행되면서 '유학=주자학'으로 여기는 사회적 분위기와 학문적 권위주의를 양산하였다. 진리를 아는 문제와 이를 실천하는 문제를 구분하여 이해하는 다산의 생각에 의하면, 주자학의 전체적인 구도는 진리를 설명하고 이해하는 것에 지나치게 경도되어있다고 본다. 그가 보기에, 인에 대한 주자의 이론과 학설도 예외가 아니다.

다산이 주자의 학설을 전면적으로 극복하였다고 평가하기는 어렵지만, 다산의 문집에서 주로 '금지학자'와 '근세학자'로 표현되는 학자들에 대한 비판에 주목할 필요가 있다. 이 표현법에는 주자도 포함된다고 볼 수도 있지만, 그가 단순히 '반주자학'의 기치를 내걸고 그의 학문을 전체적으로 비판, 부정, 극복하였다고 보기는 어렵다. 다만 다산의 학문의 경향성이 현실, 사회, 윤리의 실천 등 보다 윤리의 기능적인 측면에 경도되었고, 주자의 경우 유학의 진리에 대한 통일적 설명을 위해 원리, 이론, 학설을 중시하는 정도의 차이는 분명하다.

다산의 주자학에 대한 평가의 태도는 다음의 글에서 확인할 수 있다. 그는 '성리학'이라는 용어로 대체하여 자신의 생각을 다음과 같이 표현되었다.

성리학은 진리를 알고 스스로 노력하고 실천하는 학문이다.[298]

기본적으로 성리학은 진리를 추구하는데 그치지 않고, 이를 실천하기 위해 노력하는 학문이라는 것이다. 주지하듯이 주자학의 중심 개념인 '성리'는 『주역』의 "窮理盡性。以至於命", 『중용』의 "能盡己之性。能盡人之性。能盡物之性", 『맹자』의 "盡其心者知其性。知其

---

298) 『與猶堂全書』, <五學論性> 一, "性理之學。所以知道。認己以自勉。其所以踐形之義也."

性則知天矣"에 어원적 근거를 두고 있다. 다산에 의하면 '진리를 알고, 노력하고 실천하는 학문'이 성리학으로 정의되는데 다산이 활약하던 조선 후기에 많은 유학자들은 '진리를 안다'는 문제에만 집중하여 '노력, 실천하는 학문'의 문제에 소홀했다고 보는 것이다. 주자의 이해방식도 원리에 대한 치밀하고 철저한 설명이 자칫 공리공론으로 흐를 가능성이 많다는 점을 유의해야 한다는 것이다. 이런 점에서 그는 불교적 영향에 의한 경전주석을 비판하기도 하였다.

그리고 다산은 이기론에 의한 경전이해는 원리, 이론에 대한 형이상학적 설명으로 흘러서 불교적 해석과 한나라, 진나라 시대의 학설에 치우쳐서 유교의 본의를 추구하기 어렵다고 보았다.

> 근세학자들은 송원시대의 학자들이 '이기'를 설명한 것을 바로잡고자 하였으나 안으로는 불교, 바깥으로는 유교의 폐단이 있었으며 그들이 경전을 설명하고 이해하는 것은 한결 같이 한나라와 진나라의 학설이었다.299)

다산에 의하면 '성리학'은 '윤리도덕의 실천에 관련된 학문'인데, 근세학자들은 불교의 영향과 한나라와 진나라 시대의 학설에 입각하여 '이기성정'의 논리에 치중하여 성리학을 설명하고 있다는 것이다. 따라서 다산은 '성리학' 내지 '주자학' 자체를 전체적으로 비판하는 것이 아니라, 윤리도덕의 실천을 소홀히 하는 학문적 경향성을 배격하고 있음을 알 수 있다.

---

299) 『與猶堂全書』, 『論語古今註』, 卷六, "近世學者. 欲矯宋元諸儒評氣說理內禪外儒之弊. 其所以談經解經者. 欲一遵漢晉之說."

4. 인간의 윤리적 관계와 인

주자가 <인설>이라는 저술을 통해 집중적으로 인의 문제에 대한 논리를 전개하였지만, 다산에게는 그러한 집약된 저술은 없다. 다산의 인에 대한 서술은 일단, 『논어고금주』를 비롯한 사서의 해석을 통해서 그 전모를 이해할 수 있다. 다산이 주자의 <인설>의 설명을 비판하는 이유는 다음의 두 가지로 요약될 수 있다.

1) 인을 리로 해석한 것은 옛 경전에서 예를 찾을 수 없다. 이렇게 이해하는 것은 공자를 위시한 원시 유학의 본래 의미가 아니다.
2) 인은 윤리도덕적 덕목으로 이해해야 한다. 인은 인간의 심성적 마음에 대한 분석이라기 보다 인간의 행위와 그 결과에 대한 가치판단이다.

1)의 이유에 대한 다산의 설명을 들어보자.

> 사람과 사람의 사이에서 그 본분을 다한 뒤에 인이라는 이름이 생기는 것이요, 다만 허령불매의 가운데서 충막무짐의 리를 인이라고 한 것은 옛 경전의 예가 아니다. 인을 리로 해석하면 사서와 시경, 서경, 역경, 예기에 나오는 인이라는 글자를 이해하기 어려울 것이다.300)

기본적으로 경학적 관점에서의 고증에 근거하면서, 인간의 윤리도덕에 관한 핵심적 도덕규범으로서의 '인'을 해명하는 태도를 견지하는 다산은 인간과 인간의 관계 문제에 초점을 맞추어 윤리의 실현

---

300) 『與猶堂全書』, 『論語古今註』卷 14. "凡人與人之間. 盡其本分. 然後名之曰仁. 徒以虛靈不昧之中. 沖漠無朕之理. 指之爲仁. 非古經之例也. 以仁爲理則四書及詩書易禮凡仁字. 皆難讀..不但當仁不讓爲難解也."

의 측면을 강조하는 이해방식을 보인다.301) 다산은 인간과 인간의 기본적 윤리도덕의 관계를 지칭하는 의미에서 다음과 같이 인을 정의한다.

인이란 두 사람이다. 자식이 부모를 사랑하고 신하가 임금을 사랑하며, 관리가 백성을 사랑하는 것, 모두가 인이다.302)

이에 대한 문헌학, 경전적 근거로 다산은 다음을 제시한다.

인이란 두 사람이다. 옛 전서에서는 '人'자를 겹쳐서 '仁'자로 삼았다.......인이란 인간과 인간의 지극함이다. 자식이 부모를 효도로 섬기니 자식과 부모는 두 사람이고, 신하가 임금을 충성으로 섬기니 신하와 임금은 두 사람이고, 형과 아우는 두 사람이고, 수령과 백성은 두 사람이다. 이로 말미암아 관찰하면, 창힐과 복희가 문자를 제작한 처음에 원래 윤리적 행위와 사건(行事)으로써 의미를 모은(會意) 글자이다.303)

라 밝히고 있다.

다산의 위 인용문에 의하면, '인'자의 상형문자적 의미를 고찰할 때 '人과 二' 두 글자가 결합된 것이며, 옛 전서의 표기법으로는 그 글자가 '人人'으로 되어 있는 사실에 근거하여, '인'자가 두 사람 사이에 실행되는 어떤 관계를 의미하는 회의문자라고 주장하는 것이다. 이는 『설문해자』의 설명방식과 크게 다르지 않다. 다산은 기본

---

301) 다산의 仁에 대한 선행적 연구로는 금장태, <다산 인仁개념 인식과 실천과제>, 『다산학』, 7호 (2005)가 있다.

302) 『與猶堂全書』, 『論語古今註』, 12卷, "仁者二人也, 子愛親臣愛君牧愛民, 皆仁也."

303) 『與猶堂全書』, 『論語古今註』, 16卷. <(附見)論語對策>, "仁者二人也, 其在古篆, 疊人爲仁, 疊子爲孫, 仁也者, 人與人之至也, 子事父以孝, 子與父二人也, 臣事君以忠,, 臣與君二人也, 兄弟二人也, 牧與民二人也, 由是觀之, 倉羲製字之初, 原以行事會"

적으로 윤리적 개념의 해명에 있어서 한자의 문헌학적, 언어학적 근거를 중시하는 태도를 보인다.

이런 기본적 입장에 의해, 다산의 경전해석과 유가학설의 설명의 체계에서 인은 원리나 천리의 개념으로 설명되지 않는다. 그는 주자에 의해 정립된 '심덕'과 '천리'로 인을 설명하는 방법을 부정한 것이다. 다음 두 가지 다산의 언표는 이 사실을 잘 말해준다.

인은 '마음의 덕'이 아니고 '하늘의 원리'도 아니다.304)

인은 '하늘의 원리'가 아니라 '사람의 덕'이다. 공자가 "자기를 이기고 예로 돌아가라"를 인이라고 한 것은 인간의 욕망이 이미 극복된 후에 인을 할 수 있다는 것이다305)

결론적으로 다산은 인을 주자처럼 원리와 마음의 차원에서 설명하면 실제적으로 윤리적 행위를 실천한다는 유학의 본지와 멀어지게 된다고 하여 다음과 같이 말한다.

나는 경전에서의 설명은 '爲仁'이 가장 중요하다고 생각한다. '爲'는 '作'이다. '爲'는 '行事'이다. 주자는 인을 '天地가 만물을 생성하는 마음', '마음의 전체적인 德'이라고 설명하였는데, 이렇게 이해하면 '爲仁' 두 글자를 이해할 수 없다.306)

다산에 의하면, 『논어』에 등장하는 '爲仁之本'은 두 가지 번역이 가능한데, 바로 '인을 행하는 근본이다'와 '인이 되는 근본이다'이다.

304) 『與猶堂全書』, 『論語古今註』, 卷 7. "仁不是心德. 不是天理"

305) 『與猶堂全書』, 『孟子要義』 卷 2, "非天理乃是人德. 孔子曰克己復禮爲仁. 則人欲旣克然役乃爲仁"

306) 『與猶堂全書』, 『孟子要義』 公孫丑 第二 矢人函人章, "鏞案 經曰莫如爲仁. 爲猶作也. 爲者行事也. 朱子以仁爲天地生物之心. 本心全體之德. 則爲仁二字不可解"

두 가지 경우 어느 쪽이던 효제의 기본적 윤리행위와 관계가 있는 해석이며, 그 행위로 얻어지는 결과에 초점을 맞추는 설명방식이라는 것이다. 주자처럼 인간의 마음의 차원과 원리의 입장에서 인을 설명하면 유가경전의 본래적 의미 즉, '인을 하는 것', '인이 되는 것'을 제대로 이해할 수 없게 되는 것이라고 다산은 주장한다. 왜냐하면, '爲'는 '作 ''과 '行事'를 뜻하기 때문이다. 이 둘은 모두 인간의 실제적 행위, 행동, 실천과 관련되는 한자로서, 다산은 인을 마음과 하늘과 연계하여 설명하는 것에서부터 벗어나 '행사'의 관점에서 이해한다고 주장한다.

5. 윤리도덕의 실천-행사

유학사상은 인간사회에서 윤리 도덕적 선을 실현하는 문제에 대해 지대한 관심을 기울여 왔다. 이 문제는 인간이 추구할 선이 무엇이냐 에서부터 접근해야 한다. 공자는 모든 윤리 도덕적 선의 총합으로서 인을 제시하였다. 공자로 대표되는 유학의 근본정신에 대해 크게 원리의 입장에서 설명하는 방식과 실천의 입장에서 이해하는 방식으로 구별될 수 있다. 앞에서 살펴 본 바와 같이 주자는 윤리도덕의 원리에 대한 해명에 보다 큰 관심을 경주하였다. 그는 '이기', '심성'의 용어를 사용하여 유학의 전체적인 학문체계를 수립한 학자라고 말할 수 있다. 인간과 자연을 아우르는 이론 구조(理氣心性論)에 들어가면 천지자연을 관통하는 만물을 생성하는 원리로 인이 이해 될 수 있다.

다산의 경우처럼 실천의 문제를 강조하게 되면, 선이 무엇인가에 관한 선험적이고 형이상학적인 해명 보다는 윤리도덕의 행위에 초점이 맞추어지고, 그 행위의 결과 어떤 공능을 지니는가에 관한 설명이 더욱 중요하다. 다산은 이를 '행사'라는 용어로 설명하였다.[307] '사'는 일(work)을 하는 행위, 활동, 행동의 의미도 되지만, 여러 가지 윤리적 사건(event)을 포괄하는 의미로 볼 수 있다. 그리고 '행'은 일과 사건을 '행하다', '실천하다', '실현하다'라는 의미를 지닌 것으로 볼 수 있다. 유학의 성격이 기본적으로 윤리적 문제에 대한 해명

---

[307] '行事'에 관한 개념에 대한 보다 자세한 이해를 위해서는 다음을 참고하라.
김형효, <다산의 사상과 행사론의 독법>, 『원효에서 다산까지』, 청계, 2000
장복동, 『다산의 실학적 인간학』, 전남대출판부, 2002
고래억, <다산 '행사'의 교육인간학적 연구>, 연세대 박사논문, 2005
조현규, <다산에 있어 '행사'의 윤리교육적 함의>, 『교육철학』, 제36집, 2009, 12
장승구, 『정약용과 실천의 철학』, 서광사, 2001

에 집중되어 있는 만큼 '행사'는 '윤리적 일과 사건을 실천하다'를 의미하는 것으로 요약할 수 있다.

이 경우 부모, 자식, 이웃, 사회, 국가를 범주로 하는 인간들 사이에서 이루어지는 다양한 윤리 도덕적 사건의 문제에 대한 해명이 중요해진다. 다산이 보기에 인간의 윤리도덕이 실천되지 않는 것은 도덕, 윤리 즉, 선이 무엇인가를 몰라서가 아니라 이미 알고 있는 가치들을 실천하지 않음이 더 문제라는 인식에서 출발했다고 볼 수 있다. 따라서 다산에 의하면 윤리적 덕목은 분석의 문제가 아니라, 실천의 문제인 것이다. 이런 점에서 그는 주자학 내지 성리학적 이해방식과 다른 접근방법과 해결방식을 제시한다.

다산의 문집인 『여유당전서』에는 117번 '행사'가 등장한다.308) 윤리적 함의를 지닌 것에 한정하여 그의 생각을 따라가 보자. 먼저 다산은 유학의 이상적인 정치는 인륜의 확립에 있었다고 생각한다.

> 옛 성인이 (인간의) 마음과 성품을 다스리는 것은 언제나 '행사'에
> 있었다. '행사'는 '인간의 윤리'와 다르지 않다.309)

다산에 의하면, 유학의 근본정신은 인간의 윤리적 문제를 다루는 것이다. 유학의 전통에서 이 윤리적 문제는 인으로 대표되거나 인의 또는 인의예지라는 덕목으로 제시된다. 다산에 의하면, 윤리도덕의 문제는 정밀한 이론체계를 정립하여 이를 분석적으로 설명하는 것 보다 현실사회에서의 실천의 방법론을 제시하는 것이 중요하다고 본다.

---

308) <한국고전종합데이터베이스>에 '行事'를 입력하면 다산의 전적에서 117번의 용례가 등장한다. 이 중에서는 정부, 관료의 공식적인 업무와 관련된 의미와 종교적 의례를 수행하는 의미도 포함되어 있다.

309) 『與猶堂全書』, 『大學公議』, 一, [舊本大學] 在止於至善. "先聖之治心繕性. 每在於行事. 行事不外於人倫."

인의예지의 이름은 행사이후에 이루어진다. 이는 인간의 덕이지
인간의 성품이 아니다.310)

인의예지의 이름은 본래 우리 인간의 행사에서 생긴다. 모두 마음
의 깊은 이치에 있는 것이 아니다. 인간은 하늘로부터 '영명'한 것
만 받는데, 바로 인의예지를 할 수 있는 가능성을 소유하게 된다.
만약 하늘이 인의예지의 네 가지 낱알을 인간의 성품 가운데 부여
해주었다면 그것은 사실이 아니다.311)

위 두 인용문은 인간과 자연을 동일한 차원 즉, '성리'의 관점에서
인의예지를 논의하는 것을 비판하고, 실제 인간의 현실적 삶 속에서
윤리도덕을 실천하는 문제와 결합되어 인의예지가 설명되어야 한다
는 것을 주장하는 것이다. 그리고 성리학의 주요 설명방식인 인간의
마음과 성품(心性)에 의한 해명도 결국 '행사'의 문제로 귀결되어야
한다는 것이 다산의 생각이다. 이러한 관점에서 현실에서의 윤리도
덕의 실천을 다산은 '행사'라는 용어로 설명하다.

성품과 마음을 논하는 것은 장차 '행사'하기 위함이다.312)

왜냐하면, 다산이 생각하기에 '심성'에 대한 해명 자체보다는 인의
예지의 윤리적 실천이 중요하기 때문이다. 그는 "인의예지는 행사에
서 드러난다"313)고 선언하였다. 다산은 공자의 사상을 심리적으로
분석하여 그 학문적 깊이를 이룩한 것으로 평가되는 맹자의 성선과

---

310) 『與猶堂全書』, 『中庸講義補』, 卷一, 天下之達道五節. "仁義禮智之名. 成於行事之後. 此是人德.
不是人性."
311) 『與猶堂全書』, 『中庸講義補』, 卷一, 天命之謂性節. "仁義禮智之名. 本起於吾人行事. 竝非在心
之玄理. 人之受天. 只此靈明. 可仁可義可禮可智則有之矣. 若云上天以仁義禮智四顆. 賦之於人
性之中. 則非其實矣"
312) 『與猶堂全書』, 詩文集, 第 十九卷, 書. 答李汝弘. "論性論心者. 將以行事."
313) 『與猶堂全書』, 詩文集 第十八卷, 書. 上弇園書. "仁義禮智. 是見於行事."

사단의 이론도 모두 행사의 관점에서 설명한 것이라고 본다.

> 반드시 성품의 착함을 사단의 근본으로 여겨야 한다. 맹자가 논하
> 는 인의예지는 모두 행사를 위주로 해서 말한 것이다.314)

유학의 윤리문제는 인의예지의 덕목을 현실에 실현하는 것에 있
는데, 다산에 의하면 이들 가치는 행사 즉, 윤리적 행위를 실천하는
다음에 결과로서 생기는 것이며, 인간의 마음과 성품에 선험적으로
내재한 것은 윤리도덕을 실천할 수 가능성으로서의 '영명함'만이 존
재한다는 것이다. 그 윤리적 가능성에 대해서만 설명이 집중되면,
실제 현실에서의 적용으로서의 의미가 무시될 수 있으므로 유학의
인에 대한 해명은 행위, 결과 두 가지 관점에서 논의되어야 한다는
것이 다산 인론의 핵심이라 할 수 있다.

> 인은 본래 마음의 전체적인 덕이 아니라 일의 공적(事功)이 성립
> 되는 것이다.315)

다산은 '행사'라는 용어 이외에 '사공'이라는 용어로 설명하기도
한다. 둘 다 인간의 윤리적 행위의 결과에 초점을 맞추어 논의를 진
행하는 점에서는 큰 차이가 없다. 다산이 보기에 유학의 본지는 어
디까지나 공맹의 사상에서 찾아야 하는데, 이 두 사상가는 인간의
'마음의 이치(心理)'에 대한 설명으로 접근하는 것이 아니라, 윤리적
실천, 행위, 행동의 차원을 강조하고 있다는 것이다. 다산은 다음과

---

314) 『與猶堂全書』, 詩文集, 第 十九卷, 書. 答李汝弘. "必以性善爲四端之本. 其論仁義禮智. 皆主行
事而言."
315) 『與猶堂全書』, 『論語古今註』, 卷七. 憲問, "仁者非本心之全德. 亦事功之所成耳."

같이 말한다.

> 공자와 맹자가 말하는 인과 의는 모두 행사를 위주로 말한 것이지
> 마음에 있는 이치(在心之理)를 말한 것이 아니다.[316]

인의예지의 도덕적 가치가 '행사' 이후에 생기는 것인데도, 인간의 마음의 차원에서 윤리도덕적 행위의 근거와 원리(在心之理)로 생각하는 것은 유학의 본령에서 어긋난다고 다산은 이해하였다. 다시 말하면, 윤리 도덕적 근거가 객관적이고 선험적으로 존재한다는 주자의 생각과 달리, 다산은 인간이 추구하는 선은 도덕적인 행위 이전에 자체적으로 존재하는 것이 아니라 행사 이후에 얻어지는 행위의 결과로 이해해야 한다는 것이다.

---

316) 『與猶堂全書』, 『孟子要義』, 離婁第四, 仁之實事親 義之實從兄章. "孔孟言仁義. 皆主行事而言. 不以爲在心之理."

6. 다산 인론의 윤리학적 함의

유학은 윤리도덕이 실현되는 인간사회를 구현하는 것을 지향하는 학문체계이다. 이러한 목표는 유학사상가라면 누구나 실현하고자 하지만, 변수는 시대적 환경이다. 주자시대의 방법과 다산시대의 방법은 다를 수밖에 없지 않은가? 두 사상가의 유가적 이상을 이해하고 실천하는 문제에 접근하는 방법에 대한 견해차, 이는 근본적으로 경전해석의 차이로 나타난 것이라 할 수 있다. 한편 윤리도덕을 현실에서 실현하기 위해서 주자는 원리에 대한 해명이 중요하다고 생각한 반면, 다산은 현실에서의 실천과 적용이 더 중요하다고 생각하였다. 진리를 추구하고 의리를 중시하는 관념적인 사고방식이 주자학의 특징이라면, 사실을 중시하는 과학적인 사고방식이 다산학의 특장이라고 말할 수 있다.

다산은 기본적으로 '수사학'이라고 표현되는 공자 학문의 정신을 추구하는 것이 그의 학문적 목표였다. 그의 경전에 대한 주석과 해석, 그리고 경세학적인 저술도 이러한 정신의 표출이라고 할 수 있다. 그리고 공자이후 유학의 핵심개념은 인이라고 할 수 있는데, 이 윤리도덕적 개념에 대해서도 주자와 다산은 다른 학문적 경향성을 보인다.

주자는 인을 만물의 존재원리를 설명하는 것에 까지 확대시키고 있다. 마음의 덕과 사랑의 이치라는 관점에서 접근하여 인간의 윤리적 행위의 본질적 근거와 천지자연의 물질적 원리를 동시에 해명하는 태도라고 할 수 있다.

반면에 다산은 인을 인간의 윤리적 문제를 해명하는 가장 중요한

가치로 여기고 있으므로, 사물의 존재에 대해 언급하는 태도를 지양
한다. 그리고 인간의 기본적 윤리 행위의 근거보다도 실제 행위가
이루어지는 방법과 장소, 목적에 관심을 둔다. 이 때 행사라는 용어
가 중요한 의미를 지니게 되며, 행사는 현실사회에서의 윤리도덕적
일(work)과 사건(event)에서의 구체적 행위를 의미한다고 볼 수 있다.

다산이 사서를 위시로 한 경전의 해석에서 '인'의 문제를 해명하
는 기본적 설명방식은 실천의 문제, 즉, 다산의 용어로 '행사'와 연계
하여 설명하는 것이다. 다산이 보기에 기존의 유학사상의 역사는 주
자의 해석만을 정통으로 인정함으로써 지나치게 관념화, 분석화, 체
계화된 이론 중심의 학문으로 유학이 변질되었다. 그는 다양한 고증
학적 근거를 토대로 '인' 개념을 현실사회에서의 실천의 문제를 설
명하는 차원에서 이해할 것을 주장하고 있는 것이다.

인간의 현실사회에서의 윤리도덕 규범과 가치로서 '인' 개념을 설
명하면서, 다산은 특히 '인'이 인간과 인간의 관계에서 성립하고 사
회에서 실현되는 도덕적 가치임을 강조하였다. 지금까지의 설명을
요약하면 윤리도덕의 근거나 원리에 대한 설명보다는 윤리 도덕적
행위의 결과로서의 의미가 중시되어야 한다는 것이 다산의 인에 대
한 논의의 핵심적 주장이라고 할 수 있으며, 이런 점에서 다산은 인
은 행사와 연계되어 이해되어야 한다고 생각한 것이다.

제8장

구암 이정의 교육사상

1. 한국 성리학의 윤리사상

유학사상은 교육을 통한 인간의 변화(敎化)와 윤리도덕에 기반을 둔 이상사회를 실현하는 문제에 대하여 폭넓고 깊이 있는 이론을 제공해 왔다. 서양의 소크라테스와 더불어 인류 최초의 스승으로 일컬어지는 공자 이후 많은 유학자들이 교육에 대한 다양한 학설을 제시해 왔는데, 주자학을 경유한 조선시대의 유학자들도 예외가 아니다.

일반적으로 교육은 인간의 앎의 깊이와 넓이를 추구하는 '지식 교육(知育)', 한 사회가 지향하는 도덕적 삶을 영위하는데 필요한 윤리도덕성의 제고를 위한 '도덕 교육(德育)', 그리고 인간의 외면인 건강한 육체를 유지하기 위한 '체육 교육(體育)' 등 세 가지로 분류될 수 있다.

그런데, 유학사상은 단순한 지식의 함양을 추구하는 지식 교육이나, 육체의 단련을 지향하는 체육 교육 보다 윤리적 실천을 겨냥하는 도덕 교육에 관한 다양하고 깊이 있는 학설을 제시한다. 지식만을 추구하는 교육과 학문을 유학 전통에서는 허학(虛學)이라고 비판하고 인간의 윤리 도덕적 행위에 도움이 되는 학문을 실학(實學)이라고 구분하여 이를 추구해야 한다고 주장하는 것도 이러한 유학의 학문적 경향성에 기초한 것이다.

유학의 학문적 성격을 규정할 때 우리는 '교육'과 '도덕'이라는 두 가지 기둥을 빼놓고는 그 특징을 이야기하기 어렵다. 이런 점에서 『논어』 제1편이 학습이라는 교육의 문제에서 출발하고 있다는 것은 결코 우연이 아니다.

이러한 교육 목표의 최상위에는 이상적 인간형으로서 성인이 자리하고 있다. 공자와 맹자의 이른바 원시유학에서부터 성리학이 유학의 이론적 틀을 새롭게 확립한 때에 이르기 까지 거의 모든 유학자들은 성인이 되는 것을 삶의 목표이자 교육의 목표로 삼았다.

그 성취 여부는 차치하더라도 윤리 도덕적 측면에서 완벽한 삶을 영위할 수 있는 인격을 뜻하는 '성인이 되는 것'에 교육과 인생의 목표를 설정하였다는 것은 그만큼 유학의 학문적 특징이 윤리도덕 교육에 있음을 웅변한다.

조선시대 성리학이 확고한 자리를 잡아가는 시대를 경험한 구암 이정(1512-1571)도 이러한 전통적 교육관을 가지고 있었다. 이 장에서는 구암 선생의 교육사상에 관한 사유의 조각들을 모아 구암의 교육사상의 특징과 의미를 정리하고자 한다.

우리는 흔히 우리는 '사상'과 '철학'이라는 용어를 거의 같은 의미로 혼용하기도 하지만, 엄밀한 의미에서 이 두 개념은 차이가 있다. 사상이란 사유의 능력을 타고난 인간이 '정신의 자각적인 행위로부터 만들어낸 모든 것을 포괄한다'.[317] 이런 의미에서 사상에는 문학작품과 예술작품을 포함한 인간의 아이디어가 표현된 모든 문화적 장르가 포함된다. 다시 말하면 사상이란 인간의 문화 전반에 대한 생각들의 집합이라 할 수 있다.

그리고 철학은 사상 중에서도 특히 '원리적인 문제에 관한 사상'을 뜻하며, '일관된 논리적 정합성을 갖춘 체계적인 것'을 지시하는 개념이라 할 수 있다. 그 의미의 외연을 생각하면 사상은 철학보다 훨씬 넓은 범위와 내용을 지니게 된다.

이런 의미 구분에 근거하면 '교육사상'과 '교육철학'이라는 개념정

---

317) 赤塚忠 외,『思想史』中國文化叢書 3, 大修館書店(1978), 1면 참조.

의도 달라 질 수 있다. 간단히 말해서 교육철학이란 교육에 관한 원리적, 논리적, 체계적인 이해방식을 뜻하며, 교육사상이란 교육에 관한 인간의 다양한 사유와 이해방식을 지시한다고 할 수 있다.

학문분야가 세분화, 전문화된 현대 교육학적 관점에서 볼 때 조선시대 다른 유학자들처럼 구암도 교육문제에 관한 독창적이고 철학적인 논의를 제시하고 있지는 않다. 그리고 교육에 관한 구암의 독립적인 형태의 저술과 논문이 전해지지 않고 있어서, 그의 교육사상을 그려내는데 어려움이 있다. 더구나 구암의 교육사상에 관한 학자들의 연구도 전무한 형편이어서 연구의 어려움을 배가시키고 있다.[318]

다행인 것은 그의 문집 중에 '교육사상'이라는 제목하에 논의될 수 있는 사서의 교육적 의미와 서원의 설립, 그리고 유학저서의 간행 등에 관한 자료가 산견되고 있다는 점이다. 이글에서는 구암이 강조하는『대학』중시의 교육론의 의미를 고찰하고, 교육 기반 시설(인프라)의 구축에 대한 구암의 노력과 관심을 중심으로 그의 교육사상의 특징을 파악하고자 한다.

---

318) 저자의 寡聞 때문인지도 모르겠으나, 구암 관련 전문 논문으로는 아래 다섯 편 정도이다.
　이수건, <구암 이정의 생애와 학문 및 '退南'과의 關係>
　이은식, <구암과 진주옥사> 이상 2편은,『구암 이정 선생의 생애와 학문』학술발표회 게재.
　鄭羽洛, <中庸이 龜岩 李楨의 文學에 미친 영향>
　崔英成, <龜岩 李楨의 學問과 朝鮮儒學史上의 貢獻> 이상 2편은,『泗川文化』2003년 제6호 게재.
　강민구, <龜岩 李楨과 泗川·晉州[地域의 退溪學派>(『退溪學과 韓國文化』31, 경북대 퇴계학연구소, 2002

2. 『대학』 중시의 유가 윤리교육론

우선, 구암은 유가의 여러 서적들 가운데 『대학』과 『중용』을 중시하는 학문적 입장을 견지한다. 이 두 책 중에서도 특히 『대학』의 학습을 강조하는 구암의 언표를 그의 문집 여러 군데서 발견할 수 있다. 논자가 보기에 구암의 학문과 교육에 대한 사상의 중심에는 『대학』이 자리하고 있다.

구암은 『중용』에 대해서는 우회적이고 간접적인 화법을 사용하여 그 학문과 교육의 효용성을 설명하고 있다. 『중용』의 경우는 이 텍스트에 등장하는 주요 개념에 대해 '시'라는 문학 장르를 통해 설명함으로써 간접적이고 우회적으로 그 책의 교육적 의미를 중시하는 것처럼 보인다. 첫째, 구암은 <중용영십사수>라는 제목으로 '중', '화', '성', '명', '도' 등 『중용』의 핵심 내용을 14개의 시 제목으로 선택하여 설명하고 있다.[319] 이 시들을 통해 우리는 『중용』의 내용과 유학적 경지, 교육에 관한 구암 사상의 특색을 엿볼 수 있다. 둘째, 당시의 임금 명종에게 『대학』 학습을 권장한 후 구암은 『중용』이라는 서명을 직접 언급하지는 않았지만, <권학차자>에서 이 책의 핵심 내용을 강조함으로써 우회적으로 『중용』의 학습을 권하고 있다.

구암은 이 책을 학습할 때 진실무망의 태도로 인간의 성품과 사물의 이치를 연구하면 정치의 문제 뿐 아니라 인간 모든 문제에 대한 분명하고 적확한 견해를 얻을 수 있다고 주장한다.

---

319) 鄭羽洛, <中庸이 龜岩 李楨의 文學에 미친 영향> 『泗川文化』 2003년 제6호. 128면-146면 참조..

전하께서는 살펴 물으시고(審問) 깊이 생각하시며(愼思) 밝게 분별하심(明辨)을 배우시고 오로지 그 근본이 되는 학문을 연마하시며 성품과 이치를 깊이 연구하시고 다스림의 도리를 추구하여 한결 같이 진실하고 속임이 없음을 기둥으로 삼으시어 잠시라도 쉬거나 끊어지지 않게 하실 수 있으시다면 어찌 다만 인간의 문제와 정치의 문제에만 도움이 되겠습니까? 모든 것이 각각 사리에 맞아 조금이라고 부족한 느낌이 없으실 것입니다.[320]

구암은 『중용』의 내용을 말할 때와는 달리 보다 분명한 어조로 『대학』에 대해서는 직접화법으로 『대학』 학습의 효과와 방법론을 비교적 구체적으로 제시하고 있다. 즉, 구암은 『대학』의 수기치인의 내용을 제대로 이해하기 위해서는 증자의 『대학』,[321] 진덕수의 『대학연의』, 구준의 『대학보유』을 읽어야 한다고 주장하고, 이 세 권의 참고자료를 중심으로 경연에서 강의를 하면서 군주에게 특히 구준의 <심기미>의 학습을 강조하고 있다.[322]

구암은 성현의 진리를 담고 있는 책인 『대학』은 窮理 正心, 修己, 治人의 방법론이 구체적으로 제시되어 있어서 인심(人心)과 천리(天理)의 문제를 이해하기 위해 반드시 학습할 책이라고 주장한다.

"『대학』이라는 책은 성현이 진리를 전해준 책입니다. 이 책에는 사물의 이치를 탐구하고 마음을 바르게 하며, 자신을 닦고 다른 사람을 다스리는 방법이 다 들어 있습니다. 전하께서는 경연의 사

---

320) 『龜巖集』, 권 2, 431면 <勸學箚子>. 여기서 밑줄친 부분은 『왕조실록』에 있는 첨가되어 있는 부분이다. 『龜巖年譜』, 사천문화원, 2002. 96면.
"伏願殿下 能學審問愼思明辨 專治其本源之學 沈潛乎性理 講求乎治道 一以眞實無妄爲主 無有間斷 則豈徒用人之間 政事之際 各得其當 而無一毫不足之憾哉" 인용문의 마지막 부분은 無一毫不足之憾哉 은 『구암연보』에는 '無一毫部足之憾哉'으로 되어 있으나 논자가 수정하였음.

321) 여기서는 주자의 四書集註이전 증자가 쓴 것으로 전해지는 '고본대학'을 뜻한다.

322) 『龜巖集』, 別集 권 2, 534면, <請諡疏> 1656년 李家淳이 쓴 이 상소문에서 "曾子大學及眞西山衍義丘瓊山補遺三書謹講 而惓惓於審幾微一篇"라고 보충설명을 하고 이어서 <권학차자>의 내용을 싣고 있다.

이 한가한 시간에 항상 이 세 책을 들이게 하시어 늘 부지런히 읽어 보시어 조금도 게을리하거나 소홀히 하지 않으신다면 인간의 마음과 하늘의 이치에 대한 존망의 기미와 국가의 다스려짐과 혼란 흥함과 망함의 도리가 마음 속으로 깊게 이해되시어 아무 의심이 없어질 것입니다."323)

이러한 구암의 『대학』 중시의 교육론을 제대로 이해하기 위해서는 먼저 『대학』이 유가 경전에서 차지하고 있는 위치와 四書와의 관계를 파악하는 것이 중요하다.

주지하듯이 사서 중에서 『논어』와 『맹자』는 오래 전부터 유학의 독립된 경전으로 인정받아 왔으나, 『대학』과 『중용』은 애초에 오경의 하나인 『예기』의 42편과 31편에 실려 있던 것이다. 두개의 '편'에 불과하던 『대학』과 『중용』이 단행본의 '책'으로 독립을 획득하여 유학의 기본도서로서 확실하게 등록되는 과정을 살펴보면 대략 다음과 같다.

『대학』이 독립적인 단행본으로서 중시된 것은 당나라 때 한유(768-824)가 특별히 이 책을 높이고, 북송 때 사마광(1019-1086)이 『대학광의』 1권을 저술하면서부터이다. 그 후 정이천(1033-1107)이 경전으로서의 이 책의 가치를 높이 평가하였으며, 정자의 학문을 계승한 것으로 평가되는 주자(1130-1200)에 이르러 『대학장구』가 완성된 후 명실상부한 사서의 하나로서 자리매김하게 된다.

『중용』도 『대학』과 마찬가지로 송대에 이르러 당시의 유학자들로부터 유가경전으로서 집중적인 관심을 받게 된다. 『중용』에 대한 주석서는 주자의 『중용장구』와 더불어 한대의 『중용설』 2편,324) 양나

---

323) 『龜巖集』, 권 2, <勸學箚子>, 431면. 『龜巖集』은 『한국문집총간』 33을 뜻한다. 이하 동일
"大學一部 聖賢傳道之書 窮理正心 修己治人之法 俱在此書 伏願殿下 每於經筵之暇 燕閒之中 進此三書 常常謹覽 無少怠忽 則人心天理存亡之幾, 國家治亂興廢之道 理會於一心而無疑".

라 무제의 『중용강소』1권, 그리고 송나라 시대에 들어서면서부터 대웅의 『예기중용전』2권, 조순손의 『중용찬소』3권 유초의 『중용해』5권 등이 대표적인 저술로 평가된다.

이 주석서들 가운데 『중용설』은 전해지지 않고, 『중용강소』는 양나라 시대의 저작인 점을 감안하면, 『중용』에 대한 학자들의 저술은 송대에 집약되어 있음을 알 수 있다.

따라서 『대학』과 『중용』이 송나라 때 집중적으로 연구되었다는 것은 이 두 책이 송학 즉, 성리학의 학문적 기틀을 세우는데 중요한 텍스트로 평가되었음을 의미한다. 다시 말하면, 『대학』과 『중용』이 중심이 된 '사서의 중시'가 송대 성리학의 학문적 특성을 규정하는 시금석이 되는 것이다. 송대 성리학의 학문적 성격과 특징은 사서중심의 학문관을 지닌 주자에 의해 결정되었다고 해도 지나친 말이 아니다.

그런데, 위에서 언급하였듯이 주자 이전의 유가 경전 주석가들은 사서에 대해 각각 독립적인 텍스트로 인정하고 이에 대해 연구를 진행하는 태도를 견지하였다. 송학이전의 유학에서는 사서 중에서는 『논어』와 『맹자』가 『대학』과 『중용』보다 중시되었으며, 사서 보다는 오경(『詩經』, 『書經』, 『易經』, 『禮記』, 『春秋』) 중심의 유학이 확립되어 있었다. 즉 중국 당대 이전 관학의 기본 교과서는 오경이었다.

그러던 것이 북송시대에 주자를 거치면서 사서를 중시하는 학문적 분위기가 확립되었다. 다시 말해서 주자에 이르러 비로소 『대학』 『논어』 『맹자』 『중용』의 네 책에 대해 비로소 '사서'라는 의식을 가지고 이들을 통합적인 관점으로 인식하려는 학문적 태도가 확립되

---

324) 이 주석서는 『漢書藝文志』에 書名이 있으나, 현재 전해지지 않음.

었다. 이러한 인식은 사실 주자 이전 정자에게서 부터라고 할 수 있지만 정자는 네 가지 텍스트를 연계하여 '사서'라고 명명하기는 하였지만, 이들 저술에 대해 주석과 해설을 붙이기를 시도하지는 않았다.[325)]

정자를 사숙한 주자에 이르러 비로소 이 사서에 대한 비교적 통합적인 시각과 목표하에 일관된 주해가 완성된다. 즉, 주자 이후 유학자들에게 유학의 기본 교과서로 인정받는 『사서집주』가 세상에 모습을 드러내게 된 것이다.

그런데, 주자는 『논어』와 『맹자』의 주해서에는 자신보다 이전의 학자들의 보충설명과 자기 견해를 첨부했다는 의미에서 '집주'라는 이름을 붙이고, 『대학』과 『중용』의 주석서에는 문장을 분류하고 순서를 조정하는 등의 텍스트를 새로 편집했다는 의미에서 '장구'라는 제목을 붙이고 있다. 즉, 『논어』와 『맹자』의 경우는 주자 이전에도 이미 여러 주석가들의 다양한 주해서가 존재해 왔으므로,[326)] 주자 자신이 이 여러 학자들의 설명을 취사선택하여 하나의 책을 만들었다는 의미에서 '집주'라 하였고, 『대학』과 『중용』은 『예기』에 있던 글을 대상으로 전적으로 주자 자신의 생각에 기초하여 '장'과 '구'로 나누어 새로 편집한 뒤 자신의 견해를 붙였기 때문에 '장구'라고 명명한 것이다.[327)]

『대학장구』와 『중용장구』는 주자의 나이 45세 때인 1175년 무렵에, 그리고 『논어집주』와 『맹자집주』는 48세 때인 1178년 무렵에

---

325) 加藤常賢, 『中國思想史』, 1982, 131면 참조

326) 『論語』와 『孟子』에 대한 주석서는 漢代에서 주자 당시까지 『大學』과 『中庸』보다 훨씬 많다. 『論語』의 경우 대표적인 것으로는 何晏의 『論語集解』, 皇侃의 『論語義疏』, 邢昺의 『論語注疏』 (여기에 주자의 『論語集註』를 포함시켜 『論語』의 4대 주석서라고 부른다) 등을 들 수 있는데, 김영호 교수에 의하면 漢代 이후 『論語』를 주석한 사람은 1000명을 넘는다. 김영호, < 『論語』의 注釋史> 『논어의 종합적 고찰』 2003, 27면 참조.

327) 加藤常賢, 『中國思想史』, 1982, 131면 참조

각각 초고가 완성되고, 주자가 60세 때인 순희 6년(1190) 2월『대학장구』의 서문을 쓰고, 한 달 뒤『중용장구』의 서문을 쓴 것으로 볼 때, 사서에 대한 주자의 주석서는 40대 후반부터 60대 초반까지의 주자의 학문적 성과가 반영된 것이라 할 수 있다.[328]

다시 말해서 주자는 적어도 그의 나이 40대 중반 무렵부터는『대학』『논어』『맹자』『중용』을 통합적 시각으로 이해하는 '사서'라는 인식을 가지고 있었으며, 20여년의 노력으로 '집주'와 '장구'의 형태로 완성시킨 것이다.『사서집주』가 완성된 후에도 주자의 사서에 대한 연구는 계속되어 만년에 이르기까지『대학장구』와『논어집주』,『맹자집주』를 개정하여, 그는 죽기 3일 전까지도『대학』의 <성의장>을 고쳤을 정도로 사서에 대한 지대한 관심을 보였다. 구암도 이 사실을 알고 <학용장구지남발>에서 "회암선생(주자)도 오히려 역책(易簀)의 때에도『장구』의 '성의'를 고쳤다"[329]고 말하고 있다.

한편, 주자는 당시 사람들을 교육하면서, 먼저 공부를 사서에 집중시켜야 한다고 하였지만, 오경에 대해서는 급히 배워야 할 것이라고 강조하지 않았다. 즉, "『논어』『맹자』의 학습은 그 양은 적지만, 효과는 크고, 육경의 학습은 그 양은 많지만, 효과는 적다"[330]는 것이다. 이런 관점에서 주자는『사서집주』의 저술에 필생의 노력을 경주한 것이다. 특히, 그는 사서에 대해 독서의 순서를 정하여,『대학』-->『논어』-->『맹자』-->『중용』의 단계로 학습할 것을 강조한다. 주자의 말을 들어보자.

---

328) 졸고, <茶山의 四書解釋의 特徵研究-朱子와의 比較를 中心으로>, 1990, 한국정신문화연구원 석사논문, 18면 참조

329) 『龜嚴集』別集 권 2, 523면. <學庸章句指南跋>, "晦庵夫子猶改誠意章句於易簀之際"

330) 『주자어류』19권, "語孟工夫少 得效多 六經工夫多 得效少"

"『대학』은 등급과 차례가 한 곳으로 모여서 쉽게 이해할 수 있으니 마땅히 먼저 보아야 하고, 『논어』는 (내용이) 충실하지만 언어가 산만하여 처음 보기(초학자가 읽기)가 역시 어렵다. 『맹자』는 인간의 마음을 발흥시키기 감격을 주는 것이며, 『중용』은 읽기가 어렵다. 세 책(『대학』『논어』『맹자』)를 본 뒤에 읽는 것이 옳다."331)

　주자가 그리는 학문 세계는 『대학』에서 출발하여 『중용』에 이르는 여정이다. 위에서 살펴보았듯이 구암이 사서 중에서 『대학』과 『중용』을 강조한 것은 주자학의 전체 규모를 올바르게 파악하는 식견을 소유하고 있음을 우회적으로 보여주는 것이다.
　그런데, 주자는 사서의 독서 순서를 사서의 성격에 근거하여 설명하고 있기도 한다.

"나는 사람들이 먼저 『대학』을 읽어서 학문의 규모를 정하고, 이어서 『논어』를 읽어서 학문의 근본을 세우고, 다음으로 『맹자』를 읽어서 학문을 발양시키고, 마지막으로 『중용』을 읽어서 옛 사람의 미묘한 마음을 살필 것을 바란다"332)

　이러한 주자의 사서에 대한 이해는 조선시대 유학자들에게도 그대로 답습된다. 율곡은 『격몽요결』 <독서장>에서 『소학』을 필두로 사서에 대한 학습을 강조하고, 이어서 오경에 대한 독서를 마친 다음, 성리학 저술들을 학습할 것을 권장하고 있다.333) 율곡은 주자와 동일한 사서 독서 순서를 제기하고 있는 것이다. 율곡과 비슷한 시

---

331) 같은 책, 14권, "大學一篇 有等級次第總作一處易曉 宜先看 論語却實 但言語散見 初看亦難 孟子有感激興發人心處 中庸亦難讀 看三書後 方宜讀之".
332) 같은 책, 같은 곳. "某要人先讀大學以定規模 次讀論語以立其根本 次讀孟子以觀其發越 次讀中庸以求古人微妙處"
333) 『小學』--> 『大學』--> 『論語』--> 『孟子』--> 『中庸』--> 『詩經』--> 『書經』--> 『易經』--> 『春秋』를 읽은 다음 『近思錄』, 『家禮』, 『心經』, 『二程全書』, 『朱子大全』 등의 예의와 성리학에 관한 저술을 읽을 것을 주장한다.

기에 활약한 구암도 이러한 인식을 크게 벗어나지 않는다. 정두가 기록한 그의 행장을 보면 사서오경과 유학자의 글을 읽은 구암의 면모를 그려볼 수 있다. 구체적인 사서 독서순서는 제시되어 있지 않지만, 우리는 당시 성리학적 분위기로 미루어 구암도 주자와 율곡의 학문태도와 비슷한 견해를 지니고 있음을 추측할 수 있다. 우리는 정두의 구암 <행장>을 통해 이 사실을 확인할 수 있다.

> "학문을 함에 있어서 제자백가와 이단의 책은 보지 않았고, 반드시 사서오경과 송나라 여러 유학자들의 글을 취하여 읽었다."[334]

구암의 사서관을 극명하게 보여주는 언표는 <학용장구지남발>에 보인다. 그는 여기서 『대학』과 『중용』의 학문적 성격을 규정하여 "『대학』은 도덕의 단계로 들어가는 문이고, 『중용』은 유학의 진리를 전해주는 책이다"라는 표현으로 간결하게 정의하고 있다.

앞에서 잠시 언급하였듯이, <권학차자>에서 구암은 『대학』 학습을 군주에게 권장하고 있다. 49세(1560) 대사간에 제수되고 군주에게 학문을 권장하는 글을 올리고, 증자의 『대학』, 진덕수의 『대학연의』와 구준의 『대학보유』 세 권을 중점적으로 학습할 것을 주장하였다. 구암의 설명을 들어보자.

> "『대학』이라는 책은 성현이 진리를 전해준 책입니다. 이 책에는 사물의 이치를 탐구하고 마음을 바르게 하며, 자신을 닦고 다른 사람을 다스리는 방법이 다 들어 있습니다. 송나라의 진덕수는 『대학연의』를 지었고, 명나라의 구준은 『대학보유』 100여편을 저술하였는데 '기미를 살핌'이라는 편을 책의 제일 처음에 실었습니다. 전하께서는 경연의 사이 한가한 시간에 항상 이 세 책을 들이

---

334) 『龜巖集』 권 2, 444면, <行狀> "其爲學也 不觀諸子異端之書 必取四書五經 及宋朝諸儒之文"

게 하시어 늘 부지런히 읽어 보시어 조금도 게을리 하거나 소홀히
하지 않으신다면 인간의 마음과 하늘의 이치에 대한 존망의 기미
와 국가의 다스려짐과 혼란 흥함과 망함의 도리가 마음속으로 깊
게 이해되시어 아무 의심이 없어질 것입니다. (이 마음을) 모든 일
에 적용시키시면 다 들어맞고 (전하께서) 느끼시지도 못하는 사이
에 성왕의 덕이 날로 완성되고 다스림의 도리는 저절로 바른 경지
에 이르게 될 것입니다.”335)

　구암의 이러한 충고에 대해 명종은 홍문관에 교지를 내려 『연의』
와 『보유』를 번역해 자신에게 올리라고 하였다.336)
　『대학』과 『중용』의 학습-특히 『대학』-을 강조하는 구암의 교육적
의도와 목표는 어떻게 설명할 수 있을까? 이미 언급하였듯이, 유학
만큼 도덕, 윤리 교육을 강조하는 사상체계는 거의 없을 것이다. 이
러한 유학 도덕교육의 목표에는 성인군자가 위치하고 있다. 성현을
지향하는 것을 이상으로 여긴다면 『대학』이 그 출발점과 종착역이
되어야 한다는 것이 구암의 확고한 생각이다.
　유학적 의미에서 성인이란 학문적 도덕적 차원에서 완벽한 인간
형을 의미하고, 군자는 성인이 되는 것을 목표로 끊임없이 노력하는
사람이라는 의미로 구분할 수 있다.337) 그리고 '君子'를 한자의 일차
적 의미에 의해 직역하면 바로 '임금 아들', '임금 선생님'이 된다.
즉, 군자라는 개념에는 통치자와 선생님의 의미도 들어있는 것이다.
　우리의 전통사회에서 한 국가의 통치자인 임금(君)은 국가 전체의

---

335) 『龜巖集』, 권 2, <勸學箚子>, 431면.
　　"大學一部 聖賢傳道之書 窮理正心 修己治人之法 俱在此書 宋儒眞德秀爲之作衍義 大明丘濬又著
　　補遺 而審幾微一編 冠之于首 伏願殿下 每於經筵之暇 燕閒之中 進此三書 常常謹覽 無少怠忽 則
　　人心天理存亡之幾, 國家治亂興廢之道 理會於一心而無疑 發施於萬事而曲當 聖德日造於罔覺 治道
　　自至於純正矣" 원문의 (　　)의 내용은 논자가 이해의 편의를 위해 덧붙인 말이다. 이하 동일
336) 『龜巖集』 권 2, 行狀, 442면
337) 졸고, <寒岡 鄭逑의 도덕교육론>, 『남명학연구논총』 제12집, 남명학연구원, 2003, 251면 참조..

백성을 다스리는 사람인 동시에 백성의 삶을 이상적 도덕의 세계로 인도하는 성인으로서의 선생님(子)이 되기를 요청받는다. 줄여서 말하면 통치자는 모름지기 '내성외왕'의 인격을 지닐 것을 요청받는다. 이러한 전통은 공자가『논어』에서 도덕과 예의의 정치(德治)를 천명한 이래 오늘날까지 유가적 전통이 남아있는 나라들 사이에서 엄연히 그 명맥을 유지하고 있다.

윤리도덕을 우선시하는 유학의 기본 패러다임을 생각할 때, 정치가 교육의 내용으로 등장할 경우에도 그 밑바탕에는 도덕성이 자리잡고 있어야 한다. 이를 위해 통치자의 교육에는 윤리의식을 확립하는 단계가 전제되어야 하며, 이런 과정을 거쳐야 모든 사회 구성원의 편안한 삶을 보장할 수 있는 정치행위가 가능하다는 것이 군주의『대학』학습을 강조하는 구암의 기본 사유였다고 여겨진다.

이러한 구조를 가장 잘 설명하고 있는 유학 교재가 바로『대학』이라 할 수 있다. 이 책의 기본 패러다임은 두말할 것도 없이 삼강령으로 일컬어지는 '명명덕', '친민', '지어지선'과 팔조목이라고 명명되는 (格物, 致知), 誠意, 正心, (修身, 齊家, 治國, 平天下)'로 이루어져 있다. 즉,『대학』은 유가에서 이상으로 여기는 정치와 윤리의 합일을 설명하기에 가장 적합한 텍스트인 것이다. 구암이 생각하기에, 정치를 직접 담당하는 계층(통치자로서의 君子)은 먼저 자신의 도덕성을 확립하는 것(강령에서의 '명명덕', 조목에서의 '격물에서 수신'까지의 단계)을 실현 하는 것이 중요하며, 이런 전제하에 자신의 통치행위가 미치는 다른 사람들의 진정한 행복이 보증된다는 것이다.

구암이 <권학차자>을 올려 임금으로 하여금『대학』을 읽고 경연에서 논의할 것을 건의한 것은 이런 사유의 반영인 것이다. 앞에서도 살펴보았듯이, <학용장구지남발>에서 구암은『대학』을 정의하여

'도덕의 단계로 들어가는 문(入德之門)'이라 하였고, 『중용』에 대해서는 '진리를 전해주는 책(傳道之書)'이라고 하였다. 또 <권학차자>에서는 『대학』 학습의 중요성과 효용성을 언급하면서, 그는 『대학』이야 말로 성현이 '진리를 전해주는 책(傳道之書)'라고 정의하였다. 이렇게 본다면, 구암의 견해로는 『대학』이야말로 도덕(德)과 진리(道)를 아우르는 유학의 핵심적 교재이며, 따라서 이 책은 진리(道)를 설명한 『중용』의 내용까지도 포괄하는 것으로 이해하였다. 구암이 보기에 『대학』은 한마디로 유학의 시작(德)과 끝(道)에 관한 모든 내용을 담고 있는 가장 중요한 교과서인 셈이다.

구암이 『대학』을 군주에게 학습한 이유는 무엇일까? 윤리도덕을 강조하는 유학적 입장에서 생각할 때, 모든 사람이 성인군자가 되는 사회가 이상적이지만, 이런 사회는 현실에서는 실현 불가능하다. 서양에서 이상사회를 의미하는 유토피아(Utopia)는 '이루어질 수 없는 세계'를 뜻하는 말이기도 하다.

그렇다면 차선책으로 현실 사회의 통치자들만이라도 자신의 도덕성을 확립한 후 윤리도덕에 근거한 정치를 실행하는 것을 지향할 수밖에 없으리라. 구암이 군주의 도덕성 확립을 위한 교재로서 『대학』을 강조하고 중시한 것은 봉건 사회라는 시대를 반영한 것이기도 하지만, 통치자의 윤리도덕 교육이 '도덕적인 사회'를 형성하는 출발점이라는 현실적 인식이 구암의 중심 사유로 자리 잡고 있었기 때문이라 할 수 있다.

3. 교육시설의 확충-서원의 설립

통치자의 교육이 아닌 일반인을 위한 교육에 대한 구암의 관심은 서원의 설립과 서적의 간행 두 가지로 요약된다. 현대 교육적 의미로 보면, 구암은 교육 인프라의 확충에 특별한 노력을 기울인 교육자라고 할 수 있다. 먼저 서원의 건립에 관련된 구암의 업적은 서악서원과 옥천서원의 설립으로 요약된다. 옥천서원은 뒤에『경현록』과 관련해서 논의하기로 하고, 먼저 서악서원의 설립과정을 살펴보자. 조선 시대 서원의 설립에는 퇴계의 공헌 적지 않다는 것은 주지의 사실이다.

30세(1541)에 영천군수(지금의 경북 영주)가 된 구암은 2년 뒤 가을 안동의 도산서원에서 성균관 사성 벼슬에 있던 퇴계[338]를 처음 만난다. 이후 퇴계와 구암의 관계는 1552년 같은 관청에서 상관과 부하로서 근무[339]하기도 하는 등 수 십년간 학문적 교류를 맺게 된다. 성균관 사성은 구암이전에 퇴계가 이미 역임했던 벼슬이기도 하다. 후학들에 의하면, 스승과 제자가 성균관의 사성을 차례로 역임한 것을 '장이(長貳)'라 하여 매운 드문 경우로 칭송받고 있기도 하다.

32세 퇴계를 처음 만난 후 30여년간 사승 관계를 맺은 구암은 100통 이상의 서신[340]을 퇴계로부터 받게 된다. 퇴계로부터 조목, 정유일과 함께 가장 많은 편지를 받았다는 것은 퇴계와 가장 친한

---

338) 퇴계는 이 때 성묘차 고향을 방문한 것이다.

339) 52세의 퇴계는 성균관 大司成, 41세의 구암은 성균관 司成.

340) 金鍾錫,『퇴계학의 이해』, 일송미디어, 2001년. 210-211면 참조.
    김종석에 의하면, 퇴계의 문인이 309명 정도되고, 學統弟子 41명 중 단연 서신의 양이 가장 많다. 또한 퇴계로부터 100여통의 편지를 받았다는 것은 적어도 구암이 그에 상응하는 서신을 퇴계에게 보냈을 것으로 짐작할 수 있다.

인물이었음을 증명하는 것은 아닐 지라도, 최소한 그만큼 생활과 학문의 문제들에 관해서 논의할 내용이 많았다는 것은 인정할 수 있다. 퇴계 문집에 보이는 서신의 주요내용은 서원 건립과 향사 문제, 서적의 간행에 대한 상의, 주요 성리학 저술의 발문 의뢰와 제문 요청에 대한 대답, 남명과의 관계에 대한 상의, 성과 경을 위주로 한 성리학 공부 방법에 대한 논의 등이다.

<청익소>의 언표를 신뢰한다면, 구암은 퇴계의 가장 우수한 제자이다.[341] 퇴계는 자신의 성리학적 견해를 확립하는데 힘쓰는 한편, 성리학의 저변 확대와 토착화를 위해 다방면으로 노력한 인물이다. 이러한 노력의 결실이 서원 창설로 나타난 것이다. 퇴계는 당시 공교육 기관인 지방의 향교와 서울의 국학은 사실상 교육의 기능을 상실하고 과거시험을 위한 역할밖에 할 수 없다고 인식하고 이런 곳에서는 참다운 공부를 하는 것이 불가능하며 도리어 유해하다고 판단하였다.[342]

다시 말해서 출세지향주의를 떠나 순수한 학문과 인격도야를 가능하게 하는 곳은 서원 밖에 없다고 생각한 것이다. 퇴계와 사우관계를 맺고 수 십년간 교류를 하면서 퇴계의 영향을 가장 많이 받은 구암의 서원 설립의 업적도 스승의 영향을 많이 받았을 것으로 짐작된다.

퇴계와 구암의 사제 관계의 돈독함은 뒷날 후학들에게 정자와 유초[343]와 양시[344]의 관계, 그리고 주자와 황간[345]과 채원정[346]의 관

---

341) 『龜巖集』, 別集 권 2, 533면, <請諡疏> "副提學臣李楨 卽滉高第弟子也"

342) 李佑成, <이퇴계와 서원 창설운동>, 『한국의 역사상』, 창작과 비평사, 1983, 285쪽 참조.

343) 유초(游酢) 1053-1123. 북송의 학자. 字는 정부(定夫), 號는 광평(廣平), 치산(鷹山) 二程 형제의 高弟로서 楊時, 謝上蔡와 함께, 二程의 학문을 남송의 주자에게 계승시키는 역할을 하였음. 유초는 伊川과 양시는 明道와 학식과 품행이 비슷했다고 전해진다.

계에 비견될 정도로 평가받고 있다.[347]

경주부윤으로 제수된 다음해인 50세 되던 명종16년(1561) 구암은
신라시대 김춘추, 김유신의 무덤이 있는 경주 선도산 아래에 설총,
김유신, 최치원을 배향하는 서악서원을 창건한다. 이 서원을 통해
이 세 인물을 향사함과 동시에 유생들의 교육에 힘쓰고자 한 것이
다. 이 서원은 창건 당시 '선도정사'라고 명명하였다가 퇴계와의 논
의 후 '서악정사'로 고쳤으며,[348] 강당을 '시습당', 동재는 '진수재',
서재는 '성경재', 동하재는 '조설재', 루는 '영귀루', 문은 '도동문'이라
이름붙였는데, 모두 퇴계가 지은 것이다. 서악서원은 인조 1년(1623)
사액을 받는다.

344) 양시(楊時) 1053-1135. 북송의 유학자. 字는 중립(中立), 號는 귀산(龜山).
　　二程 형제에게 師事하였으며, 양시의 학문은 나종언(羅從彦)과 이통(李侗)을 거쳐 주자에게
　　전해졌기 때문에 성리학의 전통에서 중요한 위치를 차지하는 인물이다.
345) 황간(黃幹) 1152-1221. 字는 직경(直卿), 號는 면재(勉齋). 주자의 사위로서 주자 임종시에 深
　　衣와 著書를 전해 받고 주자로부터 後事를 부탁받았으며, 주자를 공자, 맹자로 이어지는 儒
　　家 聖賢의 말미에 위치시키는데 큰 공헌을 하였다.
346) 채원정(蔡元定) 1135-1198. 字는 계통(季通) 시호는 문절(文節), 西山先生이라고도 불린다. 주
　　희의 高弟로서 주자에게 師事하였다. 주자는 그의 학문의 깊이를 인정하고, 老友로서 대접하
　　였다.
347) 『龜巖集』別集 권 2, 536면 <請諡疏> "其尊信師道 實與程門之游楊 朱庭之黃蔡"
348) 『퇴계문집』속집 권 4, 21b <答李剛而> 참조

4. 유교서적의 간행

현대적 의미에서 사립학교라고 할 수 있는 서원의 설립은 한마디로 지방의 '교육 시설의 확충'이라는 의미를 지닌다고 할 수 있다. 시설과 건물이 준비되면 교수 학습에 필요한 교육기자재가 마련되어야 한다. 당시 조선시대 교육 기자재의 핵심은 두말할 것도 없이 유학과 성리학 관련 저술이었다. 구암은 이런 유학 서적의 간행에 남다른 정성과 노력을 경주한다.

먼저 구암은 26세(1537) 때의 젊은 시절에 서장관으로 명나라를 왕래한 적이 있는데, 성리학 연구의 기반을 정립하는 중요한 서적들을 들여오게 된다. 이 때부터 구암은 다양하고 많은 유학 서적을 간행하는데 관심을 기울인 것으로 여겨진다. 구암이 주도적으로 간행에 참여한 『황명이학명신언행록』, 『학용장구지남』, 『성리유편』, 『경현록』 등 주요 유학서적의 출판 이외에도 구암의 『행장』에 의하면, 그가 간행하거나 보급하였던 많은 유학 서적의 목록이 보인다. 책의 제목은 다음과 같다.

양시의 『이정수언』, 주희의 『이정유서』와 『외서』, 『연평문답』, 『주자시집』, 양렴의 『이락연원속록』, 『황명명신언행록』, 『이학록』, 김이상의 『염락풍아』, 소옹의 『격양집』, 범조우의 『당감』, 구준의 『가례의절』, 설선의 『독서록』, 호거인의 『거업록』, 하흠의 『의무려집』 등이다. 이 목록들을 삶펴보면, 북송 오자를 비롯한 성리학적 주요 사상가들의 저술이 망라되어 있음을 알 수 있다.

여기서는 『구암집』에 발문이 기록된 서적들인 『황명이학명신언행록』, 『학용장구지남』, 『성리유편』, 『경현록』을 중심으로 간행의 사정과 출판서적의 성격을 일별해보고자 한다.

첫째, 『황명이학명신언행록』의 간행이다. 이 책은 송나라 시대의 성리학적 특징과 다른 사유를 보이는 명나라 시대의 유학적 경향성에 대해 주요인물과 핵심내용을 정리한 것이다.

구암은 51세 때인 1562년에는 명나라 시대의 유학을 정리한 책인 『황명이학명신언행록』의 발문을 썼는데, 여기서 출간과 관련된 전후 사정을 설명하고 있다. 이 발문에 의하면 이 책은 송나라 시대에 출간된 『명신언행록』, 『이학록』과 비슷한 체제로 명나라 양렴이 편집한 『황조명신언행록』과 설문청 등 5인의 성리학자에 대한 소개서인 『이학록』에 근거하여 중복된 내용을 빼고 구암이 경주에서 간편하게 만든 것이다.[349] 따라서 구암의 독창적 저술이라고 할 수는 없지만, 편집자로서의 역할을 하고 있으며, 편집의 내용을 살펴보면 구암의 성리학에 대한 이해를 추리할 수 있다.

둘째, 『학용장구지남』의 발간이다. 위에서 『대학』과 『중용』에 근거한 구암의 학문관을 살펴보았듯이, 이 두 유학서적을 중시하는 그의 학문적 태도는 『학용장구지남』의 간행에서도 여실히 드러난다. 구암은 주자가 노년에 이르기 까지 『대학장구』를 수정한 사실과 주자의 사위인 황간도 어려서부터 학습하였지만, 흰 머리가 되는 것을 탄식하였다는 일화를 예로 들면서 이 두 책이 쉬운 내용으로 이루어진 것이 아님을 웅변한다.

『학용장구지남발』에서 구암은 이 책은 주자의 『대학장구』『중용장구』와는 새의 날개와 같은 의미를 지닌 것으로 평가된다. 따라서 후학들의 독서에 반드시 필요한 서적이라고 설명한다. 발문에 의하

---

349) 『龜巖集』, 別集, 권 1, 523면. <皇明理學名臣言行錄跋> 참조.

면, 구암은 『학용지남』의 활자를 구하여 김홍의 힘을 빌어 경주에서 간행하였음을 적기하고 있다.

특히 구암의 발문에 의하면 이 책은 『대학혹문』 『중용혹문』의 상세한 내용을 검토하는데도 도움을 주며, 주자의 『대학장구』 『중용장구』의 집약된 내용을 보조할 수 있는 성격을 지녔음을 알 수 있다.

셋째, 『성리유편』의 간행이다. 구암 당시 조선시대의 학문과 교육의 중심에는 성리학이 위치하고 있음은 누구도 부인할 수 없을 것이다. 이 책은 구암의 성리학적 식견을 알 수 있는 자료라 할 수 있다. 구암은 이 책의 발문 <성리유편보록발>을 통해 출간의 계기와 목적을 다음과 같이 설명하고 있다.

> "일찍이 『성리군서』와 『성리대전』 등의 책을 읽을 때, 주먹을 불끈 쥐면서 배우려는 마음을 가졌었다. 이 두 책 중에서 잊어버리기 쉬운 것을 경계하고 자신을 되돌아 보게 하도록 여러 편을 엮어서 한 책『성리유편』으로 만들었다"[350]

즉, 성리학적 주요내용에 대한 학습과 자신을 반성하는 계기로 삼기 위해 이 책을 간행한 것이다. 이 책의 성격은 성리학의 핵심 개념과 내용을 문학적 표현으로 설명하는 것이다. 다시 말해서, 이 책의 간행을 근거로 우리는 '리학과 문학의 조화내지 합일'을 추구하는 성리학자인 동시에 문학자로서의 구암의 학문세계의 특징과 면모를 그려볼 수 있다.

이 서적은 다음과 같은 출간과정을 거쳐서 세상에 등장한다. 즉, 1564년 여름에 방백인 남궁심이 방문하자 구암은 『이정유서』와 『외서』의 몇 권을 합하여 서적을 간행하려는 의사를 타진한다. 이에 남

---

350) 『龜巖集』, 別集 권 1, 524면 <性理遺編補錄跋> 참조.

궁심이 뜻을 수용하여 여러 고을에서 비용을 추렴하여 이 해 겨울 책을 완성하게 된다.

마지막으로, 『경현록』의 간행이다. 앞에서 1) 서원의 건립이라는 제목으로 설명하지 않고 남겨두었던 옥천서원과 관련하여 이 책의 출간 의미를 살펴보자.

『성리유편』이 중국 성리학 전반을 문학적 관점에서 정리한 것이 라면, 『경현록』은 한국성리학자 한훤당 김굉필의 삶을 정리하고 사 화로 희생된 선비의 의리를 추모하기 위해 만들어진 책이다.

『경현록지』에 의하면, 『경현록』은 한훤당 김굉필의 <가범>, <행 장>, <의득> 등의 글을 모아 한 책으로 편집한 것이다. 이 책의 간행 사정을 살펴보면, 구암은 한훤당에 대한 자료의 부족과 자신의 이해 부족으로 인해 위의 글만으로는 한훤당의 독지와 역행(力行)의 공적, 그리고 도덕 학문의 깊은 의미를 표현하기에 모자람이 있어서, 계속 자료를 보완하면서 의심나는 부분들에 대해 퇴계에게 질문을 하였 다. 퇴계는 한훤당의 후손인 김립과 외손인 정곤수 등이 기록을 글 들을 모아주어서 이를 참고로 책을 수정하여 책을 만들었다.[351]

구암이 간행한 『경현록』은 뒷날 김굉필이 동방오현의 한 사람으 로 받들어져 문묘에 종사되는데 큰 공헌을 하게 된다.[352] 이 책은 '임청대', '경현당(景賢堂)' '옥천정사(玉川精舍)' '옥천서원(玉川書院)' 과 연계하여 이해되어야 한다.

구암은 명종18년(1563) 순천부사로 부임하였는데, 1년 뒤인 1564 년 9월 『경현록』을 간행하고, 12월 임청대[353]가 있던 자리에 경현당

---

351) 『龜巖集』, 권 1, 435면 참조
352) 崔英成, <龜巖 李楨의 學問과 朝鮮儒學史上의 貢獻>, 『사천문화』 2003년 제6호, 201면 참조.
353) 연산군 때 김굉필과 조위(曺偉, 梅溪)가 순천에 귀양 와서 세운 누대.

을 짓고, 다시 그 다음해인 1565년 5개월여의 공사로 경현당의 오른편에 옥천정사를 세운다.

순천의 조선시대 이름인 승평은 김굉필이 무오사화 이후 유배되었다가 1504년 사약을 받고 삶을 마친 곳이다. 기대승이 지은 <옥천정사건원문> 등 『구암집』의 여러 기록에 의하면, 구암은 평소에 김굉필을 사모하고 있었는데, 부사로 부임하자마자 김굉필의 유적인 임청대를 보수하고 누대를 지었으며, 임청대의 북쪽 언덕에 관청의 비용을 사용하여 3칸의 집을 짓고 퇴계와의 논의 후 '경현당'이라 이름붙였다. 다음해에 옥천정사를 세워서 김굉필의 위를 모시고 봄가을로 제사를 지냈다. 또 구암은 이 정사에 자신의 제자들을 불러서 도학을 교육하기도 하고 선비들과의 교류하는 장소로 사용하다 1566년 순천부사를 그만두게 된다.

옥천정사라는 당우의 이름과 지도재, 의인재라는 재실의 이름은 모두 퇴계가 짓고 액호를 썼다. 옥천정사는 선조 1년(1568) '옥천서원'이라는 사액을 받아 정식 서원으로 인정된다.

제 9장

노자의 해체주의적
사유와 윤리설의 특징

1. 해체주의적 이해

이 장은 『노자』 텍스트에 담겨있는 사유를 '해체주의적 관점'에서 해독하고 그 윤리적 특징을 고찰한 것이다. 그리고 해체주의적 관점으로는 데리다(J. Derrida)[354]의 입장에 근거하였다. 데리다의 철학을 현대철학사에서는 '후기구조주의', '탈구조주의', '해체주의'등으로 명명해 왔다.[355] 데리다의 해체이론의 핵심은 '해체'이다. 해체의 대상은 무엇인가? 바로 플라톤 이후 서양철학사와 지성사 및 정신사의 모든 이론과 사상 그리고 진리에 관한 학설을 해체하는 것이다.[356] 해체(deconstruction)는 파괴(destruction)와 다르다. 파괴는 아무것도 남기지 않지만, 데리다의 해체는 모든 중심의 사고[357]를 부정하는 대가로 우리들에게 새로운 철학 읽기를 남겨준다.

그의 해체주의는 다른 말로 '텍스트(Text) 이론'[358]이라고도 일컬

---

354) 자크 데리다(Jacques Derrida, 1930년 7월 15일~2004년 10월 9일)는 프랑스 식민지 였던 알제리에서 태어나 프랑스에서 생을 마감한 현대 철학자이다. 철학뿐 아니라 문학, 영화, 회화, 정신분석학 등 문화 전반에 관한 많은 저서와 글들을 남겼으며, 특히 현대철학에 해체, 차연, 산종, 흔적 등의 개념을 도입한 것으로 유명하다. 유년 시절에는 운동을 좋아해 한때는 축구 선수를 꿈꾸기도 했으나, 1952년 고등사범학교에 입학해 키르케고르와 하이데거를 비롯한 본격적인 철학 공부에 들어갔다. 1964년 에드문트 후설의『기하학의 기원』을 번역한 공로를 인정받아 장 카바이예스 상을 수상하면서 이름을 알리기 시작했으며, 1965년 고등사범학교의 교수로 임명되었다. 1967년에는『글쓰기와 차이』,『목소리와 현상』,『그라마톨로지에 관하여』등 저서를 출간하였으며, 이 후로 많은 저술을 남겼다.

355) '후기구조주의'라는 명칭은 데리다가 소쉬르(F. de Saussure), 레비-스트로스(Cl. Lévi-Strauss) 등의 구조주의자 이후에 등장한 철학자라는 의미에서 붙여진 것이다. 그런데 데리다는 이들 구조주의를 비판하는 입장에 서 있다. 이런 점에서 '후기구조주의'보다 '탈구조주의'라는 표현이 데리다의 철학을 설명하는데 더 적절하다고 보여질 수 도 있다. 여기서는 학계에서 일반적으로 통용되는 '해체주의'라는 표현을 사용하고자 한다.

356) 김형효,『데리다의 해체철학』, 15쪽.

357) 데리다가 비판하는 중심주의는 여러 가지 의미로 역사에 등장하였다. 서양중심주의, 말중심주의, 소리중심주의, 남자중심주의, 남근(男根)중심주의, 정신주의, 물질주의, 현존중심주의, 인간중심주의, 자연중심주의, 태양중심주의 등이 여기에 속한다.

358) '텍스트(Text)'는 '책(book)'을 의미하는 것에서 나아가 우주 내의 서로 다른 모든 것들이 얽혀 있는 관계를 의미한다. '텍스트(text)'라는 말은 '옷감, 직물(textile)'과 어원을 같이 하는 것도 우연이 아니다. 옷감은 씨실과 날실이 서로 교차하면서 짜여진다. 한 가닥의 실만으로는 옷

어진다. 텍스트 이론에 의하면, 이 우주 전체가 씨실과 날실로 이루어진 옷감처럼 서로 다른 것들로 짜여져 있다고 본다. 데리다는 서양 철학사를 해체하는 과정에서 흰 종이 위에 쓰여 있는 '검은 글씨'들 사이 행간에 숨어 있는 '흰 글씨'로 된 새로운 사유논리를 읽어낸다. 데리다의 눈에는 중심사상으로 자신을 과시하는 '검은 글씨'보다 글씨들 사이에 숨어 있는 '흰 글씨'로서의 '가장자리' '여백' '행간' '자간' 등이 더 중요하다. 데리다는 남들이 주목하지 않았던 글자의 행간과 가장자리의 여백에서 책의 사유논리와 다른 새로운 해독법으로서 텍스트 이론을 찾아냈다.359) 이 텍스트 이론을 통해, 그는 책의 중심에 있는 '검은 활자' 중심의 철학 해독법과 다른 숨겨진 사유를 발견하기를 시도하고 책이 겨냥한다고 여겨지는 모든 중심주의를 해체한다. 책이 중심과 의미의 유지를 겨냥한다면, 텍스트는 중심과 의미의 해체를 지향한다.

데리다의 텍스트 이론은 옷감 짜기(weaving)의 산물인 옷감(textile)이 씨실과 날실의 얽힘으로 짜여져 있음과 일정한 연계를 맺는다. 옷감과 같은 계열에 속하는 단어인 텍스트(text)는 데리다에 의해 이 우주가 서로 다른 것들이 얽혀 있음을 뜻하는 말로 사용된다. 데리다의 사유에서는 우주 속의 시간과 공간 속에 존재하는 것은 모두 '텍스트'로 간주된다.360) 그는 이를 "텍스트 바깥에는 아무것도 없다"("There is nothing outside text.")361)라고 표현하였다. 데리다 철학에서 자주 언급되는 '해체(deconstruction)'362)는 과거의 철학사가

감이 짜여질 수 없다. 간단히 말해서 이 이론은 하나의 중심과 근원을 추구하는 것을 부정하는 사유방식이라고 할 수 있다.

359) 김형효, 『데리다의 해체철학』, 16쪽. 참조.

360) 같은 책, 20쪽. 참조.

361) Jacques Derrida, *Of grammatology*, p. 160.

형이상학적이고 이분법적 사유구조에 얽매여 인간과 세계를 제대로 설명해 내지 못했다는 그의 비판의식에서 출발한다. 여기서 이분법적 사유구조는 과거의 형이상학이 이룩해 놓은 有와 無, 善과 惡 是와 非, 主體와 客體 등 모든 대립적인 개념을 설정하고 이에 대해 가치의 위계질서를 부여하여 생각하는 것을 의미한다. 이러한 형이상학적이고 이분법적 사유구조에서는 대립항의 어느 한 쪽을 중심에 위치시키고, 다른 한쪽은 주변에 위치한 것으로 파악한다. 이 경우 어느 한 쪽은 존재적, 가치적, 논리적으로 다른 한쪽에 우선하는 근원이나 중심으로 여겨졌다.

데리다의 해체이론에서는 어떤 중심도 거부되며, 해체는 언제나 '두 얼굴(biface)', '兩面(biphase)'을 지향한다. 이 양면성으로의 해체는 하나로 모음363)의 불가능성을 지시한다. 어떤 하나의 중심으로 모으는 사유364)를 부정한다는 점에서 우리는 데리다의 해체철학이 반-로고스중심주의라는 것을 이해할 수 있다.

---

362) 하이데거(M. Heidegger)의 '파괴(Destruktion)'라는 개념에서 힌트를 얻은 '해체 (deconstruction)에 대해서 한자문화권에서는 일반적으로 다음의 세 가지로 번역되고 있다.
첫째, 우리 나라에서는 주로 '해체(解體)'로 번역하고 있다.
존 레월린, 서우석·김세중 역, 『데리다의 해체주의』(문학과 지성사, 1988),
이광래 편, 『해체주의란 무엇인가』(교보문고, 1990),
김형효, 『데리다의 해체철학』(민음사, 1993) 등이 여기에 속한다.
둘째, 일본에서는 주로 '脫構築'으로 번역되고 있다.
高橋允昭, 『デリダの思想圈』(일본 世界書院, 1989).
셋째, 대만에서는 주로 '解構'로 번역되고 있다.
廖炳惠, 『解構批評論集』(대만, 東大圖書公司, 1985).
이 세 가지 번역 용어의 의미상의 차이는 별로 없지만, 이 책에서는 우리 나라 학계에서 일반적으로 통용되는 解體를 사용한다. 데리다의 '해체(deconstruction)'의 어원에 대한 설명은 Barbara Johnson, *Introduction to Dissemination* (Chicago: University of Chicago Press, 1981), p. xiv에 자세히 언급되어 있다.

363) 로고스(logos)의 어원인 그리스어의 'legein'은 '모으다'를 뜻한다. 그리고 로고스는 하나로 모아진 '진리', 진리를 표현하는 '말'이라는 뜻을 가지고 있다.

364) 이런 사유를 데리다는 로고스중심주의(logocentrism)라고 부른다. 또한 데리다는 로고스 즉, 존재의 현존을 위해 모으기를 전개하는 철학사상을 '현존의 형이상학(metaphysics of presence)'이라 하고, 모으기의 과정에 말(음성, 목소리)이 중심적 기능을 하고 있다고 생각하는 철학적 견해를 '말(음성)중심주의(phonocentrism)'라고 한다.

이런 반-로고스중심주의의 특징을 지닌 해체주의와 동양철학 특
히, 노자의 사유방식과의 연계성은 '道란 무엇인가' 라는 질문을 던
질 때 잘 드러난다. '道가 무엇인가?' 우리는 이 물음에 대해 대체로
두 가지 대답을 시도할 수 있다. 道를 로고스(logos), 現存(presence),
책과 연계하여 연구할 수도 있고, 또 道를 文字,365) 차연(差延),366)
텍스트와 연계해서 이해할 수도 있다. 전자는 구성적 이해이고, 후
자는 해체적 이해이다.

공자로 대표되는 유교적 사유는 사회가 지향하는 가치와, 인간이
추구할 의미를 제시하고 사람들은 마음과 몸속에 윤리와 진리를 잘
모아서 행동에 옮기는 것을 추구하는 것이라면, 노자와 장자 계열의
사유방식은 인간이 추구할 가치와 의미에 대해 커다란 기대를 하지
않는 경향을 보인다. 이런 점에서 후자의 사유방식은 데리다의 해체
적 사유와 비슷한 길을 간다고 할 수 있다.

그동안 해체주의 철학적 사유와 중국철학 특히 노자철학에서 유
사성을 발견하려는 일련의 노력이 있어 왔다. 예슈산(Ye Xiushan)과
도널드 웨슬링(Donald Wesling)은 데리다의 해체와 노자철학과의
유사성에 주목하였는데, 예슈산은 노자의 사유체계는 하이데거의
'현존재(Dasein)'보다 데리다의 '흔적(trace)'에 더 가깝다고 주장하고
있고,367) 심지어 웨슬링은 데리다의 철학은 "불완전한 노장철학체

---

365) 데리다 철학에서 '문자'는 표음문자와 표의문자로 분류되는 '글자'라는 뜻이 아니라, '모든 차
이 나는 상징과 기호'로서의 뜻으로 사용되었다.

366) 라틴어 동사 'differre'와 프랑스어 동사 'différer'(영어로는 'to differ'와 'to defer')에는 '차이나
다'와 '연기하다'의 두 가지 의미가 동시에 포함되어 있다. 데리다는 이 동사의 명사형인
'difference(차이)'와 'delay(연기)'의 뜻이 결합된 差延(différance, 'différence'의 'e'를 'a'로 대치
하여) 라는 新造語를 만들었다. 데리다는 이 용어를 이용해서 모든 이분법적 사고를 극복하
는 전략을 시도한다.

367) Ye Xiushan, "Burial of the World of Meaning: On Derrida, a Philosopher of Obscurity",
Chinese Social Sciences 3 (1989), p. 104

계”368)라고 말하였다.

　成中英(Chung-Ying Cheng)은 데리다가 말한 “‘차연은 낱말도 개념도 아니고, 차연을 위한 이름도 없다’ 라는 표현”369)에 주목한다. 그는 무명성으로서의 데리다식 용어인 차연의 특징이 노자의 ‘道’와 같은 지위를 지닌 것으로 평가한다. 데리다의 차연은 『노자』 제1장 첫머리에 나오는 “道可道 非常道 名可名 非常名”의 ‘道’의 성격과 다르지 않다는 것이다. 그는 ‘道’와 ‘차연’은 그 無言性을 이해하기 위하여 그것들에 관한 설명을 해야 하고, 그 無名性을 이해하기 위하여 그것들에 이름을 붙여야 한다는 점에서 공통점을 가지고 있다고 본다.370) 그는 또 『노자』에 보이는 有無의 관계에 주목하여, 無는 단순히 有의 기원이 아니라, 有와 공존하고 有의 역동적, 기능적 측면이 된다고 하면서 無와 有의 차이와 타자성他者性을 중시한다. 즉, 노자의 無는 데리다의 ‘차연’을 떠올리게 한다는 것이다.371)

　그레함(A. C. Graham)은 노자와 데리다를 언급하면서, “너무나 현저한 유사성 때문에 차이를 놓쳐버릴 위험이 있다”372)고 까지 말하고 있다. 그레함에 의하면, 『노자』에 등장하는 有와 無, 有爲와 無爲, 知와 無知, 男과 女, 善과 惡, 上과 下, 强과 弱 등의 이분법적 대립에 대해 서양의 로고스중심주의는 언제나 有, 有爲, 知, 善 등 전자를 더 중시하는 사유를 전개해 온 반면, 데리다와 노자는 해체

---

368) Donald Wesling, “Methodological implications of the Philosophy of Jacques Derrida for Comparative Literature: The Opposition East-West and Several Other Observations”, *Chinese-Western Comparative Literature: Theory and Strategy*, ed., by John J. Deeney 1980. p. 79와 p. 104 참조.

369) Jacques Derrida, *Margins of Philosophy*, p. 3,

370) Chung-Ying Cheng, “A Taoist Interpretation” Of “Differance In Derrida”, *Journal of Chinese Philosophy*, Vol 17, March 1990. p. 20 참조.

371) 같은 논문, p. 22-23, 참조.

372) A. C. Graham, *Disputers of the Tao: Philosophical Argument in Ancient China* 1989. p. 227.

와 전복 로고스중심주의의 전통에 숨어있는 이분법적 대립의 고리를 해체하고 새로운 사유가 있음을 보여준다는 것이다.

그는 노자에서의 전복들은 서양의 로고스중심주의적 전통에 숨어 있는 대립들의 연쇄들을 해체하는 데리다의 전략과 현대적 유사성을 가지고 있다[373]고 말하면서 노자와 데리다의 이른바 '전복'의 유사성에 대해 다음과 같이 말한다.

> 노자와 데리다의 유사성은 두 사람 다 A가 전통적으로 B보다 선호되는 연쇄들을 해체하기 위해 전복의 방법을 사용하고, 그 이분법을 붕괴시키면서 그것을 가로지르는 또 하나의 선을 우리들이 보도록 해준다는 점이다. 그 선이란 노자의 경우 道이고, 데리다의 경우 흔적이다.[374]

한편 김형효에 의하면, 해체적 사유는 다음과 같은 특성을 보인다. 첫째, 해체적 사유는 의미의 축적을 하나씩 제거시키려 하고, 진리를 모으고 의미를 비축하는 것은 이루어질 수 없는 환상이라고 생각하는 입장을 지닌다. 둘째, 해체적 사유는 의미와 진리를 흩뿌리

---

373) 같은 책, p. 227
374) 같은 책, p. 227. 여기서 A와 B는 같은 책, p. 223에서 설명하고 있는 다음과 같은 두 가지 반대되는 성질을 가리킨다.

A	B
something	Nothing
Doing something	Doing nothing
Knowledge	Ignorance
Male	Female
Full	Empty
Above	Below
Before	Behind
Moving	Still
Big	Small
Strong	Weak
Hard	Soft
Straight	Bent

려 하고, 어느 하나의 중심에 고착되지 않으려는 자세를 중시한다. 셋째, 해체적 사유는 유가의 기본 경전인『논어』의 '孔子曰'과 기독교『성서』의 '예수 가라사대'처럼 지존의 스승을 받들어 모시고 예수와 공자의 말씀을 금과옥조(金科玉條)로 여기지 않는다. 마지막으로 해체적 사유는 무엇이 존재한다는 생각보다 아무것에도 걸림이 없다는 생각을 더 좋아하고, 진리를 위하여 일이관지하게 매진하기보다는 어떤 하나에로 중심을 모으는 것이 위험하다는 것을 알리기를 좋아한다. 이와 같은 특성을 지닌 해체적 사유와 빼기의 철학의 예로 김 교수는 동양에서는 불교와 노장사상을, 서양에서는 데리다를 위시한 현대 해체주의의 철학을 들고 있다.

　이상에서 살펴본 국내외 연구자들의 연구 성과를 통해 우리는 노자식의 철학 사유를 해체주의적 입장에서 검토하는데 대한 적지 않은 전례를 확인할 수 있다. 물론 이런 방향에서의 노자 해독만이 올바르고 제대로 된 이해방식이라고 주장할 수는 없다. 다만, 노자 이해의 넓이와 깊이를 확대하는 계기로서의 의미는 충분하다고 본다.

　이러한 해체주의적 관점에서의 노자 사유의 해독을 위해 논자는 데리다의 저술에 기반을 두면서 노자에 대해 교조주의적 해석 뿐 아니라 다양한 해독의 가능성을 열어준다고 여겨지는『노자익』의 주요 주석가들의 설명을 참고하고 한자의 언어적 특성과 최근의 연구 성과를 추가하여 논의를 전개하였다.

　첫째, 초횡375)이 정리한『노자익』376)에 나오는 주석가들인 왕필,377) 여혜경,378) 소철,379) 이약,380) 이식재381) 곽상382) 등의 주석

---

375) 焦竑(1541-1620), 明나라 江寧출신이다. 字는 弱侯, 號는 澹園, 欣賞齋. 諡號는 文端이다. 書室을 抱甕軒이라고 불렀다.『老子翼』『莊子翼』이외에 많은 저술을 남겼다.
376) 흔히『老子』『莊子』라고도 불리우는 이 저술들에 대한 다양한 판본과 주석서가 전해지는데, 이 책에서는 焦竑이 편집한『老子翼』과『莊子翼』을 저본으로 하였다.

에 보이는 해체주의적 해석을 고찰하였다.

둘째, 한자의 언어적 해독법을 제공한 최초의 자전인 『설문해자』에 나오는 산종383)적 특성을 지닌 한자 이해를 노장사유의 해독에 원용함으로써 우리의 노장연구의 정당성을 강화하였다.

셋째, 최근 데리다의 해체주의 이론에 입각한 노장철학의 해독에 관한 국내외 학자들의 학설을 적극 수용하였다.

해체주의 철학자 데리다의 철학이론을 노자의 사유의 특징과 연계시키는 것은 매우 위험한 접근으로 여겨질 수도 있다. 여기서 데리다의 철학과 노자사유의 개략적인 유사점을 미리 지적함으로써 이런 비판을 약간 상쇄해 보고자 한다.

1. 두 철학체계는 이념적으로 전통적 사유체계의 강력한 재평가를 강조하면서 반-전통 반-관습의 위치에 서 있다.
2. 두 철학체계는 기존의 존재론, 인식론, 가치론에 대한 반란과

---

377) 王弼(226-249), 魏의 思想家, 老莊學 융성의 기초를 다진 인물로 평가되고 있다. 『老子』『易』 『論語』에 관한 주석을 남겼으며, 특히 『老子』 주석서인 『道德眞經註』가 유명하다.

378) 呂惠卿(1032-1111), 宋나라, 泉州 晋江출신이다. 字는 吉甫, 宋의 神宗 때 王安石의 추천으로 太子中允을 지냈으며, 參知政事를 했다. 『老子註』, 『莊子註』가 전해진다.

379) 蘇轍, 宋나라 眉山 출신이다. 洵의 아들이고, 軾의 동생이다. 字는 子由, 號는 潁濱遺老, 諡號는 文定이다. 唐宋八大家의 한사람이다. 형인 軾과 함께 동시에 進士가 되어, 王安石, 呂惠卿 등과 같은 시기에 활동하였다. 저서로는 『老子解』 외에 다수가 전해진다.

380) 李約, 唐나라 때 사람, 李元懿의 玄孫. 字는 在博, 號는 蕭齋, 兵部員外郎의 벼슬을 지냈다. 『老子』에 관한 주석서로 『老子道德眞經新注』가 있다.

381) 본명은 이간(李衎), 元나라 계구(薊丘, 北京 서북지방)출신이다. 字는 仲賓, 號가 식재(息齋道人)이고, 諡號는 文簡이다. 박학다식하였으며, 특히 그림에 뛰어나 대나무를 잘 그렸다고 전해진다. 벼슬은 元 仁宗(皇慶) 때 浙江行省 平章政事를 지냈다. 저서에 『竹譜』가 있다.

382) 郭象(252-312) 字는 子玄, 晋의 河內人. 黃門侍郎 벼슬을 지냈으며, 『論語體略』, 『郭象集』, 『郭象注莊子』 등을 저술했으나. 현재 『郭象注莊子』만 전해진다.

383) 散種(dissemination)은 '씨를 흩뿌리는 것'을 뜻한다. '산종'의 어원에 대해서는 김형효, <J. Derrida와 莊子>(정신문화연구, 1991/제14권 제4호[통권 45호]) 117쪽에 상세하고 언급되고 있다. '산종'은 의미를 하나로 모으는 '로고스'의 반대이다.

전복을 시도한다.

3. 두 철학체계는 철학의 분야 뿐 아니라 문학 이론과 비평 분야
   에도 상당한 영향을 주고 있다.

4. 두 철학체계는 어떤 일반적인 이론, 철학적 운동, 또는 사상의
   체계적 학파를 만들려고 하지 않는다.

지금까지 노자의 사유를 데리다식의 해체주의적 관점에서 해명하
는 이유를 언급하였다. 본론에서는 『노자익』에 보이는 주석가들의
설명을 원용하고 한자에 대한 언어적 특성에 기인한 노자의 철학을
읽어내는 시도를 하였다. 이런 방법론에 입각하여 노자사유의 철학
적 의미와 윤리적 특징을 살펴보자.

2. 이중적 사유기호로서의 도

『노자』 제1장을 펴자마자 우리는 매우 곤혹스러운 노자의 역설을 만난다. 원문 그대로 인용하면 다음과 같다.

道可道 非常道. 名可名 非常名

이 문장에 대해 일반적으로 "말할 수 있는 道는 항상된 도(常道)가 아니고, 말할 수 없는 道가 항상된 도(常道이다)" 라는 식으로 번역하여 노자가 그리는 道는 인간의 언어표현의 범위를 벗어나 있는 신비한 우주의 근원을 뜻하는 것으로 이해해 왔다. 데리다의 해체주의와 『노자익』의 주석을 경유하면, 위 인용문의 문장은 "말할 수 있는 도(道)가 상도(常道)는 아니지만 역시 도(道)에 속하고, 말할 수 있는 이름(名)이 상명(常名)이 아니지만 역시 이름(名)에 속한다"고 풀이될 수 있다. 먼저 『노자』 주석가인 여혜경의 설명을 보자.

모든 天下의 道 중에서 그 말할 수 있는 것도 道아님이 없다. ...
무릇 천하의 名에서 그 이름(名) 붙일 수 있는 것도 名아님이 없다.[384]

여혜경은 인간의 언어로 표현할 수 있는 道는 항상된 도(常道)는 아니지만, 道임에 틀림없고, 언어로 표현될 수 있는 名이 항상된 이름(常名)은 아니지만 역시 名이라는 이중 긍정의 설명을 제시하고 있다. 즉, 道에는 常道, 常名과 함께 '非常道', '非常名'이 함께 공존한다는 것이다.

---

384) 『老子』 제1장, 呂註. "凡天下之道, 其可道者, 莫非道也 . . . 凡天下之名, 其可名者莫非名也."

그동안 동서양 철학사의 주류를 형성해온 형이상학과 이분법적 사고에 익숙한 우리는 양자택일이 아닌 이중적 동거내지 공존의 함의로 이 문장을 해독하는 것에 대해 선뜻 수용하기 어려울 수도 있다. 노자가 설명한 道를 어떻게 파악할 것인가? 그 내용에 따라 노자의 사유는 다른 길을 가게 된다. 이에 대해서는 크게 두 가지 철학적 입장이 있을 수 있다. 첫째는 기존의 형이상학적 관점에서의 이해 방식이고, 둘째는 새로운 해체주의적 입장에서의 설명방식이다. 이러한 이해와 설명방식은 다음과 같이 두 가지 해독법으로 대별된다.

첫째, 道는 이름 붙여질 수 없고, 언어로 표현해낼 수 없는 우주만물의 신비한 근원이라는 설명이 가능하다.

둘째, 道의 한자적 의미에 이미 '말하다'는 뜻이 포함되어 있다는 데서 알 수 있듯이, 道는 말할 수 없는 것이기도 하지만, 말할 수 있는 것이기도 하다는 입장도 가능하다.

푸 훙추(Fu Hongchu)에 의하면, 일반적으로 중국철학에서 언급되는 道는 대체로 다음과 같이 다섯 가지로 해독될 수 있다.[385]

1) 전지전능한 창조자로서의 道
2) 우주의 생성 원리로서의 道
3) 궁극적 실재로서의 道
4) 자연의 질서로서의 道
5) 차연으로서의 道

위의 분류에서 1)에서 4)까지는 기존의 형이상학적 관점에 근거한 이해방식에 타당한 것이고, 5)의 경우, 이 장에서 논의를 전개하는

---

385) Hongchu Fu, "Deconstruction and Taoism: Comparisons Reconsidered", *Comparative Literature Studies*, Vol. 29, No. 3, 1992, p. 306. 참조.

기본 입장인 데리다의 해체주의와 노자의 道의 성격을 연계시키는 관점이라 할 수 있다.

5)의 입장에 근거하여 道에 대한 이중적 사유의 성격을 해명해보 자. 『노자』에 표현된 많은 문장들은 기본적으로 짧은 구절과 댓구對 句의 형식으로 제시되어 있다. 노자가 제1장에서 '道'를 서로 상대하는 댓구로 표현한 것은 非常道와 常道, 非常名과 常名, 無名과 有名, 無欲과 有欲 등의 이항대립들 가운데 어느 한 항을 중심적인 것으로 상정하는 수사법이 아니라, 이 두 가지의 공존, 동거, 공생의 관계를 긍정하는 이중적 사유 내지 무중심적 사유의 표현임을 암시한 것이라 볼 수 있다. '非常道', '非常名'은 우리가 흔히 사용하는 말인 '非常口'와 같은 언어구조를 가지고 있다. '非常口'는 항상 사용하는 출입구는 아니다. 그러나 이 문은 완전히 쓰이지 않는 것이 아니고 비상시에는 항상 출입구(常口)로 쓰이기도 한다. 길(道)도 항상 다니는 길(常道)이 있는 반면, 언젠가 비상시를 위해 존재하는 길(非常道)도 있는 법이다. 이런 해독법에 의하면 道에는 常道와 非常道가 동거한다.

그렇다면 "道可道 非常道 名可名 非常名"에 이어서 "無名天地之 始. 有名萬物之母"라는 구절은 어떻게 해독될 수 있을까?

李息齋는 『노자』 제1장을 주석하면서 "이른바 道는 시작도 없고 끝도 없다"[386]고 말하고 있다. 즉 '天地之始'의 '始'가 어떤 최초의 시원이나 만물의 시작을 뜻하고, '萬物之母'의 '母'가 만물 생성의 시점으로 뜻하는 것으로 이해되어서는 안된다는 것이다. 이식재는 같은 곳에서 "성인은 道를 본받아 有와 無 사이를 드나든다"[387]는 표현을 사용하였다. 이는 '有와 無' 내지 '無名와 有名'의 어느 한 쪽에

---

386) 『老子』 제1장, 息齋註. "所謂道則無始無終."
387) "聖人體眞常之道以出入于有無之間"

대해 위계질서를 만들어 가치의 우선을 정하는 것과는 관계가 먼 표현방법이다.

이러한 해독이 常道, 常名, 無名, 無欲, 妙 등의 無의 계열에 속하는 용어들과 非常道, 非常名, 有名, 有欲, 徼 등의 有의 계열에 속하는 용어들이 댓구, 현대 구조언어학적 용어로 '계열체적 집합(paradigmatic setting)'을 구성한 제1장에 어울린다. 우리는 그동안 노자철학의 궁극적 의미는 '常道', '常名'을 추구하는데 있다는 해독에 중독되어 왔는지도 모른다. 그래서 제1장의 마지막 문장인 "此兩者同出而異名. 同謂之玄. 玄之又玄, 衆妙之門"을 그 문장의 결론으로 생각하여, 이 곳에 표현된 용어 '同'을 "궁극적 원인, 근원, 창조자" 또는 "형이상학적 존재원리의 고향", "자기동일성의 근거"라고 여겨왔다.

그러나 데리다와 위의 『노자』 주석가들과 함께 '同出而異名'을 "같이 나왔으나 달리 이름을 붙인다"고 해독하면, 無와 有의 계열은 둘 다 주제와 부제의 구별이 없이 '공동출두'한 다른 이름에 지나지 않는다고 읽을 수 있다.388) 이는 常道와 非常道, 常名과 非常名, 無名과 有名, 無欲과 有欲 등 반대되는 道의 기호들이 주제와 부제, 원본과 사본 등의 구별이 없이 공동으로 출두(同出)하였으나, 道의 이중적 성격 때문에 다르게 이름 붙여졌음을 뜻한다.

이상 제1장의 해독을 도식화하면 다음과 같다.

```
      ┌ 常 道 - 常 名 - 無名 - 無欲 - 妙 ┐
道─┤                                        ├- 玄之又玄 - 衆妙之門
      └ 非常道 - 非常名 - 有名 - 有欲 - 徼 ┘
```

---

388) 김형효, 『데리다와 老莊의 독법』 10쪽. 참조.

노자의 道에 관한 익숙한 기존의 해독을 살펴보자. 일본의 학자 오오하마 아키라(大濱晧)는 기존의 형이상학적 해독의 입장에서 『노자』 제1장을 다음과 같이 정리한다. "1. 道는 천지, 만물의 始源이다. 2. 시원으로서의 道는 無와 有의 고차원의 통일이며, 無와 有를 초월한 궁극적 실재이다. 3. 道는 모든 존재의 크고 작음, 시작과 끝의 고차원의 통일이고, 大小의 공간, 始終의 시간을 초월한 초월적 실체이다. 4. 따라서 道는 유일 절대하며, 무한하고, 영원하다."[389] 노자를 형이상학적 관점에서 파악하면 이런 논증도 충분히 가능하다. 그러나 우리는 이와 같은 해독 즉, '道는 유일 절대(一)의 근거와 원리로서 모든 존재에 똑같이(同) 적용된다'는 이른바 형이상학적 입장과 다른 해체주의적 입장을 견지해왔다.

데리다는 말중심주의적 사유의 틀을 해체하기 위하여 하나의 의미로 결정되지 않는 다양한 용어들을 사용하여 이중성(duplicity)의 전략, 이중 게임의 놀이(the play of double game)를 보여준다. 또한 그는 로고스중심주의, 말중심주의 등의 형이상학적 사유에 대한 비판을 위해 여러 가지 신조어들을 등장시킨다.[390]

한편, 노자의 道의 성격을 '이중적 사유'라고 할 때의 '이중'은 二中과 동시에 二重을 뜻한다. 일원론적인 하나 즉 단수가 아니라 둘 이상에서 시작되는 복수의 의미로서의 '二中'과 서로 다른 것들이 겹쳐져 있다는 의미에서의 '二重'과 연계되어 있음을 뜻한다. '이중'에 대한 이런 한자적 의미의 적용을 근거로 하여 우리는 노자사유의

---

389) 오오하마 아키라(大濱晧), 『老子の哲學』, 1983, 19面.

390) différance(차이/연기, differance), supplément(보충/대리, supplement), hymen(처녀막의 유지/처녀막의 파열로서의 결혼), dissémination(산종, dissemination), pharmakon(약/독), pas(걸음걸이[步]/없다[無]) 등은 하나의 의미로 수렴되지 않는 '결정 불가능한' 단어들이다. 이러한 단어들은 모두 이러한 이중성과 이중 게임에 입각한 철학적 문제의 '전략적'인 분석을 위해 데리다에 의해 만들어지거나 새롭게 주목을 받은 것이다.

특성을 이중적(二中的, 二重的) 사유라고 파악하고 그 철학적 의미를 고찰해 보자.

먼저 해체주의적 해독에 근거하면, 노자의 道는 만물의 선험적 근원으로의 의미가 아니라 이 세계에 존재하는 것(物)과 다르지 않으며, 아니, 오히려 만물과 섞여서 존재할 뿐이다. 노자는『노자』제21장에서 "道가 物이 된다(道之爲物)"고 하였고, 같은 곳에서 "道 가운데 物이 있다(其中有物)"고 언급하고 있다. 이러한 '만물 내지 사물'로서의 道의 성격은『노자』제25장에서는 다음과 같이 언표된다.

사물이 있다면 섞여서 있다(有物混成). 천지보다 먼저 살고있었다.391)

이 제25장의 첫 구절인 '사물이 있다면 섞여서 있다(有物이 混成)'는 표현은 이 세계의 모든 존재는 서로 다른 사물들이 서로 얽혀 있어 하나의 존재 또는 의미로 결정할 수 없음을 지시한다. 蘇子由의 주석을 살펴보자. 그는 "무릇 道는 맑지도 흐리지도 않고, 높지도 낮지도 않다. 가지도 오지도 않고, 선도 악도 아니다. 섞여서 한 몸을 이룬다"392)고 말했다. 이를 통해 道는 상반된 두 성질의 어느 한쪽에 의해 규정될 수 없는 혼합물과 다르지 않음을 확인하게 된다. 이런 해독법에 의하면 道는 사물의 시작과 출발에 관한 형이상학적 원리가 아니다.

다른 사물과 섞여서 존재하는 것이라면, '道'는 '天地보다 먼저 생겼다'는 어구를 어떻게 해독할 수 있을까? 우리가 이미 제1장의 해

---

391)『老子』제25장. "有物混成. 先天地生"
392)『老子』제25장, 蘇註. "夫道, 非淸非濁, 非高非下, 非去非來, 非善非惡, 混然而成體."

독에서 보았듯이, 이 道는 天地 사이에 있는 모든 존재의 최초의 시작과 근원이 아니라, 有無의 반대와 차이가 공존하는 것으로 해독할 수 있다. 이 경우 '天地'는 '天/地'로 풀이되어, 소철 설명한 것처럼 淸/濁, 高/下, 去/來, 善/惡 등 반대의 상징과 함께 간다. 그러므로 위 인용문은 道가 '天/地'의 경험적 차이와 대립이 있기 이전의 더 나이가 먹은 선험적 능력을 지니는 것으로 읽어야 한다. 이렇게 보면, 흔히 道의 발생의 시점이라고 여겨지는 '천지보다 먼서 생겨냈다(先天地生)'고 할 때의 '生'은 결코 발생론적인 의미로 읽을 수 없다. 천지 즉 이 세계가 시작하기 이전에 道는 사물과 혼재해 있다는 뜻으로 읽어야 한다. 이런 사유논리에서는 시작도 없고 끝도 없다. 이처럼 道의 세계에서는 모든 것이 자기와 타자의 연계로 존재한다는 검에서 이중('二中', '二重')적 의미로 파악되어야 한다.

지금까지 살펴본 『노자』 여러 장의 해독을 종합한다면, 道란 정신과 물질을 엄격하게 구분하는 이원론 혹은 이분법적 사유로는 볼 수도 들을 수도 잡을 수도 없는 특성을 지닌다. 다시 말해 道는 정신적인 것도 물질적인 것도 아니기 때문에 어떤 철학적 실체의 개념으로도 파악되지 않는다. 즉, 道는 하나의 '반개념' 내지 '개념아닌 개념'에 속한다. 이런 입장에 서면 세계의 모든 존재에 대해 하나의 의미에로 중심을 설정하고 양자를 택일하게 만드는 이분법의 논리로는 참다운 道의 의미를 설명할 수 없다.

3. 무위의 윤리설

우리는 지금까지 세계를 이중적인 사유의 관점에서 이해하는 노자의 철학적 경향성을 살펴보았다. 이런 사고방식을 소유한 노자는 인간의 문제, 사회의 기능 등 실제 삶을 영위하는 방법에 관해서 어떤 논리를 펼까? 흔히 『노자』는 81장으로 구성되어 있는데, 1장에서 37장까지의 道經과 38장에서 81장까지의 德經으로 나뉘어져 있다고 하여 노자를 통해 마음에 새길 도덕률을 찾고자 노력하기도 한다. 그런데 노자는 그의 텍스트에서 현대적 의미의 道德이라는 용어를 붙여서 사용한 적이 없다. 그렇다면 노자가 생각하는 道와 德을 어떻게 읽어야 할까? 먼저 인간의 마음과 행위를 조절하는 기준으로서의 윤리(德의 문제)에 대한 노자의 사유를 따라가 보자.

일반적으로 고대 중국의 사상가들은 최고의 인간형으로서 성인에 대해 지대한 관심을 보여 왔다. 노자도 예외는 아니어서 그에 의하면 성인은 道와 동등한 개념적 지위를 부여받는다. 이런 점에서 성인의 정치적 태도에 대해 언급한 곳이 『노자』에 많이 등장한다.

인간과 세상의 윤리적 문제에 대해 노자는 기본적으로 검소(儉와)아낌(嗇)을 존중하는 사유를 제시는 것으로 이해할 수 있다. 먼저 제59장의 언표를 살펴보자.

> 인간을 다스리고 하늘을 섬기는데 아낌이 최고다.[393]

그리고 제67장에는 세 가지 보물의 하나로 검소가 제시되어 있다.

---

393) 『老子』 제59장, "治人事天莫若嗇"

노자는 다음과 같이 말한다.

> 나에게 세 가지 보물이 있는데, 보물로 여기면서 그것들을
> 간직하고 있다. 하나는 자애이고, 둘은 검소함이요, 셋은
> 감히 세상 앞에 나서지 않는 것이다.394)

또한 제80장에서는 편리한 도구가 있어도 사용하지 않고, 배와 수
레, 문자도 사용하지 않으며 최소한의 의식주에 만족하는 생활이 언
급되어 있다.

> 배와 수레가 있더라도 타고 갈 곳이 없도록 하고, 갑옷과 무기가
> 있더라도 그것을 펼친 데가 없도록 한다. 백성으로 하여금 옛날의
> 문자와 계산법을 회복하여 사용하게 하고, 그 음식을 달게 먹고,
> 그 옷을 아름답게 입으며 그 거처를 평안히 하고, 그 풍속을 즐기
> 게 한다.395)

이 80장은 주지하듯이 '小國寡民'으로 시작되는데, 작은 규모의
사회를 이상으로 여기는 노자의 사상이 잘 나타나 있는 곳이다. 이
사회는 자급자족의 독립적인 생활을 영위하는 농촌의 모습을 그리
고 있으며, 이러한 사상은 진보와 발전을 지향하는 것과는 정반대의
극치를 보여준다 하겠다. 그리고 노자는 제19장에서 역사현실에서
가치 있다고 생각되는 聖, 智, 仁, 義 등을 해체시키는 입장을 보여
주고 있다.

---

394) 『老子』 제67장, "我有三寶, 持而保之. 一曰慈, 二曰儉, 三曰不敢爲天下先"
395) 『老子』 제80장, "雖有舟輿, 無所乘之, 雖有甲兵, 無所陳之. 使民復結繩而用之, 甘其食, 美其服, 安其居, 樂其俗"

聖을 끊고 智를 버리면 백성의 이익은 백배가 된다. 仁을 끊고 義를 버리면 백성이 孝慈에로 돌아간다. 巧를 끊고 利를 버리면 도적이 없어진다. ... 素를 드러내고 樸을 안으며, 私를 적게 하고 欲(욕심)을 적게 해야 한다.396)

이 노자의 진술을 해독하기 전에, 먼저 욕심(need)와 욕망(desire)에 대한 철학적 변별성에 주목할 필요가 있다. 라캉(Lacan)에 의하면, 욕심은 타자를 자기 것으로 만들려는 심리 행위이고, 욕망은 자기와 타자와의 차이를 긍정하는 심리 행위이다. 노자가 살았던 춘추시대뿐만 아니라 세상 사람들은 有의 가치만 추구하고, 無의 가치를 너무 무시해왔다. 노자가 보기에 세상 사람들이 無의 가치를 이렇게 생각한 이유는 사람들이 존재자에 대한 집착과 인간의 행동에 대한 이분법적 가치판단에 길들여져 왔기 때문이다. 노자는 이런 사람들에게 無는 도덕적 명제 이전에 이미 있어 온 우주의 이치요 문법임을 알려주려고 시도한다. 노자는 제9장에서 그동안 사람들의 관심에 벗어나 있던 虛와 無의 기능을 다시 일깨워준다.

가져서 이를 채우면 그만두는 것만 못하다. 갈아서 날카롭게 하는 것은 오래 보전하지 못한다. 금과 옥이 집에 가득해도 이를 지킬 수 없다. 부귀하나 교만하면 스스로 그 허물을 남긴다. 功名이 완수되어도 자신은 물러나는 것이 하늘의 道이다.397)

윤리와 도덕은 道가 구체적으로 현실세계에 등장하는 대상이라고 할 수 있는데, 노자는 道의 작용을 주로 비움(虛)과 없음(無)과 연계

---

396) 『老子』 제19장. "絶聖棄智, 民利百倍. 絶仁棄義, 民復孝慈. 絶巧棄利, 盜賊無有.......見素抱樸, 少私寡欲."

397) 『老子』 제9장. "持而盈之, 不如其已. 揣而銳之, 不可長保. 金玉滿堂, 莫之能守. 富貴而驕, 自遺其咎. 功成名遂身退, 天之道."

하여 설명한다. 虛와 無의 기능과 역할에 대해 제16장에서는 다음과 같이 설명되어 있다.

> 虛에 이름이 지극하고, 靜을 지킴이 두터우면 만물이 竝作하고 ... 常을 알면 容하다. 容이 곧 公이고, 公은 곧 王이고, 王은 곧 天이고, 天은 곧 道이고, 道는 곧 오래가니, 자신을 없애면 시작하지 않는다.398)

위 인용문은 '허무의 정치학'을 제기한 것으로 볼 수 있는데, 이 언표를 이해하기 위해 '容'에 대한 한자풀이부터 시작해보자. '容'은 '집(宀)'과 골짜기(谷)가 합해진 글자'이다. 자신을 비우고 만물을 받아들이는 골짜기로서의 '容'은 '公'과 다르지 않다. 그래서 '容'이 곧 '公'이라고 했다. 『설문해자』에서는 '公'자를 설명하여 "공평하게 나눈다, 八과 厶를 따른다. 한비자는 내것(私, 厶는 私의 古字이다)을 뒤로하는 것이 公이 된다고 했다."399)라고 하였다. 이렇게 본다면 容과 公, 이 두 글자는 자기동일성, 자기 것의 추구를 뜻하지 않음을 함의하고 있다. 자신을 비우고 다른 것을 받아들이는 관계를 알려주는 기호가 바로 '容'이다. 노자가 생각하는 '허무의 정치학'은 容(비움)에서 公(공평)으로, 다시 公(공평)에서 王(임금)으로 진전되는 과정을 겨냥한다. 노자는 당시의 혼란시기에 모든 가치와 윤리가 자신에게서 비롯된다는 생각을 비우는 '容'과 '公'의 의미를 실현할 '王'을 희망했는지 모른다. 이런 점에서 노자는 정치와 현실에 대해 약간의 미련을 두고 있는 듯하다. 허무의 통치자를 그리는 노자의 생

---

398) 『老子』 제16장. "致虛極, 守靜篤, 萬物竝作 ...... 知常曰明. 不知常妄作凶, 知常容. 容乃公, 公乃王, 王乃天, 天乃道, 道乃久, 沒身不殆."

399) 『說文解字』 50面. "公, 平分也. 從八厶. 韓非曰, 背厶爲公."

각의 저변에는 역설적으로 그동안 지혜롭다는 사람들이 역사를 의미선택의 세계로 몰고 갔다는 비판이 자리한다. 역사를 의미의 선택과 과잉으로 가득 채울수록 그들은 가치판단의 냉엄한 심판자를 자처하고 자신들이 선택한 윤리와 논리를 거부하는 사유체계를 용납하지 않는다.

그래서 그들은 '聖과 俗'과 '智와 無知', '仁과 不仁, 義와 不義'의 이분법을 상정하고 '聖' '智' '仁義'의 기준으로 '俗' '無知' '不仁과 不義'를 타도의 대상으로 생각한다. 인간의 삶의 터전에서 그동안 역사속의 지혜로운 사람들은 언제나 종교, 윤리, 경제의 세 방면에서 좋은 면만을 선택하도록 우리를 강요해 왔고, 또 그런 선택만이 우리들에게 삶의 의미를 보장해 준다고 확신해왔다. 노자는 그런 의미 지향의 가치를 제한적 사고라고 여긴다. 가치를 제약하는 그런 제한적 사고를 넘어설 때, 인간은 진정한 해방을 맞이하게 된다고 노자는 생각한다. 노자가 보기에 유가의 논리는 이런 제한적 사고의 전형이다. 노자는 제52장에서 유가의 사유를 풍자적으로 비판한다.

> 天地는 不仁하다. 그래서 만물로서 芻狗를 삼는다. 聖人도 不仁하여 백성을 芻狗로 삼는다. 천지의 사이는 풀무와 같다. 비어 있어서 屈하지 않고, 움직여서 더욱 나온다. 말이 많으면 자주 궁하게 되니 沖을 지킴만 못하다.[400]

노자는 여기서 천지가 어질지 못하고(不仁) 성인도 不仁하다고 하였으니, 『노자』를 도덕적 교훈이나 잠언을 담고 있는 책으로 생각해 온 사람들을 당황하게 만들고 있다.

---

400) 『老子』 제52장. "天地不仁. 以萬物爲芻狗. 聖人不仁. 以百姓爲芻狗. 天地之間, 其猶橐籥乎. 虛而不屈, 動而愈出. 多言數窮, 不如守沖."

더구나 한자자전과 주석가들의 설명을 종합하면, 추구芻狗는 '제사에 쓰기 위해 풀을 엮어서 개모양으로 만든 것'인데 제사를 지내는 동안 귀하게 모셔졌다가 제사가 끝나면 즉시 불에 태워지는 물건이다. 천지가 만물을, 그리고 성인이 백성을 필요할 때 한번 쓰고 버리는 '芻狗'정도밖에 안 되는 것으로 취급한다고 하였으니 仁義도덕의 의미를 추구하는 입장에서는 이해가 되지 않는다.

천지와 성인이 각각 만물과 백성을 '芻狗'로 삼는다는 것은 어떻게 읽어야 할까? 우리는 芻狗가 정중히 모셔짐과 길가에 태워 버림이라는 양가적 역할과 기능을 하고 있음을 주시해야 한다. 이 芻狗는 데리다에 의해 재음미된 '파르마콘'과 같은 계열에 속하는 단어들인 '파르마코스(pharmakos)'나 '파르마케우스(pharmakeus)'를 생각나게 한다.

파르마케우스는 '무당'이나 '돌팔이 의사'를 뜻하지만 그런 의미론적 차원의 뜻이 문제가 아니라, 아테네에 재앙이 생길 때 속죄양으로 삼아서 죽음의 의식을 치르고 그들을 국경의 바깥으로 시체로서 버려진 것에 주목해야 한다. 도시국가에서 이런 속죄양의 의례가 행해질 때, 하필 소크라테스(Socrates)의 생일날을 '파르마케우스'의 제삿날로 간주하였다는 것이다.401) 주지하듯이 소크라테스는 참다운 지식의 추구를 주장한 철학자이다. 그러나 소크라테스의 생일날이 파르마케우스의 제삿날이라는 점은 지식과 진리, 의미 등의 追求가 바로 '芻狗'와 다르지 않음을 역설적으로 보여준다. 追求와 芻狗는 우리말 한자의 독음이 동일하다.

인간의 언어와 사고의 연계를 생각하게 만드는 이 두 용어는 천지

---

401) Hugh J. Silverman ed,, *Derrida and Deconstruction*, (Routledge, 1989), p. 8. 참조.

의 세상만물이 다 이처럼 是非와 善惡의 양면성을 지니고 있음을 상징하고 있다. 노자가 보기에 是非, 善惡, 眞僞 등 우주의 모든 가치가 양면성을 띠고 있음에도 불구하고 자신들의 사유만이 옳은 진리라고 생각하는 것은 바로 '芻狗'라고 할 수 있다.

노자가 위 인용문에서 "천지가 不仁하다"고 말한 것은 천지가 인간의 마음을 읽어서 인간의 의지대로 움직여주지 않는 '無心한 기계'와 같다는 뜻을 드러낸 것으로 이해해야 한다. 텍스트로 짜여진 이 우주는 시작이 없는 시작부터 '이미 언제나' 비인간적이다. 그래서 데리다는 텍스트를 기계(machine)로 비유하였다. 그는 "텍스트는 비인간적(우리는 곧 그것을 기계라고 부르게 될 것이다)이고, 바로 그 텍스트의 원리 속에서 어떤 인간중심주의적 분석의 방법들도 초과한다"[402]고 말한다. 기계는 반복의 법칙에 의해 움직인다. 노자가 보기에 천지는 반복의 법칙이 지배한다. 노자는 그의 텍스트에서 반복(反)이란 용어를 세계의 질서를 표현하기 위해 자주 등장시킨다. 이런 해독법에 의거하면 "天地不仁"은 다음과 같은 뜻을 알려준다고 보아야 한다. 즉, 천지는 '有와 無' '生과 死' '善과 惡' 등의 차이로 얽힌 관계에서 어느 한쪽 편을 들지 않고, 이 둘의 차연의 논리가 영원히 반복하는 不仁한 기계이다. 道는 이런 반복의 기능을 알려주는 기호이다.

소철은 이런 천지의 不仁을 "천지는 사사로움이 없어서 만물의 자연스러움을 듣는다. 그러므로 만물은 저절로 태어나고 저절로 죽는다. 죽음은 내가 그것을 가혹하게 한 것의 결과가 아니고, 삶은 내가 그것을 어질게 한 것의 결과가 아니다."[403]라고 설명하였다. 노자

---

402) Jacques. Derrida · Geoffrey Bennington, *Jacques Derrida*, p. 56.
403) 『老子』 제52장, 蘇註. "天地無私, 而聽萬物之自然. 故萬物自生自死, 死非吾虐之, 生非吾仁之也."

는 이런 파르마콘으로서의 有無相生의 논리를 보지 못하고 하나의 윤리적 가치를 추구하는 인간의 태도를 비웃는다. 이런 태도에 대한 노자의 대표적인 비판은 제18장에서 찾을 수 있다.

> 大道가 폐하여 仁義가 있고, 지혜가 나오니 큰 거짓(大僞)이 있다. 여섯 친척(六親)이 不和하여 孝慈가 있고 국가가 혼란하니 忠臣이 있다.404)

노자는 이 글에서 윤리와 도덕을 가장 중요한 중심으로 여기는 사유를 비웃고 있다. 이미 앞에서 살펴보았듯이, 노자의 道는 인간중심주의의 부정과 같은 길을 간다. 노자는 다음에 볼 제62장을 통해 道의 가치론적 이중성을 설명하고 있다. 노자는 善은 善이고 不善은 惡이라는 식의 양자택일을 강요하는 이분법을 받아들이지 않는다.

> 道라는 것은 만물의 안(奧)이고, 善人의 보배며, 不善人도 갖고 있는 바이다. 美言은 팔 수 있고, 尊行도 남에게 덧붙일 수가 있다. 사람의 不善을 어찌 버릴 수 있는가?405)

이처럼 道에는 善人과 不善人 즉 善과 惡이 동거한다. 파르마콘이란 말의 이중적 의미처럼 치료약이 동시에 독약이고 또 독약이 동시에 치료약이 되듯이, 道의 세계 안에서는 만물을 판단하는 고정된 절대적 기준으로서의 절대선과 절대악이 성립하지 않는다. 모든 善은 '언제나 이미' 惡에 대한 상대적 善이고 惡은 善에 대한 상대적 惡이기에 善惡은 불교의 연기의 법칙과 같이 한 쪽이 있기에 다른

---

404) 『老子』 제18장. "大道廢, 有仁義, 慧智出, 有大僞, 六親不和, 有孝慈, 國家昏亂, 有忠臣."

405) 『老子』 제62장. "道者萬物之奧, 善人之寶, 不善人之所保. 美言可以市, 尊行可以加人. 人之不善, 何棄之有. 故立天子置三公, 雖有拱璧以先駟馬, 不如坐進此道. 古之所以貴此道者何. 不曰以求得, 有罪以免邪. 故爲天下貴."

쪽도 있게 되는 그런 관계를 갖는다. 善이라고 인식하는 것은 惡이 무엇인지를 아는 흔적의 기억에 의해 가능하고, 또 惡을 惡이라고 인식하는 것은 善의 기억이 흔적으로서 이미 惡의 내부에 새겨져 있어야 가능하다.406) 그리고 善도 경우에 따라서는 惡으로 바뀔 수 있고, 惡도 경우에 따라 善으로 바뀔 수 있다. 이 세계에 유일하고 절대적인 至高善이 있다는 신념은 언제나 성스러운 도덕 윤리의 미명 아래 인간생활에서 僞善과 毒의 반대작용을 형성하기도 한다.

　노자는 춘추전국시대의 혼란시기에 유가의 학설이 지닌 윤리적 대의명분 아래에 있는 위선의 독을 보았다. 그렇다고 해서 노자가 善의 반대인 惡을 찬양하는 태도를 가지고 있는 것은 아니다. 다만 노자는 善惡을 분명하게 구분하는 윤리학을 부정한다. 노자의 이런 도덕에 대한 사유의 표현은 대립되는 두 가지의 가치 중에서 어느 한쪽만의 추구를 경계하는 데에 그 목적이 있다. 그러한 追求는 芻狗일 뿐이라는 것이다. 노자의 윤리설을 경유하면서 우리는 惡의 추구가 파멸임을 아는 사람은 많지만, 善의 지나친 추구 역시 毒이 될 수도 있음을 상기할 필요가 있다고 생각한다.

---

406) 김형효, 『데리다와 老莊의 독법』, 83-83面. 참조.

4. 노자사상의 윤리적 의미

데리다의 해체주의 철학은 시대를 뛰어넘어 노자의 사유와 비슷한 길을 걷고 있다. 수 천년 동안 인류는 어떤 절대적인 존재와 근원적인 진리, 순수한 유토피아를 상정하고 이를 토대로 하여 인간 역사의 모든 갈등과 문제를 해결하려 시도해왔다. 어떤 문제와 갈등을 해결하겠다고 하는 관점에서 적극적으로 그 모색을 시도하는 사유방식은 문제와 갈등의 서로 대립되는 양쪽을 다 부정하고 제3의 종합을 모색하는 변증법적 대결과 지양의 방법을 택하거나, 아니면 양자 중에서 한 쪽을 선호하는 형식논리적 방법을 선택하게 마련이다.

현대에 등장한 새로운 철학이론인 해체주의는 이런 절대적인 진리, 순수한 근원, 진선진미의 유토피아가 있다는 사고방식은 허구라고 생각하는 입장에서 출발한다. 여기서 검토한 노자와 데리다식의 사유방식은 그 어떤 의미의 차원에서도 인간에게 순수한 세계는 존재한 적도 존재할 수도 없다고 생각한다는 점에서 유사한 사상체계라고 할 수 있다.

특히 노자의 윤리설에서는 선과 악을 따지는 것을 경계한다. 그 이유는 眞과 僞, 善과 惡, 美와 醜를 인간의 기준으로 나누고, 전자의 의미를 더욱 강조하는 형식논리적인 이분법은 필연적으로 후자를 폭력과 제거의 대상으로 생각하는 사유의 경직성을 동반할 것이기 때문이다.

자기는 옳고 남은 나쁜 것으로 생각하는 사고방식을 해체주의와 노자의 사유는 비판한다. 본고에서 고찰한 해체주의적 특징을 지닌 노자사유에서의 동거와 공존의 논리는 서로 상반된 양면을 동시에 긍정하는 이중긍정의 논리와 다르지 않다. 이중긍정을 수행하는 사유에는 어떤 선택적 사고나 중심적 사고가 있을 수 없다. 이런 사유는 어느 것이 좋고 나쁘다고 하는 가치론을 개입시키기보다, 모든 인간의 가치추구는 필연적으로 반가치를 동반하게 되고, 하나의 의미(진리, 순수, 근원)에 대한 추구는 그 반대급부로 무의미를 양산한다는 것을 인식하고 이를 경계하고 반성하는 철학의 경향성을 보인다.

인간과 세계에 대한 새로운 패러다임을 이해하기 위한 방법론중 하나가 텍스트 이론이라고 볼 수 있는데, 데리다의 텍스트 이론은 우주가 거미줄(web)과 그물(net)처럼 다른 것들과 관계를 맺고 있음을 알려준다. 현대사회에서 이 거미줄과 그물이라는 용어가 가장 많이 사용되는 곳이 바로 인터넷이다. 이 통신망에서 소통되는 정보를 자기 것이라고 주장하는 사람들은 발을 붙일 수 없다. 물론 정보를 창출하여 제공하는 곳도 있지만, 이들도 이미 다른 사람들을 염두에 두고 있고, 다른 통신망들과의 연결과 교환을 떠나서 정보는 아무런 의미가 없다는 것을 인정하고 있다. 이미 정보제공자도 지식의 창조자로서의 중심적 위치를 해체하고 언제나 타자와의 관계를 전제한다. 정보의 생산에도 이미 타자가 개입되어 있는 것이다.

윤리 도덕적인 측면에서 데리다와 노자는 재래의 전통적 시각으로 보면 분명 이단이고 비판자이다. 그들은 시대의 변천에 따른 전통적 가치기준에 대한 깊은 반성에서 자신의 생각을 전개한다. 노자가 살다 간 춘추시대 말기의 혼란기는 오늘날의 모습과 다르지 않다. 역사는 언제나 혼란한 모습을 가지고 있다. 이 혼란을 치유할 만 병통치의 치료약을 생각하는 사상이 있는가 하면, 치료약은 때로 독약이 될 수 있음을 경고하는 사상이 있는 법이다. 유가가 전자에 속한다면, 노장은 후자의 논리를 대변한다.

동양에서의 인仁과 의義 등의 윤리가 이 세상에 절대적 가치를 가지며, 인간은 이 윤리에 대해 절대적으로 복종해야 한다는 신념은, 서양의 경우 신, 진리, 이성 등의 현존에 대한 집착과 다르지 않다. 동서양을 막론하고 역사에서 늘 이런 편가르기식 사유가 주류를 형성해 왔음은 부인할 수 없다. 데리다와 노장은 이런 사유에 대한 추구가 결국은 인간을 신, 진리, 이성, 윤리, 인仁, 의義 등의 질곡 속으로 몰아가고 인간에게 독으로 작용했음을 간파한 철학자들이다.

데리다의 해체주의와 노자의 이런 사유를 생각할 때, 우리는 다음과 같은 의문을 갖게 된다. 즉 신, 진리, 이성, 윤리 등 전통적으로 가치 있다고 여겨온 모든 것들을 해체하면 무엇이 남는가, 인간은 어떤 목적으로 삶을 영위해야 하는가 하는 문제이다. 더욱이 인간이 지향해야 할 어떤 유토피아도 없다고 생각하는 데리다와 노자식의 사유는 우리들에게 삶의 목적을 이야기 해주지 않기 때문에, 우리는 이 세계에서 어떤 희망도 가질 수 없는 것이 아닌가 하는 의구심마저 들게 한다. 우리는 데리다와 노자의 사유에서 어떤 희망을 발견할 수 있을까

해체주의와 노자의 사유는 그동안 역사에서 늘 주변적인 것, 이차적인 것, 가장자리에 있어 온 것들을 우리들에게 드러내 보인다. 그렇다고 해서 데리다와 노자는 이런 것들을 다시 중심으로 생각하지는 않는다. 그들은 이 세계와 인간에 관한 어떤 하나의 사유가 절대적이 아님을 보여줌으로써 세계와 인간에 대한 이해가 다를 수 있음을 알려준다. 데리다와 노장은 인간이 어떤 목적 없이 살수 있다는 논리를 주장하는 것이 아니라, 위에서 언급하였듯이 오히려 인간의 목적으로 제시된 가치들이 언제나 우리의 삶을 억압해왔다는 점을 직시하자는 입장에 서 있다고 보아야 한다.

우리는 시대를 뛰어넘어 데리다와 노자가 이 세계에 대해 인간들의 자만을 비웃고 다른 것들과의 관계에서 자신을 생각하는 사유를 알려주고 있다고 생각한다. 데리다와 노자의 사유는 이제 인간과 세계의 모든 문제와 갈등은 결코 해결되어야 할 종류의 것이 아니라, 새로운 사유논리에 의하여 이해되어야 할 것이라는 입장을 대변한다. 이런 사유는 21세기 새로운 시대에 꼭 어울리지는 않더라도 전환기에 직면한 오늘날의 상황에서 그동안의 철학에 대한 비판적 반성을 토대로 세계와 인간을 보는 우리의 시야를 조정하는 기능을 할 수 있다고 생각한다.

제 10장

장자의 해체주의적 윤리설

1. 존재의 해체

서양철학에서의 존재에 관한 진리를 대표하는 개념은 중국철학에서는 道라고 표현된다. 중국 철학적 전통에서 道는 인간과 자연을 범위로 하는 우주의 존재를 포괄하는 개념으로 이해되어왔다. 존재 즉, 道의 관점에서 중국철학을 이해하고 분류할 때, 일반적으로 공자, 맹자의 사상으로 대표되는 유학의 道는 인간을 중심으로 사유와 논리를 전개하고, 노자, 장자로 대표되는 노장의 道는 자연을 중심으로 사상을 펼치는 것을 특징으로 하고 있다고 말할 것이다. 그런데 공맹유학의 경우 인간중심주의를 철학적 배경으로 삼고 있다는 것은 인정될 수 있으나, 노장의 道를 자연중심주의로 이해하는 것은 신중할 필요가 있다.

공자, 맹자로 대표되는 유교적 사유는 사회가 지향하는 가치와 인간이 추구할 덕목을 제시하고, 사람들로 하여금 마음과 몸속에 윤리와 진리를 모아서 행동에 옮기는 것을 겨냥한다면, 노자와 장자 계열의 사유방식은 인간이 추구할 가치와 의미에 대해 기대와 미련을 두지 않는 경향을 보인다.[407] 왜냐하면, 노자와 장자는 인간과 세계와 관련되어 중심을 내세우는 것 자체를 비판하는 입장에서 그들의 사유와 논리를 전개하고 있기 때문이다.

다시 말해서, 유학의 道와 노장의 道간의 본질적 차이는 유학의 道가 형이상학적, 윤리적 진리를 상정하고 이를 추구하는 것을 학문적, 철학적 목표로 삼고 있는 반면, 노장의 道는 어떤 중심으로 내세울 진리가 존재하지 않는다는 사실을 설명하고자 하는 철학적 경향

---

407) 김상래, <노자의 해체주의적 사유와 윤리설의 특징>, 『東洋古典硏究』 제42집, 2011. 03. 329 쪽 참조.

성을 지니고 있다. 유학의 道는 구성적(構成的, constructive)인 반면, 노장의 道는 해체적(解體的, deconstructive)인 특징을 지니고 있는 것이다.408)

우주의 존재자들 중에서 인간을 중심으로 여기고, 그들이 제시한 진리와 윤리를 구성해가는 윤리학과 철학을 중시하는 것이 바로 공자의 '인仁'으로 대표되는 유가사상의 본질이라고 할 수 있다. 이 '인仁'이 문자학적으로 인간(人)을 매개하고 있는 것도 이런 사유의 노정이다.409) 반면, 도가철학의 '道'는 人道만을 지칭하는 것이 아니라, 天道를 포함하는 개념이다. 그렇다고 天, 즉 自然을 중심으로 여기는 사유라고 보기도 어렵다.410) 오히려 노장철학의 근본적인 특징은 존재에 관한 중심을 설정하기를 거부하고, 나아가 존재 자체의 해체를 겨냥하는 것으로 이해할 수 있다. 이런 전제에 의거하여 이 장에서는 자크 데리다의 철학이론에 의거하여 장자의 道에 대한 관점을 고찰하고자 한다. 데리다의 철학이론에서 '해체'라는 용어는 인간의 사유와 문화를 해독하는 키워드로 등록된다. 9장에서도 언급하였듯이 해체(deconstruction)411)는 첫째, 형이상학적이고 양자택일적인 이분법의 사유구조에 대한 비판을 겨냥한다. 여기서 이분법적 사유구조란 인간의 기준으로 존재에 대해 有와 無, 善과 惡 是와 非, 主

---

408) 김형효, 『데리다의 해체철학』 1993, 9쪽 참조.

409) 김상래, <다산의 仁論 연구-주자와의 비교를 중심으로>, 『東方學』, 제19집, 2010. 213쪽 참조.

410) 도가철학에서의 '道' 의미의 범주와 정의에 관해서는 다음을 참조. 김상래, <노자의 해체주의적 사유와 윤리설의 특징>, 『東洋古典研究』 제42집, 2011. 03. 335-336쪽 참조.

411) 하이데거(M. Heidegger)의 '파괴(Destruktion)'라는 개념에서 힌트를 얻은 '해체(deconstruction)는 데리다(J.Derrda)가 자신의 철학을 설명하는 여러 용어들 중 아리스토텔레스 이후 이성 중심의 형이상학을 비판하는 개념으로 주로 사용하였다. '해체(deconstruction)'의 어원에 대한 설명은 Barbara Johnson, *Introduction to Dissemination* (Chicago: University of Chicago Press, 1981), p. xiv 참조. 국내의 저술로는 이광래 편, 『해체주의란 무엇인가』 1990와 김형효, 『데리다의 해체철학』 1993가 참조할 만하다.

體와 客體 등의 모든 대립적인 개념과 가치의 위계질서를 만들고, 이를 구조화해서 생각하는 것을 뜻한다. 대립과 위계질서는 중심을 전제할 때 성립된다. 형이상학적 사유구조에서는 대립의 한쪽은 언제나 중심에 위치하는 것으로, 다른 한쪽은 주변에 위치한 것으로 이해되었다. 그리고 어느 한쪽은 존재적, 가치적, 논리적으로 다른 한쪽에 우선하는 근원으로 여겨졌다.

해체는 둘째, 어떤 중심도 거부하는 특징을 지닌다. 해체는 언제나 '두 얼굴(biface)', '兩面(biphase)'을 지향한다. 이 양면성을 특징으로 하는 해체는 하나로 모음[412]의 불가능성을 의미한다. 데리다는 어떤 하나의 중심을 설정함으로써 나머지 주변을 지배하는 이러한 사유의 전통을 '현존의 형이상학(the metaphysics of presence)'이라고 부르고, 이를 전복시키기 위해 강력하고 다양한 공격과 비판을 시도한다. 데리다와 마찬가지로 장자도 모든 시비판단의 근저에 자리하고 있는 이분법적 사유구조를 극복하기 위해 전복의 전략을 사용하였는데, 『장자』에는 과장과 역설, 다양한 비유 등의 언어 표현이 등장한다. 장자는 이분법적 사유구조를 전복하는 방법론으로 그 구조가 쉽게 역전될 수 있음을 보여준다. 장자식의 해체전략은 우주만물의 존재를 상대적 관점에서 파악하여 가치판단의 중심을 설정하는 것을 비판하고 나아가 거부에 까지 이르는 논리를 전개한다. 존재의 우위, 가치의 위계, 선악의 추구 등의 문제는 즉 '결정할 수 없다는 (不可決定)'방법론을 제시한다.

<제물론>에 등장하는 모장(毛嬙)[413]과 려희(麗姬)[414]는 인간의 기

---

412) 로고스(logos)의 어원인 그리스어의 'legein'은 '모으다'를 뜻한다. 그리고 logos는 하나로 모아진 '진리', 그 진리를 표현하는 '말(言語)'이라는 뜻을 가지고 있다.

413) 옛날 중국의 미인, 일설에는 越王의 美姬라고도 한다.

준으로는 아름다운 사람으로 판단되지만, 물고기와 사슴에게는 무서운 존재일 뿐이다.[415] 이러한 비유를 통해 장자는 모든 가치가 상대적일 뿐 아니라 동시에 어떤 기준이나 중심에 의해 결정될 수 없는 '결정할 수 없음'을 내포하고 있다는 사실을 말하고자 하였다.

> 道에서 보면 만물에는 귀천이 없고 만물에서 이를 보면 스스로를 귀하다고 하고 상대를 천하다고 한다.......차별로서 이를 보아 저마다 크다고 여기는 것에 근거하여 크다고 한다면 만물은 크지 않는 것이 없고, 저마다 작다고 여기는 것에 근거하여 작다고 한다면 만물은 작지 않은 것이 없다. 천지도 제미稊米(피와 벼)가 됨을 알고 호말毫末(머리카락 끝)도 산이나 언덕이 됨을 안다면 곧 차수差數[차이의 이치(법칙)]를 보게 되리라.[416]

치-휘 첸Chi-hui Chien은 위 인용문에 보이는 용어 '차수'를 차이의 법칙(the law of difference)으로 번역한다.[417] 장자에 의하면, 만

---

414) 미인, 晉의 獻公의 애첩.

415) <齊物論> "毛嬙, 西施, 人之所美也. 魚見之深入, 鳥見之高飛, 麋鹿見之決驟, 四者孰知天下之正色哉"『莊子』의 인용문인 경우 책명은 생략하고 편명을 제시함. 이하 동일

416) <秋水>. "以道觀之, 物無貴賤, 以物觀之自貴而相賤...以差觀之, 因其所大而大之, 則萬物莫不大, 因其所小而小之, 則萬物莫不小. 知天地之爲稊米也, 知毫末之爲丘山也, 則差數覩矣"

417) Chi-Hui Chien, "Theft's Way, A Comparative Study of Chuang Tzu's Tao and Derridean Trace", *Journal of Chinese Philosophy*, Vol 17, No. 1 March 1990, pp. 35.
Chi-Hui Chien 외에도 데리다의 해체철학과 노장철학과의 상관성 내지 유사성에 대해서는 그동안 국내외적으로 적지 않은 연구 성과가 축적되어 있다. 주요 내용들을 살펴보자. Ye Xiushan과 Donald Wesling은 데리다의 해체와 노자철학과의 유사성에 주목하였는데, Ye Xiushan은 노자의 사유체계는 하이데거의 '현존재(Dasein)'보다 데리다의 '흔적(trace)'에 더 가깝다고 주장하고 있다. Ye Xiushan, Burial of the World of Meaning: On Derrida, a Philosopher of Obscurity, *Chinese Social Sciences* 3 (1989), p. 104
특히 Wesling은 데리다의 철학은 "불완전한 노장철학체계"라고 까지 말하였다. Donald Wesling, "Methodological implications of the Philosophy of Jacques Derrida for Comparative Literature: The Opposition East-West and Several Other Observations", *Chinese-Western Comparative Literature: Theory and Strategy*, ed., by John J. Deeney 1980, p. 79와 p. 104 참조. Michelle Yeh는 데리다와 장자의 특별한 관련을 다루는 논문에서'서양 형이상학의 해체를 위해 사용되는 데리다의 유희적 문체(playful style)는 우리들에게 특히 장자의 "소요유(逍遙遊)"를 일깨워준다 '고 하였다. Michelle Yeh, Deconstructive Way: A Comparative Study of Derrida and Cuang Tzu, *Journal of Chinese Philosophy*, vol. 10 No. 2, (June 1983), pp. 95-126.

물은 서로 차이나는 것들의 집합일 뿐 인간중심의 기준으로 존재의 의미에 대해 함부로 재단해서는 안 된다. 상식적이고 전통적인 이분법에 의하면, 하늘은 크고 머리카락은 작은 것임에 틀림없다. 그러나 장자는 이 이분법을 깨고 우리가 알고 있는 '작다' '크다'의 질서를 역전시킨다. "천지도 제미稊米가 됨을 알고 호말毫末도 언덕이 됨을 안다"는 것은 천지와 호말毫末 사이에 크고 작음을 결정할 수 있는 절대적인 기준이 애당초 존재하지 않기 때문이다. 장자가 말하는 차이의 법칙(差數)은 모든 것은 자신의 고유의 존재성이 아니라 다른 것들과의 차이의 관계에서 이루어짐을 알려주고 있다. 이런 사유는 이분법적 사유와 어울리지 않는다. 인용문의 '차수'는 바로 데리다가 말하는 '차연'418)과 다르지 않다.

특히, 광-밍우Kuang-ming Wu는 그의 저서 *The Butterfly As Companion*에서 유학의 인간중심주의가 논리적이라면, 장자의 철학을 비논리적이라고 규정하고, 그는 "장자의 '무모하고 과장된 언어는 논리학과 지식에 대한 우리의 자만심을 분쇄한다"419)고 말한다. 그는 특히 데리다적 의미에서의 놀이(play)에 주목하여 장자의 유희적 사유(遊戱的 思惟)를 다음과 같이 정리하고 있다.

> 놀이는 의도 없이 의도적이다420)

A. C. Graham은 노자와 데리다를 언급하면서, "너무나 현저한 유사성 때문에 차이를 놓쳐버릴 위험이 있다"(A. C. Graham, *Disputers of the Tao: Philosophical Argument in Ancient China* (La Salle, IL: Open Court, 1989), p. 227.)고 까지 말하고 있다.

418) 라틴어 동사 'differre'와 프랑스어 동사 'différer'(영어로는 'to differ'와 'to defer')에는 '차이나다'와 '연기하다'의 두 가지 의미가 동시에 포함되어 있다. 데리다는 이 동사의 명사형인 'difference(차이)'와 'delay(연기)'의 뜻이 결합된 差延(différance, 'différence'의 'e'를 'a'로 대치하여) 라는 新造語를 만들었다. 데리다는 이 용어를 이용해서 모든 이분법적 사고를 극복하는 전략을 시도한다.

419) Kuang-ming Wu, *The Butterfly As Companion* 1990, p. 375.

놀이는 '무자아(無自我)'와 '자기망각'의 활동이다421)
놀이는 언제나 상대방이나 타자의 개입을 기대한다. 자신의 존재
의 고유성에 대한 애착은 놀이를 파괴한다.422)

그에 의하면, 장자가 말한 逍遙遊(유유히 노님)가 바로 이러한 '놀
이'의 사유를 보여주는 대표적인 예라는 것이다. 즉, 광-밍우吳光明
는 '놀이'의 측면에서 장자의 <소요유>를 해독하고 있으며, 그레함은
이분법적 대립들의 전복과 해체를 지시하는 철학자로 노자에 주목
하기도 하였다. 그리고 치-휘 첸은 데리다의 '흔적'(trace)423)과 장자
의 道를 비교하면서, "그들(데리다와 장자)은 진리의 이성적 유용성
과 실재를 명명하는 언어의 능력을 주장하는 요구들을 의심한다
."424)고 설명하였다. 그러면서 그들의 공동의 목표는 말(목소리)이
창조하는 자기동일성과 이분법적 결합구조를 해체하는데 있다고 말
한다. 치-휘 첸에 의하면, 그들이 제시한 해결책은 바로 데리다의 경
우는 '자기말소(자기지움)'를 뜻하는 '삭제아래(under erasure)'의 전략
으로 나타나고, 장자에 있어서는 "至人無己(완전한 사람은 자기(자아)
가 없다)"라고 할 때의 그 '無己'의 전략으로 나타난다는 것이다.

그리고 이 전략은 『장자』에서는 역설의 사유로 나타나고, 데리다
의 경우 "다른 철학자의 담론이 지닌 자기 모순적 본질을 해체하는

---

420) 같은 책, p. 381.

421) 같은 책, p. 382.

422) 어린아이들의 소꿉장난 놀이에서 한 남자아이가 아빠 역할을 하다가 싫증을 느끼면 '나 이제
엄마 할래'하고 선언하는 경우 다른 아이들이 쉽게 동의하면, 그 남자아이는 여자로서 엄마
의 기능을 하게 된다. 목적, 중심, 의미, 가치 등을 개입 없이 놀이의 세계는 가능하다.

423) 데리다는 '있다'라는 단어가 '현존(presence)'을 지시하는 것으로 오해할 가능성조차 없애기 위
해, 존재를 표현하는 동사(est) 위에 다시 'x'라는 不在의 표시를 한다. 데리다는 이 기호를 '삭
제아래(under erasure)'라고 부른다. 이 '삭제아래'의 전략은 '흔적'이라는 용어로도 표현된다.

424) Chi-Hui Chien, "Theft's Way, A Comparative Study of Chuang Tzu's Tao and Derridean
Trace", *Journal of Chinese Philosophy*, Vol 17, No. 1 March 1990, p. 32.

것"으로 표현된다.[425] 그는 이런 점에서 데리다의 차연이나 흔적과 함께 새롭게 해독되어야 할 것이 바로 노자와 장자의 道라고 말한다. 그에 의하면, 노장의 道와 데리다의 차연과 흔적은 기존의 형이상학적, 이성적, 말중심주의적, 존재신학적, 존재도학적 사유체계를 해체하는 것을 목표로 하는 반철학적이고 비논리적인 사유체계를 지시한다. 그래서 그는 특히 장자의 道가 데리다의 '흔적(trace) 만큼 해체적인 운동'[426]이라고 주장한다. 한편 해체적 관점에서 노장철학을 연구한 국내의 연구업적으로는 김형효, 김상환, 이승종, 최진석 등의 학문적 성과가 주목할 만하다.[427] 이상에서 살펴본 국내외의 연구성과를 바탕으로 장자철학의 존재론적 특성과 그 윤리적 함의에 대해 고찰해 보자.

---

425) 같은 논문, p. 32.

426) 같은 논문, 같은 곳.

427) 국내의 주요 연구 성과를 이해하는데, 다음의 저술들이 많은 도움이 된다. 김형효, 『데리다의 해체철학』(1993년, 민음사). 김형효, 『데리다와 老莊의 독법』(1994년, 한국정신문화연구원). 한국도가철학회, 『노자에서 데리다까지』 도가 철학과 서양 철학의 만남(2001년, 예문서원) 등.

2. 상대주의적 윤리론

앞에서 살펴보았듯이 일반적으로 중국철학의 주요 개념인 道는 존재의 근본원리, 절대적 법칙으로 이해되지만, 이 장에서는 장자철학에서의 道를 존재의 해체를 겨냥하고 존재의 중심을 상정하기를 비판하는 용어로 규정하고자 한다. 먼저, 존재의 해체에 기반한 상대주의적 인식론을 특징으로 하는 장자사유의 일단을 살펴보기로 하자.

> 저것과 이것의 짝(대립)을 없애는 것(경지)을 도추道樞라고 한다.428)

여기서 '도추道樞'로 표현되는 장자의 道는 이것과 저것, 옳고 그름은 각각 다른 것과의 차이를 생각하는 경우에만 의미가 있으며, '도추'는 이것/저것, 옳음/그름을 동시에 긍정하는 이중긍정의 논리를 상징하고 있다. 한자 자전에 의하면 추樞는 돌쩌귀, 장쇠 등의 뜻으로 문을 열고 닫게 하는 쇠붙이를 의미한다. 장자에 의하면, 道의 기능이란 열기와 닫기의 서로 다른 작용을 담당하는 것으로서의 돌쩌귀(樞)이다. 다른 말로 표현하면, 이것은 문을 여는 기능만 하는 것도 아니고, 닫는 기능만 하는 것도 아닌 이중부정의 논리로도 이해할 수 있다. 이중긍정은 이중부정의 논리와 다르지 않다. 하나의 의미와 기능으로 수렴되지 않는 道의 기호와 상징으로서의 돌쩌귀 또는 문의 경첩으로 번역되는 道樞에 근거한 이러한 논리는 바로 어느 한쪽에도 중심을 두는 것의 불가능성을 지시하는 사유를 겨냥한다.

장자는 이 우주를 서로 다른 것들(萬物)이 함께 동거, 공존하고 있

---

428) <齊物論>. "彼是莫得其偶, 謂之道樞"

는 곳으로 생각하고 있으며, 그것이 바로 道의 모습이라고 여긴 것이다. 또한 그는 이것과 저것의 대립과 두 가지 중 어느 한 쪽에 중심을 두는 이분법을 넘어서, 열고 닫음의 이중긍정과 열리지도 닫히지도 않음의 이중부정으로서의 '도의 기능 즉, 돌쩌귀(道樞)'로 비유하고 있다. 장자는 道에 대해 어떤 가치 우월적 존재도 인정될 수 없음을 알려주기 위해, 또 '이분법적 사유구조'를 전복하기 위해 공자의 '道'와 도둑의 '盜'를 가지고 언어유희를 시도한다.[429) 그의 이야기를 따라가 보자.

> 그러므로 도척(盜跖)의 무리들이 우두머리 도척에게 물었다. 도둑(盜)에게도 道가 있습니까? 도척이 말한다. 어디를 간들 道가 없겠느냐? 방안에 무엇이 있는 것을 생각해내는 것은 聖이고, 앞서서 들어가는 것은 勇이며, 맨 나중에 나오는 것은 義이며, 도둑질을 할 수 있는지 없는지를 아는 것은 知이며, 고르게 나누는 것은 仁이다. 이 다섯 가지를 갖추지 못하고서 큰 도둑이 될 수 있는 사람은 세상에 없다.[430)

장자는 이 인용문에서 聖, 勇, 義, 知, 仁 등의 윤리적 덕목을 인간의 주요 가치로 삼고 있는 공자의 사상에서 추구하는 道를 도둑의 盜로 비유하여 설명하고 있다. 장자는 이런 가치들을 도둑이 갖추어야 덕목에 배당함으로써 유가사상이 추구하는 가치가 반가치가 될 수 있음을 보여준다. 진리의 道(Tao)와 도둑의 盜(Tao)는 음성 기호(말, 발음)로는 아무런 차이가 나지 않는다. 문자의 세계에서 비로소 차이가 등록된다. 장자의 道는 眞理, 價値, 善을 추구하는 것을 내용

---

429) 제1장에서 설명한 언어적 아나그램을 참조할 것.

430) <胠篋>. "故跖之徒問於跖曰 盜亦有道乎. 跖曰 何適而無有道邪. 夫妄意室中之藏, 聖也. 入先, 勇也. 出後, 義也. 知可否, 知也. 分均, 仁也. 五者不備, 而能成大盜者, 天下未之有也"

으로 하는 공자의 道도 아니고 그렇다고 해서 反眞理, 反價値, 惡으로서의 도둑의 盜도 아니다. 장자는 진리/반진리, 가치/반가치, 선/악과 같은 엄격한 이분법의 폐해를 직시하고 인간을 기준으로 함부로 편가르기, 위계 정하기를 하지 말아야 함을 권장한다.

장자는 위 인용문에서 '道'와 '盜'의 음운적 아나그램[431]의 법칙을 사용하여 진리와 반진리, 가치와 반가치, 선과 악을 엄격하게 구별하여 전자를 추구하는 공자의 道는 역설적으로 공자에 의해 반진리, 반가치, 악으로 배척되는 도둑의 盜가 될 수도 있음을 보여준다. 장자는 위 인용문을 통해 우리들에게 이른바 '道'는 궁극적인 진리나 가치를 주장하기 위한 존재론이나 가치론의 범주를 넘어선 개념임을 알려주고 있다고 보아야 한다. 그리고 앞에서 장자의 사유는 인간중심주의가 아니고, 자연중심주의라고 할 수 없다고 설명하였듯이 장자는 있음(有)을 추구하지 않으며 그렇다고 그 반대인 없음(無)만을 주창하지도 않는다. 『장자』를 읽어 보면, '有'자보다 '無'자가 더 많이 등장하고 있으므로, 장자의 사유에서는 有보다는 無가 더 중시되는 것으로 이해하기 쉽다. 장자가 보기에 기존의 사유가 有를 중시하는 태도를 견지하고 있으므로, 상대적으로 無의 논리를 등장시킨 것이지 無가 有의 존재적 발생론적 측면에서 어떤 궁극적 원인이라고 여겨서는 안 된다.

이런 이해방식은 장자의 철학을 상대적 관점에서 파악하는 태도라고 할 수 있다. 이런 점에서 장자는 모든 변화를 설명하는 <제일원인>, <창조자>, <기원> 등을 설정하는 절대적 타당성 즉, 존재에

---

431) Anagram, 유사한 음운을 가진 글자들끼리는 유사한 의미를 갖게 된다는 언어학적 법칙의 일종. 예컨대 우리말에 '다리'가 아프면 '달'밤에 '다리 밟기'를 하면 낫는다고 생각하는 것도 이런 아나그램의 법칙과 관련이 있다

관한 우위와 가치를 판단하는 것은 성립될 수 없다고 주장하고 있다. 그 이유는 바로 장자가 우주 속의 존재 중에서 인간이라는 제한된 범위에서 파생된 옳고 그름(眞/僞, 是/非)의 판단-이분법적 논리-을 거부하고 부정하기 때문이다. 변화하는 세계에 대해 어떤 시작과 끝, 제일 원인, 창조자, 기원 등의 용어는 장자의 철학체계에서 용납될 수 없다.

> 그대로 두어라, 그대로 두어라. 아침저녁으로 이를 얻음(변화하는 것)은 그 말미암는 것이 있어서 생기는 것인가. 저것이 아니면 내가 없고, 내가 아니면 취할 바가 없다...그런데도 하게 하는 바를 알지 못한다. 진재眞宰가 있더라도 특별히 그 진재가 임금노릇을 하지 못한다.432)

장자는 모든 변화의 근원 내지 원인으로서의 진정한 임금(眞宰)433)의 존재를 의심한다. 사물의 다양한 변화 양상에 대해서는 누구도 알 수 없다는 입장이다. 진정한 임금에 대한 이러한 회의주의적 견해는 만물의 변화에는 시작과 끝이 없다는 생각이 반영된 것이다. 장자는 경험적 인식의 확실성이나 시비선악의 판단 기준은 독립적이고 객관적으로 성립할 수 없다는 상대주의적 인식론을 제시한다. 장자는 상대주의 내지 회의주의적 입장에서 자신의 철학을 전개하고 있다. <제물론>에서 장자는 다음과 같이 말한다.

> 이것이 또한 저것이고 저것도 또한 이것이다. 저것도 또한 하나의 옳고 그름의 판단(是非)이고 이것도 또한 하나의 옳고 그름의 판

---

432) <齊物論>. "已乎, 已乎. 旦暮得此, 其所由以生乎. 非彼無我, 非我無所取......而不知其所爲使. 若有眞宰, 而特不得其眹眞宰"

433) 바로 아래에는 '眞君'이라는 용어로 쓰이기도 한다. 의미는 같다.

단(是非)이다. 과연 저것과 이것이 있다는 것인가? 과연 저것과 이
것이 없다는 것인가?434)

　이것과 저것은 서로 의존적으로만 존재하며, 상대적인 존재의미
를 소유하고 있는 것으로 이해해야 한다는 것이다. 이런 점에서 장
자는 절대적인 하나의 진리를 주창하는 학설과 사상을 비판하고 이
에 대해 회의를 품고 있는 것이다. 장자는 반대되는 두 가지 가치와
의미 중 어느 한쪽을 절대화하는 논리를 비판하고 회의한다. 정리하
면 장자는 인간과 세계 내지 자연의 모든 존재가 근본적으로 상대적
이라고 주장한다. 그의 언표를 확인해 보자.

　　자기(子綦)가 대답했다. 대지가 내뿜는 숨을 바람이라 한다. 이것
　　이 불지 않으면 몰라도, 한 번 불기만 하면 지상의 모든 구멍이
　　모두 성낸 듯이 울부짖는다. 너만이 그 소리를 듣지 못했느냐? 산
　　속의 숲이 우거지고 백 아름이나 되는 큰 나무에 패어 멍들, 코와
　　같으며 입과 같으며, 귀와 같고 대들보의 네모난 구멍(枡)과 같으
　　며, 나무를 구부려 만든 술잔(圈)과 같고 절구와 같으며, 깊은 웅
　　덩이와 같고 얕은 웅덩이와 같은 구멍들이 세찬 물결이 치는 소
　　리, 깃털로 만든 화살을 쏘는 소리, 큰소리로 꾸짖는 소리, 숨 쉬
　　는 소리, 고함치는 소리, 통곡하는 소리, 깊은 산 계곡의 소리, 애
　　절하게 탄식하는 소리들을 내기도 한다. 그래서 앞의 것에서 소리
　　가 나면 뒤의 것에서 소리가 난다. 작게 부는 바람에는 작게 화답
　　하고 거센 바람에는 크게 화답한다. 그러다가 바람이 한 번 그치
　　면 모든 구멍들은 텅 비게 된다. 너만이 저 나무들이 휘청휘청 흔
　　들리다가 또 한들한들 움직이는 것을 보지 못하였느냐?
　　자유(子游)가 물었다. "땅의 소리(地籟)는 구멍이 내는 소리이고,
　　인간의 소리(人籟)는 퉁소와 피리 같은 것이 내는 소리이다. 그러
　　면 하늘의 소리(天籟)는 무엇입니까?"
　　자기는 이렇게 대답했다. "하늘의 소리(天籟)라는 것은 온갖 구멍

---

434) <齊物論>. "是亦彼, 彼亦是也. 彼亦一是非, 此亦一是非. 果且有彼是乎哉. 果且無彼是乎哉. 彼
　　是莫得其偶, 謂之道樞"

에서 각기 다른 소리를 내지만, 각자가 자기 소리로 하니 각각 저절로 취하는 것이다. 그러면 누가 소리를 내는 것일까?"435)

<제물론>의 첫 부분에서 설명하고 있는 '人籟(인간의 소리)'는 인간이 삶을 영위하는 모든 과정을 뜻하는 은유적 표현이라고 할 수 있는 바, 상대적으로 다름(차이)이 있을 뿐 절대적인 기준이 존재하지 않는다고 장자는 주장한다. '인뢰'는 인간사회의 사람들의 삶의 모습을 함축한 용어라고 할 수 있는데, 인간이 삶을 영위하기 위한 목표와 가치, 의미 등은 상대적임을 알려주는 기호인 것이다. 이어서 등장하는 '지뢰(땅의 소리)'와 '천뢰(하늘의 소리)'는 세계 내지 자연의 상대성을 의미한다고 볼 수 있다. 인간과 세계에 존재하는 만물은 어느 누구도 특권을 소유하지 않으며, 절대적이지도 않다는 것이다.

장자에 의하면, 모든 존재자들이 서로 다르지만 상호의존적이고 상대적이게 만드는 선험적 근거가 바로 '道'이다. 이 '道'는 '吹萬不同(만 가지로 불지만 동일하지 않다)'의 특징을 지니고 있다. 다시 말해서, 하늘天, 땅地, 사람人의 측면에서 각각 다르게 작용(吹萬)되고 있으며 자기동일성을 추구하는 기능을 하지 않는다(不同) 는 기능을 하고 있다. 그리고 위 인용문은 "그러면 누가 소리를 내는 것일까?"라고 의문의 형식으로 단락을 끝맺고 있다. 이어지는 문장에서 장자는 존재의 상대성을 네 글자로 요약하여 '非彼無我', 즉 '저것(세계 또는 자연)이 아니면 나(인간)도 없다'고 하였다. 장자는 우리

---

435) <齊物論>. "子綦曰 夫大塊噫氣, 其名爲風. 是唯無作, 作則萬竅怒呺. 而獨不聞之翏翏乎. 山陵之畏佳, 大木百圍之竅穴, 似鼻, 似口, 似耳, 似枅, 似圈, 似臼, 似洼者, 似汚者, 激者, 謞者, 叱者, 吸者, 叫者, 譹者, 宎者, 咬者. 前者唱于而隨者唱喁. 冷風則小和, 飄風則大和. 厲風濟則衆竅爲虛. 而獨不見之調調之刁刁乎. 子游曰 地籟則衆竅是已, 人籟則比竹是已. 敢問天籟. 子綦曰 夫天籟者, 吹萬不同而使其自己也, 咸其自取. 怒者其誰邪"

들에게 인간과 세계, 자연을 아우르는 모든 존재자들을 이해하는 방식으로 '상대주의'를 제시하고 있음을 알 수 있다.

장자는 모든 가치 판단의 절대적 우위를 인정하지 않는다. 절대적 우월성을 주창하는 사유의 근저에는 이분법적 사유가 자리하고 있기 때문이라고 그는 설명한다. 앞에서 살펴보았듯이 이분법적 사유는 본질적으로 배타적 특성을 지니게 되기 때문이다. 이분법적 사유는 필연적으로 양자택일의 사유와 연계된다. 다시 양자택일의 논리는 배타주의로 연결되며, 배타주의는 필연적으로 가치 판단으로 연결된다. 세계가 眞과 僞, 善과 惡, 生과 死, 美와 醜, 成과 敗, 得과 失, 多와 寡, 長과 短, 大와 小 등 두 가지로 나뉘어 이원화되어 있다고 생각한다면, 사람들은 필연적으로 둘 중 한쪽을 선택하는 가치판단을 하게 된다.

이분법적 가치판단에 의해, 인간은 윤리적으로도 언제나 이른바 善을 추구하고 惡을 피할 것을 요구받는다. 是非, 善惡, 眞僞 등의 가치에 대해 유가철학과 도가철학은 다른 사유를 보여준다. 공맹의 유가철학이 이들 가치 중에서 전자를 추구하도록 가르친다면, 노장의 도가철학은 이들 가치를 엄격하게 구분할 때 동반하는 폐해를 주시한다. 장자는 '天倪'라는 은유를 사용하여 是非, 善惡 등을 나누는 사유를 부정하는 태도를 보여준다. 그의 말을 들어보자.

> 천예(天倪)로서 교역(和)한다고 말하는 것은 무엇을 말하는가? 옳음이 있고 옳지 않음이 있고, 그러함이 있고 그렇지 않음도 있다. 옳음이 과연 옳다면 옳음은 옳지 않음과 다를 것이니 또한 판단을 하지 말라. 그러함이 과연 그러하다면 그러함은 그렇지 않음과 다를 것이니 또한 판단을 하지 말라. 나이를 잊고 의리를 잊으면 경계가 없는 세계에로 나가게 된다. 그러므로 경계가 없는 곳에 머문다.436)

‘天倪’에 대해 郭象은 “自然之分也”라고 주석을 붙였고, 王雱은 『南華眞經新傳』에서 “自然之妙本”라고 하였으며, 일반적으로 ‘倪는 限, 分, 際 등의 의미로 끝, 한계, 경계를 지시하는 개념으로 이해되어 왔다. 곽상과 왕방의 주석을 근거로 해독하면, 자연계내의 한계와 경계에 한정된 논리로만 이해될 수 있다. 그러나 장자의 사유구조에서 자연은 끝과 한계, 경계를 넘어서는 범위를 포괄하는 개념이라 할 수 있다.

<추수>편에서 이러한 자연의 성격을 ‘道에는 끝과 시작이 없고, 物에는 죽음과 삶이 있다’고 표현하였다. 따라서 ‘天倪’는 끝이 없는 끝, 경계가 없는 경계를 지시하는 것으로 이해 할 수도 있다. 그리고 한자자전에 의하면, ‘倪’는 ‘어린아이(小兒)’, ‘경계(際)’, ‘끝(端)’ 등을 의미한다. 또한 『장자익』에 보이는 초횡焦竑의 주해에는 “倪는 나눔이고, 경계이다”[437]로 되어 있다.

따라서 천예는 ‘하늘의 나눔’, ‘하늘의 경계’, ‘하늘의 아이’ 등으로 번역될 수 있다. 이 번역어들은 모두 나이를 결정하기 어려운 ‘하늘의 아이’, ‘나눔과 한계, 경계를 정하기 어려운 것’을 의미한다는 점에서 ‘판단과 결정의 불가능성’을 뜻한다고 이해할 수 있다. ‘하늘의 아이’라는 번역의 의미를 보완해보자. 『노자』에서도 어린아이가 道의 상징으로 등장한 것처럼, ‘하늘의 아이(天倪)’는 남자와 여자로 분명하게 나누어지기 이전의 ‘결정불가능성’을 상징하고 은유한다.

노장철학의 주석가로 그동안 크게 주목받지 못했던 송대의 학자 여혜경도 이런 우리의 이해방식과 다르지 않음을 보여준다. 그에 의

---

436) <齊物論>, “何謂和之以天倪曰 是不是, 然不然. 若果是也, 則是之異乎不是也, 亦無辯. 然若果然也, 則然之異乎不然也, 亦無辯. 忘年忘義, 振於無竟. 故寓諸無竟”

437) <齊物論>, 焦竑의 註解. “倪, 分也, 際也”

하면 장자의 진술은 "天倪로서 교역해서 어떤 것을 나누고 판단하지 않음"438)을 의미한다. 위의 인용문은 이런 주석들에 근거해서 번역한 것이다. 정리하면, 이 '天倪'는 有無, 是非 등 모든 가치에 대한 양자택일적 이분법의 사유와 이성적 판단을 부정하는 것을 상징한다.

그리고 <제물론>의 마지막 부분에 등장하는 호접몽胡蝶夢 우화 바로 앞 문장에서 장자는 "나이를 잊고 의리를 잊으면 경계가 없는 세계에로 나가게 된다. 그러므로 경계가 없는 곳에 머문다."439) 고 하였다. 앞에서 살펴 본 것처럼 '天籟'와 '天倪'에서 언급된 天은 자연을 대신하는 의미기호라고 할 수 있는 바, 장자에게 자연은 경계와 끝이 없는 무한반복과 무한차이의 세계로 인식된다. 따라서 자연의 도를 언급할 때는 그는 '시작과 끝이 없다'고 말한다.

> 道에는 끝과 시작이 없고, 物에는 죽음과 삶이 있다. (道는) 그 (만물의) 이룸을 자랑하지 않는다. 한번은 비고 한번은 가득 차서 (정해진) 그 형태에 자리하지 않는다…….만물의 생성은 마치 말을 달려 빨리 지나는 것 같아서 어떠한 움직임이건 변하지 않음이 없고, 어떠한 때이건 옮기지 아니함이 없다. 무엇이 그렇게 만드는가? 무엇이 그렇게 만들지 않는가? 진실로 저절로 변화하는(自化) 것이다.440)

자연과 달리 인간을 포함한 존재자(物)에는 삶과 죽음이 존재한다. 이는 자연의 도와 인간의 도를 다른 입장에서 접근할 가능성이 존재함을 암시한다. 위 인용문에서 '天倪'를 언급하는 마지막 부분에 등장하는 "忘年忘義, 振於無竟. 故寓諸無竟"에 대해 먼저 안병주, 전

---

438) <齊物論>. 呂註 "和之以天倪而不爲之分辯"

439) <齊物論>. "忘年忘義, 振於無竟. 故寓諸無竟"

440) <秋水>. "道無終始, 物有死生. 不恃其成. 一虛一盈, 不位乎其形...物之生也, 若驟若馳, 無動而不變, 無時而不移. 何爲乎. 何不爲乎. 夫固將自化"

호근은 성현영과 임희일의 주해를 참조하여 "나이를 잊어버리고 마음 속의 편견을 잊어버려서 경계 없는 경지에서 자유자재로 움직인다. 그 때문에 경계 없는 세계에 맡긴다"고 번역하였다.[441] 그리고 James Legge는 "시간의 경과를 잊어버리고, 차이를 잊어버리며, 무한으로 나아가 이 경지를 집으로 만든다"[442]고 풀이하였다.

장자는 이 글을 통해 우리 인간들에게 자연의 도, 즉 존재의 방식에 대해 인간이 어떤 입장을 취해야 할 것인지 알려주고 있다. 천지자연은 인간과 함께 공존하지만, 인간은 자연과 독립된 개인이 아니라 우주만물의 부분인 것이다. 장자가 제시한 마지막 구절의 답변("忘年忘義, 振於無竟. 故寓諸無竟")은 '道의 경지에서 살기'라고 바꾸어 이해할 수 도 있다. 이런 삶은 시간과 장소 등 모든 경계를 극복하는 것으로부터 시작되는 것이다.

그리고 위 인용문에서 언표된 '자화(自化)'는 자기 동일적 자아로의 흡수를 가리키는 것이 아니라 저절로 변화함을 뜻한다. 장자의 사유구조에서 '物'도 어떤 고정되고 독립적이며, 개별적이고 정태적 실체가 아님은 물론이다. 자연계에 존재하는 인간을 포함한 만물은 언제나 다른 것으로 변화한다. 이것이 장자식의 용어로는 '物化'이다. 현대철학의 용어로 설명하면 '변화의 철학'이라고 할 수 있다.

---

441) 안병주, 전호근 공역, 譯註 『莊子』, 東洋古典譯註叢書 8, 傳統文化硏究會, 2001, 124면
442) James, Legge, *The Texts of Taoism*, 1962, p. 196.

3. 변화의 논리와 윤리

선진시대의 사상가 중에서 장자가 '변화'의 의미를 가장 잘 설명하고 있다고 여겨진다. 풍우란馮友蘭이 『중국철학사』를 저술하면서 '변화의 철학'이라는 목차를 만들어 장자의 철학을 소개한 것을 계기로 일반적으로 장자 철학의 중요한 특징으로 이를 언급하고 있다. 이러한 '변화의 철학'의 내용을 충실하게 채우는 개념이 바로 '物化'이다. 이 '物化'는 『노자』에서는 '萬物自化'로 표기된다. 『노자』 제37장에는 "道는 항상 無爲하면서 동시에 無不爲하다"는 역설적 표현이 등장한다.

> 道는 항상 無爲하면서 동시에 無不爲하다. 侯王이 이것을 지킬 수 있으면 만물이 장차 스스로 化하게 된다. 化하여서 欲이 作하면 나는 장차 無名의 樸으로서 이를 진정시킬 것이다. 無名의 樸도 장차 또한 不欲하게 되리라. 靜으로서 不欲하면 천하가 장차 스스로 바르게 되리라.443)

제37장의 인용문에 나오는 '化'는 만물의 모든 차이와 변화, 반복과 교역 등의 다의(多義)를 포함하고 있다. '化'가 상징하는 단어들인 차이, 변화, 반복, 교역 등은 언제나 상대방, 타자의 존재를 긍정한다. 이 제37장의 인용문에 대한 주석에서, 소철은 다음과 같이 보충설명한다.

> 성인이 無爲로써 사물(상대방, 他者)을 化(차이, 변화, 반복, 교역)하게 해서, 만물은 化하게 된다(萬物化之).444)

---

443) 『老子』, 제37장. "道常無爲而無不爲. 侯王若能守, 萬物將自化. 化而欲作, 吾將鎭之以無名之樸. 無名之樸, 亦將不欲. 不欲以靜, 天下將自正"

이 '萬物化之'의 줄임말이 바로 '物化'로서, <제물론>의 마지막 부분인 나비꿈(胡蝶夢)을 설명하는 곳에도 나온다. 胡蝶夢을 설명하면서 장자는 "내가 나비 꿈을 꾼 것인지, 나비가 내 꿈을 꾼 것인지 모르겠다"고 말한다. 장자는 꿈속에서 무한자유의 초현실을 맛보았다. 그런데 깨어보니 현실세계에서의 인간 장자였다. 이처럼 장자와 나비 사이에는 각각 상호간에 他者의 他者로서 서로 차연적 관계가 매개되어있다. '장자'<=> '나비'의 관계는 다른 것으로의 차이, 변화, 반복, 교역의 기호를 연상하게 한다.

차이와 대립은 다르다. 대립이 양자택일의 선택의 논리를 요구한다면, 차이는 양면긍정의 논리를 생각한다. 是非, 眞僞, 善惡 등의 가치판단에서도 대립은 자기와 다른 것을 '틀렸다'고 생각하지만, 차이는 자기와 다른 것을 '다르다'고 생각한다. '物化'는 다른 것을 전제하고, 상대방과의 '차이, 변화, 반복, 교역의 대긍정'을 지시하는 장자식의 표현법이라 할 수 있다.

주지하듯이 '物'이란 한자의 뜻에는 '나 이외의 다른 것(外物)'이란 뜻이 있다. 그렇다면 장자가 말한 '物化'는 '대상' 혹은 '나 이외의 다른 것'과 대립 없이 공존함을 뜻한다. 장자가 말하는 '物化'로서의 道는 만물이 서로 변화하는 무한 반복의 연쇄과정을 지시한다. 장자가 말하는 '物化'는 다음과 같은 철학적 특징을 지닌 것으로 볼 수 있다. 첫째, 장자는 사물의 변화는 우주적 차원으로 진행된다고 생각하였다.

우주 내에 존재하는 만물은 예외 없이 언제나 변화를 경험하게 된다는 것이다. 사물은 물론이고 인간도 이 변화의 세계를 벗어날 수 없다. 이 변화하는 세계의 법칙을 장자는 道라고 본다. 법칙이라고

---

444) 『老子』, 제37장, 蘇註. "聖人以無爲化物, 萬物化之"

해서 어떤 정해진 원리와 규칙이 존재한다는 의미는 아니다. 끊임없는 사물의 변화(物化) 과정에서 어떤 실체로 고정될 수 없는 '道'는 인간에게는 다음과 같이 적용된다.

> 기쁨, 노여움, 슬픔, 즐거움, 근심, 한탄, 변덕, 두려움, 어여쁨, 방탕, 허세 부리기 등은 음악이 빈 구멍에서 나오고, 습기가 버섯을 만드는 것과 같다. <이런 감정의 변화가> 밤낮으로 서로 번갈아 앞에서 나오지만, 그 <감정의> 씨앗이 시작하는 곳을 알지 못한다. 그만 두어라. 아침저녁으로 이것을 얻으니 <이처럼 저절로 생기는 것이 감정의 변화가> 생겨나는 원인일 것이다.[445]

이 인용문에서 장자는 우리들에게 어떤 고정적이고 변화하지 않는 존재의 불가능성을 알려주고 있다. 존재와 세계는 운동, 변화, 그리고 전이와 같은 길을 가고 있다는 것이다. 이러한 변화의 철학에 대한 장자의 사유구조는 곽상의 보충설명을 통하면 더욱 분명해진다. 곽상의 주석을 살펴보자.

> 喜怒 이하는 性情의 차이이다. 음악이 빈 구멍에서 나오고, 습기가 버섯을 만드는 것은 事變의 차이이다......밤과 낮이 서로 바뀌고, 새것으로 옛 것을 대신한다. 천지만물은 변화해서 날마다 새로워지고 시간과 함께 지나가니 누가 싹을 틔웠겠는가. 저절로 그러하고 그러할 뿐이다.[446]

곽상의 주석에 의하면, 이 <제물론>에 등장하는 희노 이하의 여러 가지 단어는 인간의 감정에 있어서의 차이를 뜻하고, 음악과 버섯은

---

445) <齊物論>. "喜怒哀樂, 慮嘆變熱, 姚佚啓態, 樂出虛, 蒸成菌, 日夜相代乎前, 而莫知其所萌. 已乎已乎. 旦暮得此, 其所由以生乎" 안병주, 전호근의 번역을 참고하여 <약간 수정, 보완함>.

446) <齊物論>, 郭註. "喜怒以下, 性情之異. 樂出虛, 蒸成菌, 事變之異也......日夜相代, 代故以新也. 天地萬物, 變化日新, 與時俱往, 何物萌之哉. 自然而然耳"

사태의 변화에 있어서의 차이를 뜻한다. 그리고 곽상은 밤과 낮, 옛 것과 새 것의 변화와 차이는 어떤 근원적인 시작과 절대적인 힘에 의해 생기는 것이 아니라 '저절로 그러하고 그러하다'고 설명한다.

둘째, 장자는 사물의 변화는 무한하다는 것을 강조한다. <추수>편 에서 장자는 '道에는 끝과 시작이 없다'고 선언하였다. 그리고 <천 운>편 앞머리는 다음과 같이 시작된다.

> 하늘은 저절로 돌고, 땅은 저절로 도는가? 해와 달은 장소를 다투 어가며 돌고 도는 것인가? 누가 그것을 주재하여 그렇게 하는 것 인가? 누가 벼리를 잡아당기며 그렇게 순서를 매기고, 누가 일 없 이 있으면서 밀어서 움직이게 하고 있는 것일까?447)

이 문장은 우주적 차원의 변화과정은 인간의 지식을 넘어선 무한 의 범위에서 진행된다는 것을 알려주는 특별한 수사법(의문의 형식) 을 사용하고 있다.448) 우주적 변화는 누구도 알 수 없는 궁금한 대 상(?)이라는 의미에서 의문의 형식을 빌려 온 것으로 이해된다. 이 변화는 한계를 규정할 수 없으며, 장자철학에서 변화의 무한성은 시 간의 무한성 내지 지연 또는 연기와 관계한다.

<추수>편에서는 이를 "道에는 끝과 시작이 없고, 物에는 죽음과 삶이 있다. (道는) 그 (만물의) 이룸을 자랑하지 않는다. 한번은 비고 한번은 가득 차서 (정해진) 그 형태에 자리하지 않는다. 해는 막을 수 없고, 때는 머물게 할 수 없다"고 설명한다.449) 밤과 낮의 변화와 차이도 마찬가지이다. 밤은 낮을 대리하고, 낮은 밤을 보충하면서

---

447) <天運>, "天其運乎. 地其運乎. 日月其爭於所乎. 孰主張是. 孰維綱是. 孰居無事推而行是"
448) 屈原의 『楚辭』 <天問>도 이와 유사한 의문의 형식으로 긍정의 의미를 표현하고 있다.
449) <秋水>, "道無終始, 物有死生, 不恃其功. 一虛一滿, 不位乎其形. 年不可擧, 時不可止"

서로의 흔적을 가지고 있다. 이런 의미에서 보면, 시간은 현존하지 않는다.

데리다식 표현으로 한다면, '현재'는 이미 지나간 현재인 '과거'와 다가올 '미래'인 현재 그 사이일 뿐이다. 현재의 새로움에는 이미 과거의 흔적이 대리하고 있고, 미래를 기준으로 생각하면 현재의 새로움은 옛것에 불과하다. 새것과 옛것이 어떤 고정된 실체가 아니라 시간의 흐름과 함께 끊임없이 저절로 변화할 뿐이다. 밤과 낮의 변화와 시간의 연쇄성은 어떤 절대자의 개입도 필요로 하지 않는다.

장자의 철학적 관심은 어떤 하나의 중심으로 고정되지 않는 道의 모습에 있었다. 사물에 대한 변화의 철학은 인간에게도 그대로 적용된다. 장자에 의하면, 인간을 구성하는 것 중에서 영원한 것은 아무것도 없다. 변하지 않는 자아, 자기 자신, 인간적 실체는 존재하지 않는다. 장자는 이에 대해 간명한 답을 제시한다. "至人無己(완전한 사람은 자기(자아)가 없다)"450) 이런 측면에서 러셀 레게는 '至人'을 자아, 자기(self)로부터의 자유라는 개념으로 설명하기도 한다.451) 장자가 말하는 無己, 無自我는 '자유'와 연결된다. 버튼 왓슨 등 장자 연구가들은 장자의 중심 테마는 '자유'라는 단어로 정리될 수 있다고 말한다.452) 장자철학을 자유의 관점에서 이해하는 것은 국내외적으로 일반적인 경향이라 할 수 있다.

장자에게 자유는 먼저, 인간의 감정에 대한 초탈을 의미한다. 슬픔과 기쁨, 그리고 삶과 죽음이라는 감정의 차이에 대해 장자가 제

---

450) <逍遙遊>. "至人無己"

451) Russell D. Legge, "Chuang Tzu and the free man", *Philosophy East and West*, vol 29, No. 1 (January, 1979), p. 18.

452) Burton Watson, trans., *The Complete Works of Chuang Tzu*, 1968, p. 3.

시하는 자유는 <지락>편에 나오는 아내의 죽음에 대한 장자의 이야기에서 극치를 보여준다. 장자는 사계절의 반복처럼 만물이 반복하는데, 아내가 天地라는 거대한 방에서 기분 좋게 잠들려하는 것을 슬퍼하며 내(장자)가 운다는 것은 내가 운명의 이치를 깨닫지 못하는 일과 같은 어리석은 짓이라고 말한다.[453] 슬픔과 기쁨의 감정에 대한 자유와 삶과 죽음에 대한 장자의 자유는 결국 만물은 서로 상반되는 두 가지 기호의 차이와 그 차이들의 무한한 반복의 관계에 있음을 알고 어느 한쪽에 의미를 부여하고 집착하는 태도를 극복하는 것을 상징한다.

---

453) <至樂>. "莊子妻死, 惠子弔之, 莊子則方箕踞鼓盆而歌......是相與爲春秋冬夏四時行也. 人且偃然寢於巨室, 而我叫叫然隨而哭之, 自以爲不通乎命, 故止也"

4. 자유의 윤리적 함의

이상 살펴본 장자 철학에는 유가 사상이 기본적으로 지향하고 있는 '인간에 대한 기대와 미련'이 남아 있지 않다. 장자에 의하면, 인간도 사물의 무한한 변화의 세계에 포함되는 하나의 존재일 뿐이다. 이러한 사유구조에서는 인간의 '자아'관념은 제자리를 찾기 어렵다. 따라서 장자는 무아의 사유를 준비한다. 이는 장자가 자아 또는 인간의 자아동일성을 해체하는 입장에 서 있음을 웅변해 준다. 인간에 대한 그의 입장을 세 가지로 요약하면 다음과 같다.

첫째, 변화로부터 자유로울 수 있는 육체적 인간이란 없다는 것을 보여 줌으로써 자신의 사유를 강력하게 보증한다. 아내의 죽음을 맞이한 장자의 태도에서 우리는 이런 사유의 일면을 발견하게 된다.

둘째, 육체가 동일성, 지속성을 보장하지 않는다면 인간의 감정과 느낌도 마찬가지로 지속적 동일성을 확보할 수 없다. 위에서 살펴본 희노애락의 인간의 감정적 변화는 아침과 저녁이 서로 대체되는 것처럼, 다른 사물과 같이 끊임없이 변화된다는 것이다.

셋째, 장자는 사유의 주체자로서의 자아의 동일성을 해체한다. 장자는 호접몽의 은유와 우화를 통해 꿈을 꾸는 주체자로서의 자신을 의심하고 해체한다.

중국 윤리학에 대한 장자의 공헌은 인간의 삶의 모든 변화에 대한 평등한 사유를 드러낸 점과 자유에 대한 긍정의 사유를 들 수 있다. 윤리학적 측면에서 장자철학은 다음과 같은 특징을 지닌 것으로 요약될 수 있다. 장자는 인간 중심의 논리와 거리가 먼 우주와 조화되는 삶을 '윤리적 이상'으로 생각하면서, 인간의 사유와 행위에 있어서의 자유를 강조하고, 나아가 인간 뿐 아니라 모든 존재의 자유를 달성하는 방법을 제시하려고 노력하였다. 공맹의 유가사상에서 주창하는 윤리학설이 인간에 초점이 맞추어져 있다고 한다면, 기존의 권위와 전통의 강요에 반대하는 장자의 사유는 인간의 영역을 포괄하는 동시에 이를 넘어서는 자유를 윤리학설에 등록시키고 있다.

유가사상의 경우도 장횡거, 주자, 왕양명의 송대 유학에 이르면, 인간중심의 윤리학에서 인간의 관심사를 초과하는 영역의 확대가 시도된다. 이런 점에서 장자의 윤리학설은 송대 유학의 발달에 중요한 영향을 끼쳤다고 할 수 있다. 어쨌든 장자는 인간의 자유 뿐 아니라 자연계에 존재하는 만물의 자유도 중시하는 입장을 견지한다. 다만 유가사상의 경우 언제나 가치판단의 주체자는 인간이라고 생각하였다. 따라서 윤리적 존재로서의 인간의 자유는 자연적 존재의 자유와는 달라야 한다는 것을 전제하고, 자유를 실현한 결과에 대해 인간은 책임을 져야한다고 주장하는 것이 유가사상을 비롯한 대부분의 인간주의 사상의 윤리적 특징이라 할 수 있다.

장자는 중심을 해체한다는 철학적 경향성과 윤리적 상대주의의 입장에 의거하여 논의를 전개시키는 점에서는 유가사상의 논리와 큰 차이를 보여준다. 정부의 고위관직이 되기보다는 진흙 속에서 자유롭게 꼬리를 움직이며 살겠다는 거북이의 입장을 옹호하고, 학의 다리를 인간의 기준으로 재단하지 말라는 우화들을 통해 우리는 장자의 윤리적 견해의 일단을 엿볼 수 있다. 유가사상과 장자철학에서의 윤리학설에 대한 이러한 견해 차이는 무엇보다 인간의 자아에 대한 다른 생각에서 유래되었다고 할 수 있다.

앞에서 살펴 본 것처럼 장자는 self로서의 自, 我는 언제나 thing으로서의 物과 관계를 맺고 있으며, 인간의 개인적 동일성은 실체가 있는 것이 아니라 변화의 지속적인 과정의 한 부분으로 이해해야한 다고 주장한다. 장자는 인간의 삶이 자연에 대해 '지배권'을 소유하고 있다고 생각하지 않는다. 그는 <소요유>편의 꿈 이야기를 통해 인간과 나비의 한계를 넘나드는 차연과 초탈의 사유를 우리들에게 제시한다. 이는 진리와 善이 인간 역사의 주인공이 되어야 한다는 인간중심주의의 거부이며, 이 세계를 인간이 주도적으로 지배해야 한다는 권한에 대한 비판이라 할 수 있다. 이 세계에는 인간이 지배자로 등록되고 주인의 권리를 행사할 공간이 아니라는 것이다. 인간이라는 범주를 넘어서는 초과 내지 초탈적 사유는 현실사회의 논리와는 어울리지 않는다. 장자의 자유는 이런 점에서 초현실의 세계를 지향하는 '지상권(至上權)'의 사유를 겨냥하고 있다.454)

김형효에 의하면, 지배권은 언제나 피지배자나 노예의 대립개념을 상정하게 된다. 그리고 이 대립, 모순적 관계에서 지배자와 주인의 권리를 추구하는 것을 뜻한다. 이에 비해 지상권은 대립과 모순을 벗어나 있어서 절대적인 최고의 자유를 향유할 권리를 의미한다. 장자에 의해 지상권을 행사하는 인격으로 등록된 것이 바로 至人, 聖人, 眞人, 全德之人이라고 볼 수 있다. 이들은 물론 현실세계에 객관적으로 역사적으로 존재한 적이 없다. 이들의 윤리적 사유는 현실 사회에 기반을 둔 유가적 윤리도덕으로는 제대로 해독될 수 없다. 장자가 보기에 유가적 사유는 인간, 사회, 현실의 범주 안에서만 논리와 윤리를 설명해가는 제한적 사고, 역사적사고, 실용적 사고와 다르지 않다. 장자가 제시하는 논리와 윤리는 초현실의 범위까지 포함하는 인간과 사회, 현실을 넘나드는 초과, 초월, 초탈적인 이해방

---

454) 지배권과 지상권의 개념은 김형효의 설명을 원용하였다. 김형효, 『노자에서 데리다까지』, 2001년, 307면 참조.

식이라고 할 수 있다.455)

　전자는 지배권과 어울리고, 후자는 지상권과 어울린다. 이런 초과적, 초탈적, 초현실적 사유에 의거한 자유를 지향하는 장자에게 윤리는 인간에게만 제한적으로 적용되는 성질의 것이 아니다. 장자가 이분법적 사고와 제한적 사유를 해체하려는 것은 쓸모 있음 즉, 실용적인 것이 바로 현실적인 것이라고 생각하는 실용주의적, 또는 인간 중심의 당위의 윤리도덕을 넘어서는 인간과 만물을 아우르는 사유와 윤리를 등록시키기 위해서라고 할 수 있다. 이런 철학에서는 인간만이 중심이 되거나 나만이 존재의 의미를 소유하는 것이 거부된다. <제물론>에서 장자는 남곽자기의 언표를 빌어 "나는 나를 잃었다(吾喪我)"고 말한다. 이 '喪我'는 한자의 언어적 의미에서 無我, 無己 그리고 去己 등의 용어와 동일한 계열에 속하는 표현방법이라고 할 수 있다. 그리고 '(喪)잃다<=>(無)없다<=>(去)없애다' 등으로 우리말로 바꾸더라도 크게 의미상의 차이가 없으며, 이런 말들은 서로 통용되기도 한다.

　장자는 자신의 저술 속에서 我, 吾, 己 등 자기 동일성을 뜻하는 한자 앞에는 주로 부정어를 붙이고 있다. 앞에서 살펴본 "非彼無我, 非我無所取', '至人無己'가 대표적인 예이다. 장자의 사유 속에서 자기, 주체자 등을 뜻하는 문자는 언제나 부정되고, 언제나 상대의 존재를 상정하고 있다. <제물론>에서 장자는 "지인은 자기가 없고, 신인은 공적이 없으며, 성인은 이름이 없다."456)고 하였다.

　장자가 사용하는 至人, 神人, 聖人 등의 용어는 객관적으로 실재하는 인격을 지시하는 것이 아니라 장자가 지향하는 자유의 세계에

---

455) 같은 책, 306-307 참조.
456) <齊物論>, "至人無己, 神人無功, 聖人無名"

서 노니는 명칭들이다. 至人은 장자가 생각하는 최고의 단계에 이른 사람을 뜻하는데, 앞에서 언급한 '지상권'에 도달하는 경지를 상징한다고 할 수 있다. 神人은 변화를 일으키는 특별한 능력을 지닌 사람을 가리키는데, 장자철학의 기본구도라고 할 수 있는 변화와 관계맺음을 하고 있는 인격이라고 할 수 있는데, 神人은 인간과 세계에서 발생하는 다양한 변화에 대해 이를 자신의 공적으로 등록시키지 않는다. 聖人은 완전한 지식을 가지고 있어서 세계의 전개 과정을 훤히 꿰뚫고 있는 사람을 의미하는데, 이 인격은 이름이나 명예, 칭찬을 내세우거나 자랑하지 않는다.457)

장자가 이들 인간형을 제시한 윤리 도덕적 의미는 어디에 있을까? 장자가 보기에 인간은 사회와 국가 차원의 제한 속에서 누군가 만들어 놓은 기준과 가치, 의미에 의해 구속되어 있다고 진단한다. 자유의 사전적 의미가 '인간이 어떤 구속과 방해를 받지 않는 상태'라고 할 때, 이 세 가지 인간형은 자유를 향유하는 이상적 인격을 지시하는 것으로 이해할 수 있다.

장가가 보기에 仁義로 대표되는 윤리적 가치는 언제나 인간을 중심으로 정의되고 실행되어야 할 도덕적 덕목인데, 이는 현실사회의 제한된 경우에만 쓸모 있고 유효한 것이며, 인간의 범위를 넘어서는 존재자(만물로 표현됨)들의 세계에서는 쓸모와 효용성을 따지기 어려운 것으로 변화된다. 앞에서도 살펴본 우화인 "학의 다리" "미인의 기준" "진흙속의 거북이의 삶" 등은 절대적인 윤리도덕을 만들어내는 것이 불가능하다는 것을 은유적으로 표현한 것이다.

오늘날 인간들의 노력으로 근대사회가 이룩한 성과는 자본주의에

---

457) 至人, 神人, 聖人에 대한 인격에 대한 풀이는 신정근, <『論語』와 『莊子』의 自我觀>, 『儒教思想研究』 제37집, 164면을 참조하여 논자의 생각을 보충하였음.

서의 자본, 인간중심주의에서의 인간으로 대표된다고 할 수 있는데, 장자의 이런 사유는 우리로 하여금 다른 존재들의 윤리적 가치와 상대적 존재의 의미에 대해 우리의 시선을 돌리도록 한다. 장자의 윤리설은 모든 차이들의 공존과 집합을 상징하는 '道'가 서로 조화를 이루며 소통하는(道通爲一) 것을 추구하고 있다. 이를 장자는 "하늘, 대지가 나와 어울려 살아가고, 타자와 내가 하나가 된다"458)고 말한다. 다시 말해서 장자가 그리는 세계는 인간의 윤리만이 중시되는 것이 아니라 모든 존재자들의 조화와 화해를 지향하는 것이라 하겠다.

> 지극한 덕의 세계는 (인간이) 금수와 동거하고, (여러 사람들이) 만물과 병립하여 살아간다. 군자와 소인의 구분을 알 필요가 없으며, 모두 앎을 내세우지 않기 때문에 덕이 떠나지 않는다. 모두 욕망이 없기 때문에 소박이라고 말 할 수 있다.459)

조화와 화해는 인간이 다른 동물과 하게 삶을 영위하면서 군자와 소인의 경계를 허물어서 자신의 지식을 자랑하지 않고, 자기의 욕망을 없애는 소박함을 통해서 가능하다. 장자가 지향하는 윤리도덕의 모습은 존재자와 존재자들 간의 지배가 없는 것이다. 위 인용문에 의하면, 인간 중심의 지배권의 조건은 지식과 욕망으로 요약된다. 주지하듯이 지식과 욕망은 근대사회의 대표적인 병폐 내지 윤리 도덕적 위기의 원인으로 언급되는 것들이다. 그동안 우리는 이성에 기반을 둔 지식을 추구하여 인류의 문명을 발전시켜왔다. 동시에 인간 위주의 욕망의 충족에 의거하여 자연과 세계를 대상으로 개발이라

---

458) <齊物論>, "故爲是擧莛與楹, 厲與西施, 恢詭譎怪, 道通爲一"

459) <馬蹄>, "夫至德之世, 同與禽獸居, 族與萬物並. 惡乎知君子小人哉. 同乎無知, 其德不離. 同乎無欲, 是謂素樸"

는 이름하에 자연을 파괴하고 생태계를 훼손시켜왔다. 지식은 옳고 그름을 따지고 욕망은 투쟁과 다툼을 동반하게 된다.

장자는 이런 지식과 욕망의 추구를 벗어나는 사유를 제시한다. 이러한 사유의 근저에는 인간과 세계의 범주를 넘나드는 자유가 자리한다. 물론 장자가 '자유'라는 개념을 독립적으로 사용하여 자신의 사유를 드러내고 있지는 않다. 우리는 『장자』속에 숨어있는 행간의 의미를 읽어서 이런 사유의 일단을 드러내야 한다. 이 텍스트를 열면 우리는 <소요유>를 만난다. '逍遙遊'라는 편명은 '천천히 거닐면서 노는 것'을 의미한다. '辶'을 공통의 부수로 지니고 있는 이들 한 자는 제한된 장소를 벗어나는 움직임을 의미하고(逍遙), 그 움직임은 놀이(遊)와 연계된다. 어떤 구속과 제한에 얽매이지 않은 놀이의 세계와 자유의 사유가 이 편에 제시되어 있다. 놀이와 자유의 세계에서는 자신을 지우고 비우는 無己와 虛己가 전제되어야 한다. <소요유>편에 보이는 "천지의 바른 기운을 타고 육기六氣의 변화를 몰면서 무궁無窮에 노닌다"는 것이 바로 인간이라는 범주를 초과해서 한계를 정할 수 없는 놀이와 자유의 의미를 함축한 표현이라 할 수 있다.

기본적으로 인간의 행동에 대한 이분법적 가치판단이 근거가 없다고 보는 장자는 하나의 가치를 추구하도록 만드는 도덕적 개념들을 비난한다. 장자에 의하면, 어떤 도덕적 개념들에 절대적인 가치들을 부여함으로써, 사람들은 그 개념들에 의거하여 행동하기 위해 노력하게 되고 자신의 생명을 바치고서라도 그것을 지키려고 한다는 것이다. 장자는 <대종사>편에서 이런 사람들의 대표적인 예로 백이, 숙제를 언급한다. 다른 사람의 행동을 고치기 위해 그리고 자신이 의리를 지킨다는 것을 보여주기 위해, 그들은 자신들이 섬겼던 통치자들에게 죽임을 당하거나 스스로 자살을 했다.

이 세계가 서로 다른 것들이 상호 의존하며 상대적 가치를 지니고 있다는 것이 장자의 기본적 사유구조라고 할 수 있다. 다시 말해서 자연과 세계에 관한 진리와 인간의 문제를 다루는 윤리의 세계는 모든 차이나는 것들의 집합인데, 이분법적으로 이를 단순화하여 배타주의와 절대주의의 사유를 초래하는 위험을 알리고자 노력한 것이라 할 수 있다.

『장자』를 읽기 시작하면 우리는 허풍과 과장, 은유와 우화의 수사법을 만나게 된다. <소요유>편의 물고기와 붕새는 우리의 상식과 관념적 지식으로는 이해하기 어려운 내용을 담고 있다. 물고기가 붕새로 변화하는 것은 이 우주속의 존재가 고정 불변의 실체로 구성되어 있지 않음을 상징하며, 땅에서 하늘로 올라가고, 이어서 북쪽에서 남쪽으로 이동하는 붕새는 제한된 범위를 넘어서는 초과와 자유의 기호라고 볼 수 있다. 장자는 이러한 언어표현법을 통해 우리의 사유방식에 대한 의문과 반성을 유도한다.

이 장은 해체주의적 관점에서 장자의 윤리설의 철학적 함의를 해명하였다. 장자는 인간과 세계에 관한 우리의 시각을 통째로 교정하기를 바라는 듯하다. 우리의 인식은 어떤 기준을 설정하고 그에 따라 만물을 판단하는 구조에 익숙해왔었다. 그는 이 기준에 대한 회의와 의문, 비판과 부정을 자신의 철학하기의 출발점으로 삼고 있다. 기존의 윤리학을 해체하고 장자는 이른바 상대적 관점에서 바라보기, 다른 존재에 대한 무한한 긍정적 태도의 인식론을 새롭게 제시한다.

인간 중심의 출세와 성공, 명예와 권력은 욕망의 대표적 대상이라 할 수 있는 바, 초나라의 관직을 맡아줄 것에 대한 제안에 대해 장자는 <추수>편에서 "차라리 진흙 속에서 꼬리를 끌면서 살아가겠다"[460]고 대답한다. 욕망은 인간의 삶을 제한하고 구속하기 때문이다. 그러나 장자가 지향하는 놀이와 자유의 세계를 인간의 육체로 현실에서 실현가능한 것은 쉽지 않다. 이는 사유의 세계에서나 가능하다. 장자는 우리에게 인간과 자연을 비롯한 모든 존재에 대해 다르게 생각하기의 교정을 희망하고 있는 것이다.

한편, 윤리도덕은 의식(ceremony)과 정신(ritual)적 영역으로 구분될 수 있다. 의식은 윤리도덕이 실현되는 구체적인 형식과 연계되고, 정신은 윤리도덕이 실현될 수 있는 전제 내지 선험적 근거라고 할 수 있다. 예를 들어 '인사하기'라는 의식에는 인간의 육체를 사용하는 동시에 상대방에 대한 배려와 존경의 마음가짐이 전제되어 있다. 이렇게 본다면 장자의 경우, 윤리도덕의 의미는 정신적 영역에서 이해방식이라고 볼 수 있다. 인간의 육체는 제한적이고 정신은 모든 범주를 넘나드는 초월적 특징을 지니고 있기 때문이다.

서양의 칸트와 동양의 공맹의 윤리학은 인간의 범주에서 선(善)이 되는 것을 추구한다면, 장자는 자연의 차원에게 선(善)이 되는 것을 신뢰한다.[461] 장자는 기존의 윤리도덕은 대부분 인간을 제한하고 구속하는 측면이 강조되어 있으며, 인간을 위주로 인간중심의 논리를 강조하고 있다고 보는 것이다. 지식의 추구와 욕망의 충족으로 요약되는 인간문명의 발전은 언제까지 지속되어야 하는가? 우리는 인간중심의 사유에서 비롯된 여러 가지 폐해를 경험하고 있다. 이제 윤리도덕도 인간이라는 범위를 넘어선 새로운 접근방법을 고민할 필

---

460) <秋水>, "此龜者, 寧其死爲 留骨而貴乎. 寧其生而曳尾於塗中乎"

461) Christian Helmut Wenzel, "Ethics and Zhuangzi: Awareness, Freedom, and Autinomy", *Journal of Chinese Philosophy* 30:1(March 2003) p. 123 참조.

요가 있다. 인간과 자연을 넘나드는 윤리의 성립은 가능할 것인가?
그 가능성 여부는 차치하더라도 장자는 우리에게 인간과 세계, 자
연과 우주를 바라보는 새로운 시각과 방법이 있다는 점을 알려주고
있다.

참고문헌

1. 원전

『論語』

『論語』

『孟子』

『中庸』

『荀子』

『韓非子』

『漢書』

『史記』

『朱子語類』

『四書集註』

『二程全書』

『朱子全書』

『與猶堂全書』

焦竑, 『老子翼』, 漢文大系 9 (富山房, 1984)

焦竑, 『莊子翼』, 漢文大系 9 (富山房, 1984)

楊倞, 『荀子注』

王先謙, 『荀子集解上下』, 中華書局, 1992

李學勤 主編, 『孟子注疏』, 北京: 北京大學出版社, 1999

蘇轍, 『老子解』

呂惠卿, 『老子註』

王弼, 『道德眞經註』

李約, 『老子道德眞經新注』

陳鼓應, 『老子註譯及評介』(香港, 中華書局香港分局, 1987)

許愼 著, 段玉裁 註, 『說文解字註』(臺灣, 黎明文化事業有限公司, 1980년)

2. 국내 연구자료

성백효 역주, 『論語集註』, 전통문화연구회, 2000

성백효 역주, 『孟子集註』, 전통문화연구회, 2000

김학주 옮김, 『荀子』, 을유문화사, 2001

『漢韓大字典』, 민중서림, 1984

Phillip J. Ivanhoe, 신정근 역, 『유학, 우리 삶의 철학』, 서울: 동아시아. 2006
가지노부유키, 이근우옮김, 『침묵의 종교 유교』, 경당, 2002
고래억, <다산 '행사'의 교육인간학적 연구>, 연세대 박사논문, 2005
금장태, <다산 인仁개념 인식과 실천과제>, 『다산학』, 7호, 2005
금장태, 『유교의 사상과 의례』, 상지사, 2000
금장태. 『다산 정약용』, 살림출판사, 2005
금장태. 『다산실학탐구』, 소학사, 2001
금장태. 『정약용』, 성균관대출판부, 2002
김상래, 『노장사유의 해체적 이해』, 한국학중앙연구원 한국학대학원 박사논
　　　문, 1999
김상래, <『論語』의 종교사상>, 『논어의 종합적 고찰』, 심산, 2003
김승혜, 『유교의 뿌리를 찾아서』, 지식의 풍경, 2001
김영호 외, 『論語의 종합적 고찰』, 심산, 2003
김영호, 『論語의 주석과 해석학』, 문사철, 2010
김용재, <論語集解 와 論語集註 의 註釋비교를 통해 본 『論語』 經文의 理解
　　　[I] -<學而>를 중심으로>, 『한문교육연구』 31호, 한문교육학회, 2008
김창환, <孟子의 擴充 倫理>, 『인문논총』 63집, 2010
김형효 외. 『다산의 사상과 그 현대적 의미』. 한국정신문화연구원. 1998
김형효, <J. Derrida와 莊子> 『정신문화연구』 1991
김형효, <데리다를 통해 본 노장의 사유문법>, 『노자에서 데리다까지』 예문
　　　서원, 2001
김형효, 『데리다와 老莊의 독법』, 한국정신문화연구원, 1994
김형효, 『데리다의 해체철학』, 민음사, 1993
김형효, 『물학 심학 실학』, 청계, 2003
김형효. 『원효에서 다산까지』, 청계, 2000
남상호, <공자와 예> 『孔子學』 8호, 2003
남상호, <논어와 공자인학> 『中國學報』 47집, 2003
뚜 웨이밍 지음, 정용환 옮김, 『뚜 웨이밍 유학강의』, 청계, 1999
류근성, <맹자 도덕철학에서 이성과 감성의 문제>, 『동양철학연구』 52집,
　　　2007
리차드. E. 팔머, 李翰雨譯, 『해석학이란 무엇인가』, 문예출판사, 1988
박이문, 『論語의 논리』, 문학과 지성사, 2005

박재주, <맹자의 부동심의 도덕철학적 의미>, 『동서철학연구』(제18호), 1999

박재주, 『동양의 도덕교육사상』, 청계, 2000

벤자민 슈월츠, 나성 옮김, 『중국 고대사상의 세계』, 살림, 2004

서준원, <『論語』의 宗教哲學的 解釋을 위한 緒言>『東洋哲學研究』, 35집, 2003

성백효, 『懸吐完譯論語集註』, 전통문화연구회, 1990

신정근, <선진시대 초기 문헌의 仁의 의미>『東洋哲學研究』31집, 2002

신정근, <맹자와 순자 사상의 결정적 차이>, 『東洋哲學研究』67집, 2011

심경호, 『한학연구입문』, 한학연구총서 6, 이회, 2005

안병주, 전호근 공역, 譯註『莊子』, 東洋古典譯註叢書 8, 傳統文化研究會, 2001

안재순, <論語해석법에 관한 서론적 고찰>, 『동양철학연구』31집, 2002

안재순, <유가경전해석학과 논어 의 해석>, 『동양철학연구』62집, 2010

양계초 지음, 이계주 옮김, 『중국고전학입문』, 형성사, 1995

윤이흠 외, 『한국인의 종교관-한국정신의 맥락과 내용』, 서울대 출판부, 2001

이경무, <正名과 孔子仁學>『범한철학』제32집, 2004년 봄

이광래 편, 『해체주의란 무엇인가』, 교보문고, 1990

이기동, 『論語講說』, 성균관대학교출판부, 1992

이수태, 『論語의 발견』, 생각의 나무, 1999

이승환, <어느 포스트모더니스트의 공자 독해-에임스와 홀의 Thinking Through Confucius를 중심으로>, 『中國哲學』, 2001

이을호, 『다산경학사상연구』, 을유문화사, 1973

이종한, <韓中 兩國의 『論語』 '之'字 解釋에 關한 比較 研究>『中國語文學』41집, 2003

이희재, 『번역의 탄생』, 교양인, 2009.

임종진, <주자의 인설연구>, 『태동고전연구』10, 1993

임헌규, <맹자-고자의 인성론 논쟁에 대한 재고찰>, 『범한철학』39집, 범한철학회, 2005

임헌규, <儒家 仁개념의 변환구조 : 孔子, 孟子, 朱子를 중심으로>, 『범한철학』, 34집, 2004

蔣伯潛外著, 崔錫起外譯註, 『유교경전과 경학』, 경인문화사, 2002

장복동, 『다산의 실학적 인간학』, 전남대출판부, 2002

장승구, 『정약용과 실천의 철학』, 서광사, 2001

정병련, 『다산 사서학연구』, 경인문화사, 1994

井上宏生, 『孔子と論語がわかる事典』, 日本實業出版社, 2002

정용환, <맹자 권도론의 덕 윤리학적 함축>, 『동양철학연구』72집, 동양철학

연구회, 2012

정일균, 『다산사서경학연구』, 일지사, 2000

정후수 역, 『주희가 집주한 論語』, 장락, 2000.

조남호, <요즈음 『논어』 해석의 문제점> 『시대와 철학』, 2001

조동일, 『한국문화통사 1』, 지식산업사, 1982

조현규, <다산에 있어 '행사'의 윤리교육적 함의>, 『교육철학』, 36집, 2009, 12

존 레월린, 서우석·김세중 역, 『데리다의 해체주의』(문학과 지성사, 1988)

채인후 지음, 천병돈 옮김, 『공자의 철학』2002, 예문서원

蔡仁厚, 천병돈 옮김, 『맹자의 철학』, 예문서원, 2000

천웨이핑 지음, 신창호 옮김, 『공자평전』, 미다스북스

최진덕, <욕망과 예, 그리고 몸의 훈련> 『유교의 예와 현대적 해석』, 청계, 2004

최진덕, <유학의 정신과 禮의 본질> 『전통예교와 시민윤리』, 청계, 2001

풍우란. 『중국철학사』, 박성규 옮김. 서울: 까치글방, 1999

한국갤럽연구소, <한국인의 종교와 종교의식> 1990

한국도가철학회, 『노자에서 데리다까지』도가 철학과 서양 철학의 만남(2001년, 예문서원)

한형조, 『주희에서 정약용으로』, 세계사, 1996

3. 중국, 대만, 일본 자료

『哲學事典』平凡社, 1954

『中國思想辭典』, 日原利國編, 日本 研文出版, 1983

焦竑, 『老子翼』漢文大系 9 (富山房, 1984)

高橋允昭, 『デリダの思想圏』 일본 世界書院, 1989

大濱晧, 『老子の哲學』(勁草書房, 1983)

廖炳惠, 『解構批評論集』 대만, 東大圖書公司, 1985

龐忠甲, <礼的重新解説,>, 인터넷 사이트 confucius2000

徐復觀, 『中國人性論史』, 上海: 上海三聯書店, 2001

韋政通, 『中國哲學辭典』, 대만, 大林出版社, 1981

林尹, 『文字學概說』, 대만, 正中書局, 1982

諸橋轍次, 『大漢和辭典』(大修館書店, 1984)

竹内照, 夫 『仁の古意の研究』明治書院, 1964

陳大齊, 『荀子學說』, 中國文化大學出版部, 1989

陳來, <儒家禮的觀念與現代世界>, 『孔子研究』 2001년 第1期

蔡仁厚, 『孔孟荀哲學』, 臺灣學生書局, 1984

夏甄陶, 『論荀子的哲學思想』(上海人民出版社, 1979)

許世瑛, 『中國文法講話』, 臺灣 開明書店, 1976

4. 기타 해외 연구자료

A. C. Graham, *Disputers of the Tao: Philosophical Argument in Ancient China* (La Salle, IL: Open Court, 1989)

Barbara Johnson, *Introduction to Dissemination* (Chicago: University of Chicago Press, 1981)

Boodberg, Peter. *The semasiology of some primary Confucian concepts*, Philosophy East and West 2(1953)

Burton Watson Eds., *Xunzi: Basic writings*, New York: Columbia University. 1963

Burton Watson, trans., *The Complete Works of Chuang Tzu* (New York: Columbia University Press, 1968)

Chi-Hui Chien, "Theft's Way" "A Comparative Study of Chuang Tzu's Tao and Derridean Trace", Journal of Chinese Philosophy, Vol 17, No. 1 March 1990

Christian Helmut Wenzel, "Ethics and Zhuangzi: Awareness, Freedom, and Autonomy", Journal of Chinese Philosophy 30:1(March 2003)

Chung-Ying Cheng, "A Taoist Interpretation Of "Differance in Derrida", Journal of Chinese Philosophy, Vol 17, March 1990

David E. Soles, *The Nature and Grounds of Xunzi's Disagreement with Mencius*, Asian Philosophy, Jul 1999 Vol. 9, No. 2

David L, Hall & Roger T. Ames, *Thinking Through Confucius*, SUNY Press, 1987

Ernest Cassirer, *The Philosophy of symbolic Forms*, vol. 1, Language, trans., by Manheim (New Haven, Conn., 1953)

Ferdinand. de Saussure, *Course in General Linguistics*, trans., by Wade Baskin (New york: McGraw-Hill, 1959)

G. W. F. Hegel, *Science of Logic*, trans., by A. V. Miller (New York, 1976)

Graham, A. C., *Two Chinese Philosophers*, London:LundHumphries, 1978.

Heinrich Heine, *Zur Geschichte der Religion und Philosophie in Deutschland*, ed. Wolfgang Harich (Berlin, 1965)

Herbert Fingarette, *Confucius The Secular as Sacred*, Waveland Press, Inc. 1972

Hongchu Fu, "Deconstruction and Taoism: Comparisons Reconsidered", Comparative Literature Studies, Vol. 29, No. 3, 1992

Hsei-Yung Hsu, *Confucius and Act-centered Morality*, Journal of Chinese Philosophy 27, 2000

Hugh J. Silverman, ed., *Derrida and Deconstruction*, (Routledge, 1989)

Jacques Derrida, *Margins of philosophy*, trans., by Alan Bass. (Chicago : University of Chicago Press, 1982)

Jacques. Derrida, *Of Grammatology*, trans., by Gayatri Chakravorty Spivak (The Johns Hopkins University Press, 1982).

Jacques. Derrida, *Positions*, trans., by Alan Bass (Chicago, 1981).

James, Legge, *The Texts of Taoism*, New York; Dover Publication, 1962

Jonathan Culler, *"Jacques Derrida,"* in *Structuralism and Since*, (John Sturrock, ed., Oxford University Press, 1979).

Knoblock, John, *Xunzi: A Translation and Study of the Complete Works*, Stanford, California: STANFORD UNIV., PRESS. 1963.

Kuang-ming Wu, *The Butterfly As Companion*, State University of New York, 1990

Legge, James, *The Chinese Classics vol.2*, Oxford:Clarendon Press, 1895.

Martin Heidegger, *An Introduction to Metaphysics*, trans., by Ralph Manheim (New Haven, Conn., 1959)

Michelle Yeh, "Deconstructive Way: A Comparative Study of Derrida and Chuang Tzu", *Journal of Chinese Philosophy"*, vol. 10 No. 2, (June 1983)

Philip J. Ivanhoe, *Ethics in the Confucian Tradition*, Hackett Publishing Company, Inc. 2002

Roger T. Ames & Henry Rosement, Jr, *The Analects of Confucius*, Ballantine

Book. 1998

Russell D. Legge, "Chuang Tzu and the free man," *Philosophy East and West*, vol 29, No. 1 (January, 1979)

Stephen Ullmann, *The Principles of Semantics*, (Oxford, 1963)

Wei-ming Tu, *The Creative Tension between Jen and Li*, Philosophy East & West 18, 1968

Ye Xiushan, "Burial of the World of Meaning: On Derrida, a Philosopher of Obscurity", *Chinese Social Sciences* 3 (1989)

5. 이 책의 저술에 근거가 된 저자의 논문 목록

1. <한자의 언어적 특성과 『논어』 읽기>, 『한국철학논집』 30권, 2010

2. <유교 윤리의 근거로서의 종교성>, 『동서철학연구』 57권, 2010

3. <인과 예에 대한 연구 - 『논어』를 중심으로->, 『온지논총』 15권, 2006

4. <맹자 성선설의 근거-양심>, 『온지논총』 45권, 2015

5. <순자의 맹자비판, 그 윤리적 의의>, 『동양철학연구』 84권, 2015

6. <맹자와 순자의 인간이해, 그 윤리적 변별성>, 『온지논총』 37권, 2013

7. <다산의 인론 연구-주자와의 비교를 중심으로>, 『동방학』 제19집, 2010

8. <구암 이정의 윤리교육론>, 『동서철학연구』 59권, 2011

9. <노자의 해체주의적 사유와 윤리설의 특징> 『동양고전연구』 제42집, 2011

10. <장자의 해체주의적 윤리설>, 『한국철학논집』 32권, 2011

김상래 ─────

1961년생, 공주대학교 한문교육과를 졸업하고 한국학중앙연구원 한국학대학원에서 석사와 박사학위를 취득하였다. 미국 뉴멕시코대학교의 객원연구원, 영산대학교 교양학부, 자유전공학부 교수를 거쳐현재 서원대학교 윤리교육과에서 후학을 가르치고 있다.
주요 논저로는 『주역의 세계』(역서, 한울), 『통서해』(공역, 청계), 『논어의 종합적 고찰』(공저, 심산), 동양 윤리와 철학 관련 다수의 논문이 있다.

동양윤리사상의
이해

초판인쇄 2018년 2월 28일
초판발행 2018년 2월 28일

지은이 김상래
펴낸이 채종준
펴낸곳 한국학술정보㈜
주소 경기도 파주시 회동길 230(문발동)
전화 031) 908-3181(대표)
팩스 031) 908-3189
홈페이지 http://ebook.kstudy.com
전자우편 출판사업부 publish@kstudy.com
등록 제일산-115호(2000. 6. 19)

ISBN 978-89-268-8263-4 93150